Frauenkarrieren: ein Gewinn für Unternehmen

Felice N. Schwartz
mit Jean Zimmerman

Frauenkarrieren: ein Gewinn für Unternehmen

Aus dem Englischen von Patricia Künzel

Campus Verlag
Frankfurt / New York

Die amerikanische Ausgabe »Breaking with Tradition«
erschien 1992 bei Warner Books, Inc., New York

Der Text wurde in Übereinstimmung mit der Autorin für die deutsche Fassung gekürzt.

Die Deutsche Bibliothek – CIP-Einheitsaufnahme

Schwartz, Felice N.:
Frauenkarrieren: ein Gewinn für Unternehmen / Felice N. Schwartz mit Jean Zimmerman. Aus dem Engl. von Patricia Künzel. – Frankfurt/Main ; New York : Campus Verlag, 1993
Einheitssacht.: Breaking with tradition <dt.>
ISBN 3-593-34848-9
NE: Zimmerman, Jean:

Umschlaggestaltung: Opak, Frankfurt/Main
Satz: Textline GmbH, Oberursel
Druck und Bindung: Friedrich Pustet, Regensburg
Dieses Buch wurde auf säurefreiem Papier gedruckt.
Printed in Germany

Für Bus,
dem ich für ein halbes Jahrhundert voll Liebe,
Unterstützung und Stolz danke.

Danksagungen

Mein Dank gebührt vielen Menschen – mehr als ich hier aufzählen kann – für ihre Unterstützung, Informationen und Ansichten, die zur Entstehung dieses Buchs beitrugen.

Bei Catalyst möchte ich zunächst Gloria Markfield dafür danken, daß sie mit fester Hand das Ruder der Organisation übernahm und mit wachsamem Auge darauf sah, daß ich ungestört an meinem Buch arbeiten konnte.

Ich hätte dieses Buch niemals schreiben können ohne die solide Forschungsbasis, die Mitarbeiter von Catalyst im Laufe der Jahre zusammengetragen haben. Ihr hoher Standard sicherte meine Thesen ab. Insbesondere möchte ich Wendy Hirschberg und ihren Kollegen im Informationszentrum meinen Dank aussprechen für ihre unschätzbare Hilfe bei der Überprüfung von Daten und angenommenen Tatsachen.

Erika Pretell und Carla Geiersbach schulde ich besonderen Dank, da sie so um die Organisation meines Lebens besorgt waren.

Ich möchte den Mitgliedern des Vorstands von Catalyst für die Unterstützung dieses Projekts danken und dem Beirat für die Diskussion vieler der Fragen, die das Kernstück dieses Buches bilden.

Mein Dank gilt auch Dick Lewis, Cam Starrett, Hank Lebed, Fran Bonsigneur und Deborah Pines für die sorgfältige Lektüre und Kritik an meinem Manuskript – und auch Tony und Jim, die Teile des Buches überprüften, nicht als meine Söhne, sondern auch als versierte Autoren.

Meine drei Familien ermöglichten mir einen Blick in die Zukunft, indem ich ihr Leben in der Gegenwart studieren konnte.

Herzlichen Dank an Diane Crispell, die mir komplizierte demographische Tendenzen erläuterte, bis ich sie verstand.

Ich danke auch den Lehrkörpern und Studenten von Wharton, Kellogg und Tuck. Ihre Aufrichtigkeit regte mich zu meiner Suche nach Antworten an.

Mein Dank gilt Jamie Raab, weil sie an dieses Buch glaubte und es mit einfühlsamer Hand redigierte. Ich danke Joy Harris für die Ermutigung und die geschickte Fürsprache, mit der sich sich für mich einsetzte.

Grenzenloser Dank gebührt den berufstätigen Frauen und Männern, die mit mir sprechen, wohin ich auch gehe. Ich hoffe, daß dieses Werk all ihrer Anstrengungen würdig ist.

Vor allem aber möchte ich Jean Zimmerman danken. Ich bin ein großer Bewunderer ihrer scharfen Intelligenz, ihrer Sensibilität, ihres Urteilsvermögens, ihrer Fertigkeiten, ihres Fleißes und ihrer Disziplin. Ich danke ihr für ihre Freundschaft.

Inhalt

Vorwort

Man stelle sich das einmal vor:

Abgeschreckt von all den Diskussionen um Lean Management und der Vorstellung, daß den Worten auch Taten folgen, verlieren die einst hoffnungsvollen Führungsnachwuchskräfte (männlich) die Lust auf Karriere und entdecken die Familie als Ort persönlicher Erfüllung – was dann? Oder sie lassen sich von ihren Vorbildern irritieren: Nach Einschätzungen auf Basis eigener Untersuchungen leben mindestens ein Drittel der Männer im Mittelmanagement in Ehekrisen, was sie erstaunlich offen und freimütig auf die Unvereinbarkeit ihrer Karriere mit den Ansprüchen der Familie zurückführen. Lohnt sich die Karriere um den Preis eines desolaten Familienlebens?

Immer häufiger stellen mir Studenten die Frage, ob ich Unternehmen kenne, in denen sie Karriere machen und dennoch ein aktives Familienleben haben können. Dabei handelt es sich um die engagiertesten und leistungsfähigsten Studenten, die oft schon Berufserfahrung in Großunternehmen gesammelt haben, die wissen, was auf sie zukommt.

Immer noch sind ca. 95 Prozent der Führungskräfte männlich. Wird das so bleiben? Kann man sich vorstellen, beispielsweise 60 Prozent des männlichen Führungsnachwuchses in einen dreijährigen Erziehungsurlaub mit Arbeitsplatzgarantie gehen zu lassen? Trotz Lean Management – diese Vorstellung muß jedem Unternehmer Schweißperlen auf die Stirn treiben. Da muß man sich wohl etwas anderes einfallen lassen. Was – davon handelt dieses Buch.

Unternehmen sind Einrichtungen zum Geldverdienen für alle, die direkt oder indirekt, langfristig oder kurzfristig mit ihnen verbunden sind. Kapitalgeber geben ihr Kapital nur, wenn es durch Zins und Gewinneinkünfte bedient wird, Arbeitnehmer geben ihre Arbeitskraft und Arbeitszeit nur, wenn sie dafür eine Vergütung bekommen, der Staat verlangt seinen Anteil als finanzielles Opfer ohne einklagbare

Gegenleistung, Lieferanten klagen, wenn Rechnungen nicht bezahlt werden, Kunden wollen Preisvorteile. Wegen dieser unabdingbaren finanziellen und geldwerten Vorteile aus der Unternehmenstätigkeit für alle Beteiligten müssen Unternehmen gewinnorientiert geführt werden.

Daraus folgt: Gesellschaftliche Veränderungen werden nicht zuletzt durch die damit in den Unternehmen entstehenden zusätzlichen Kosten gesteuert – wenn nicht auch nach den möglicherweise zusätzlich entstehenden Erträgen gefragt wird. Kosten und entgangene Erträge werden in Kauf genommen, um Chancen wahrzunehmen. Worin liegen die Chancen einer gesellschaftlichen Veränderung, die auf den ersten Blick sich ausschließlich als Kosten niederzuschlagen scheint?

Eine gewinnorientierte Unternehmensführung sollte bei der Stellenbesetzung im allgemeinen und bei der Besetzung von Führungspositionen im besonderen nach dem Grundsatz, »den richtigen Menschen an den richtigen Platz« zu bringen, verfahren. Was aber, wenn der richtige Mensch für eine Führungsposition eine Frau ist? Dann scheint dieser Grundsatz ins Wanken zu geraten, denn könnten Kosten entstehen, die dem »Risikofaktor Frau« anzulasten sind, weil Frauen schwanger werden können. Diese Möglichkeit, die zuweilen schneller Tatsachen schafft als erwartet, ist nicht von der Hand zu weisen; die Frage ist nur: Wie gehen die Beteiligten damit um?

Auf den ersten Blick, der in kurzfristiger Betrachtung Kosten im Auge hat, wird »Mann« sagen: »Laß die Finger von Frauen, und wenn sie schwanger werden, laß sie gehen.« Dem können Personalchefs aus Unternehmen, die schon länger Erfahrung mit Frauenförderung haben, vermutlich ohne weiteres zustimmen, wenn z. B. nach Freistellungen mit Wiedereinstiegszusagen nur 15 Prozent der Frauen, die den vom Unternehmer angebotenen Erziehungsurlaub in Anspruch genommen haben, zurückkommen. Dem können karriereorientierte Frauen sicher ebenso zustimmen, weil sie wissen, daß nach mehrjähriger Familienpause der Karrierezug abgefahren ist und sie auf dem »mommy track« (dem beruflichen Abstellgleis für Mütter) sitzen bleiben.

Damit könnte das Thema erledigt sein, wenn nicht inzwischen auch die unternehmensführende Männerwelt – zwar nicht ausnahmslos doch überwiegend – zur Kenntnis nehmen mußte, daß es Frauen gibt, die mindestens so gut ausgebildet sind, ebenso ehrgeizig, aggressiv und risikofreudig sind wie Männer. Unternehmerinnen liefern hierfür die besten Beispiele. Es gibt viele Gründe dafür, daß es sich hier noch um eine Minderheit unter den Frauen handelt,und vielleicht bleibt das auch eine Minderheit, denn Frauen haben im Gegensatz zu Männern immer noch die Alternative der »Hausfrauenehe«, die gesellschaftlich anerkannte Rückzugsmöglichkeit ins Privatleben, um die so mancher Mann die Frau insgeheim beneidet.

Doch sollte wegen des allgemeinen »Frauenrisikos« eine gewinnorientierte Unternehmensführung auf diese Gruppe der Frauen verzichten? Wohl nicht, und man tut es auch zunehmend weniger. Die Frauenanteile in den Einstiegspositionen von Großunternehmen, da, wo es in erster Linie auf fachliche Qualifikationen ankommt, liegen manchmal schon über den Frauenanteilen an den Absolventenzahlen einschlägiger Studienabschlüsse. In Stellenangeboten manches Großunternehmens werden Frauen besonders umworben. Sollte die Gleichung Frau = Schwangerschaft = zusätzliche Kosten doch nicht gelten? Zumindest nicht immer und nicht überall. Nämlich da nicht, wo der totale Verzicht auf Frauen unmöglich und unwirtschaftlich ist. Zumindest für die Einstiegsebene des Führungskräftebereichs scheint das Ressourcenangebot von Frauen erkannt worden zu sein, der Blick auf die Leistungsmöglichkeiten signalisiert Ertragspotentiale. Aber die Frauen bezahlen für ihren Zutritt zur führenden Klasse, müssen kalkulatorischen Ausgleich für den »Risikofaktor Frau« in Kauf nehmen: Sie verdienen durchweg weniger als Männer in gleicher Position.

Und sie werden offenbar auf ihrem Weg nach oben mehr denn je durch Vorurteile behindert. Aus meinen Untersuchungen der Jahre 1991 und 1986 geht hervor, daß 1991 fast doppelt soviele Frauen sich in ihrem Fortkommen durch Vorurteile und Schwierigkeiten im Umgang mit Kollegen und Vorgesetzten behindert fühlen. Zwar wurde von Frauen, die im Mittelmanagement von Unternehmen, die Frauenförderung betreiben oder mindestens diskutieren, darüber seltener geklagt, offenbar hatte aber die Frauenförderung keine Auswirkung auf den Karriereverlauf, das heißt auf die erreichten Einkommen und hierarchischen Positionen.

So gesehen ist festzustellen: Es ist ökonomischer Unsinn, einerseits Frauen für den Führungsnachwuchskräftepool zu akquirieren oder sogar Förderprogramme zu installieren, deren Kosten hoch sind, deren Nutzen jedoch völlig ungewiß ist, wenn andererseits Frauen sich dann beim weiteren Aufstieg den üblichen Hindernissen gegenüber sehen. Schließlich ist es kein Zufall, daß Frauen deutlich häufiger als Männer auf ihr Durchsetzungsvermögen als bedeutender Erfolgsfaktor für ihre Karriere verweisen, müssen sie sich doch nicht nur in der Sache durchsetzen, sondern auch gegen die Vorurteile. Daß damit Produktivitätsverluste entstehen, die schließlich in einen »Totalverlust« münden können, liegt auf der Hand.

Und darum geht es Felice Schwartz in diesem Buch: Aufzeigen, wie Kosten und Produktivitätsverluste gesenkt bzw. vermieden werden können, wenn die bisher unsichtbaren Barrieren, die sich den Frauen auf dem Weg nach oben stellen, offengelegt und überwunden werden.

Ihre These lautet:

»Alle Unterschiede, die gegenwärtig den Erfolg der Frauen in den Unternehmen behindern, sind behebbar – und die dabei entstehenden Aufwendungen fallen im Vergleich zu den Kosten der weiteren Mißachtung der Fähigkeiten kaum ins Gewicht.«

Ihre Ansatzpunkte:

- Die Motivation der Frauen, ehrgeizige berufliche Ziele mit einem erfüllten Familienleben zu verbinden,
- der Wunsch der Männer, die negativen Auswirkungen der Karriere auf das Familienleben zu vermindern,
- der Wille des Managements, aus einem umfassenden Pool von Begabungen die für das Unternehmen richtigen Führungskräfte auswählen und fördern zu können.

Sicher gelten für die USA besondere demographische Verhältnisse, so daß schon wegen des schrumpfenden klassischen Reservoirs potentieller Führungskräfte, nämlich dem Anteil weißer Männer an der Bevölkerung, Überlegungen zur Erweiterung des Pools auf andere Bevölkerungsgruppen angestellt werden müssen. In der gleichen Richtung zielt die Antidiskriminierungsgesetzgebung. Dennoch werden hierzulande in Zukunft weitere Gruppen in den Begabungspool mit einzubeziehen sein: Nicht nur die Frauen, ob mehr oder weniger karriere-, mehr oder weniger familienorientiert, auch Ausländer aus EG-Ländern könnten in Zukunft eine größere Rolle spielen. Und das bedeutet, daß der Begabungspool in Zukunft viel mehr Menschen unterschiedlicher Kulturen und Lebensstile enthalten wird.

Darauf werden sich die Unternehmen einstellen müssen. Felice Schwartz zeigt am Beispiel der Frauen, wie es gelingen kann, Menschen, die nicht ausschließlich »Karrieremenschen« sind, die für sich Berufs- und Privatleben integrieren wollen, als Führungskräfte zu gewinnen, ihre Loyalität (im doppelten Sinne) zu erhalten, nicht »hinausfördern« sondern »hineinbinden«. Dabei wird nichts vorgegaukelt, kein Problem verschwiegen. Es werde alle die Fragen gestellt, die gerade in den obersten Unternehmungsleitungen noch erhebliche Bedenken gegenüber aufsteigenden Frauen begründen – und es werden offene, nüchterne Antworten gegeben. Sie sind differenziert, nicht immer widerspruchfrei, was auch gar nicht anders sein kann, da letztlich in einer Welt komplexer Probleme und individueller Werte und Wünsche Einheitslösungen allenfalls propagandistischen Wert haben.

Es geht ihr nicht nur darum, wie Frauen ehrgeizige Lebensziele erreichen können. Es geht ihr ebenso darum, wie Unternehmen mit diesen Frauen ihre Prosperität verbessern können und – last but not least – wie Männer, die Manager sind oder werden wollen, ebenfalls im Unternehmen und in der Familie Erfüllung finden, wenn sie z. B. mit einer Frau verbunden sind, die selbst Führungsaufgaben übernehmen kann und will.

Ihr Credo:

Wenn es im Führungskräftebereich Arbeitsbedingungen gibt, die (z. B. wegen ungenügender Berücksichtigung der Tatsache, daß auch Männer Familie haben) die Produktivität behindern, entstehen dem Unternehmen Verluste. Schließlich zählt nicht nur, wieviel Zeit eine Führungskraft für das Unternehmen einsetzt, sondern wie produktiv sie ihre Zeit für das Unternehmen einsetzt.

Ihr Plädoyer:

»Alle – Frauen, Männer, Kinder und Arbeitgeber profitieren davon, wenn Männer und Frauen die jeweils bevorzugten und nicht die willkürlich von ihrer Geschlechtszugehörigkeit aufoktroyierten Rollen übernehmen.«

Frauenförderung als Reaktion auf die sich wandelnde gesellschaftliche Rolle der Frau in der reduzierten Form von Freistellungen mit Wiedereinstiegszusagen mag zwar auf den ersten Blick gesellschaftlich opportun sein, verursacht im Unternehmen jedoch Kosten, ohne daß der Nutzen kalkulierbar wäre, nützt karriereorientierten Frauen nicht und hilft familienorientierten Männern schon gar nicht. Eine (belegbare) Rückkehrerinnenquote von 15 Prozent verändert gar nichts, 85 Prozent der Frauen verhalten sich im Sinne des Angebots rational. Felice Schwartz zeigt, welches Spektrum an Ideen und Handlungsmöglichkeiten zur Verfügung steht, den Nutzen für alle Beteiligten zu erhöhen; ihre 30jährige Erfahrung in Sachen »Frauenförderung« und eine glückliche Mischung aus Phantasie und Mut sind die solide Basis.

Ein überzeugendes und überaus anregendes Buch für karriereorientierte Frauen und Männer, die sich ein erfülltes Familienleben wünschen, obwohl verschwiegen wird, daß man nicht alles und vor allem nicht alles gleichzeitig haben kann. Pflichtlektüre für Frauen und Männer an der Spitze von Unternehmen, die bereit sind, ihre Führungskräfte als »ganze Menschen« zu sehen, denen Investitionen in Loyalität langfristig rentabler erscheinen, die flexible Angebote im Wettbewerb um die besten Führungsnachwuchskräfte für erfolgversprechender halten, als einseitige Förderungsmaßnahmen.

Die Erfahrung lehrt, daß Offensivstrategien gewöhnlich erfolgreicher sind als Defensivstrategien; Frauen sind dann ein Gewinn für die Gewinne der Unternehmen, wenn ihnen offensiv vorurteilslose Karriereangebote gemacht werden. Felice Schwartz zeigt, wie es geht.

Hamburg im Oktober 1992
Prof. Dr. Sonja Bischoff
Hochschule für Wirtschaft und Politik

Einführung

Vor drei Jahren veröffentlichte ich in der *Harvard Business Review*[1] einen Artikel über Frauen und Unternehmen, und damit begann für mich eine stürmische Zeit, als sich zunächst die Medien und dann die Öffentlichkeit darauf stürzten. Dreißig Jahre lang hatte ich hinter den Kulissen gearbeitet als Gründerin und Chefin einer landesweit tätigen, Non-Profit-Organisation namens Catalyst, die in Kooperation mit den Unternehmen Veränderungen für die Frauen zu bewirken sucht. Nun stand ich plötzlich im Kreuzfeuer einer sehr öffentlichen Kontroverse, die um ein abschätziges Schlagwort entbrannt war, daß ich nicht erfunden hatte: *mommy track* (Anm. d. Ü.: Diese Metapher wurde in den USA im Rahmen dieser Diskussion als Gegenstück zum *fast track* – dem schnellen Aufstiegspfad – gebildet und beschreibt eine Art berufliches Abstellgleis für Mütter.)

Während der monatelangen Debatte, die mein Artikel ausgelöst hatte, griff man mich wiederholt wegen bestimmter Thesen an, die ich niemals geäußert hatte und mit denen ich nicht übereinstimmte. Ich konnte diese Angriffe nicht ohne weiteres abwehren. Sie zwangen mich, meine eigenen Überzeugungen in Frage zu stellen. Ich mußte der Realität ins Auge sehen, die mir in meiner täglichen Arbeit begegnete, und darüber hinaus mußte ich zurückblicken auf meine dreißigjährige Erfahrung, um zu verstehen, wie es zu dieser Realität gekommen war.

Dieses Erlebnis führte zu dem vorliegenden Buch, in dem ich versucht habe, drei Fragen zu beantworten: Wie sieht die heutige Realität für Frauen und Männer in Beruf und Familie aus? Was ist nicht in Ordnung? Was können wir besser machen? Vor allem beschreibt dieses Buch Lösungen für Frauen, für Arbeitgeber und für Familien – und die *Gründe*, weshalb diese Lösungen funktionieren.

Ich bin davon überzeugt, daß wir die Möglichkeit haben, im nächsten Jahrzehnt ebenso viele Fortschritte zu erzielen wie in den 30 Jahren, die seit dem ersten Vorstoß der Frauen in die Unternehmen und die freien Berufe vergangen sind. Die Frauenbewegung der 60er Jahre legitimierte den Zorn der Frauen. Sie stärkte das Bewußtsein für das weibliche Potential über die Hausarbeit hinaus, und sie motivierte die Frauen, mehr aus ihrem Leben machen zu wollen. Aber sie bot den einzelnen Frauen, die sich voller Eifer auf die Suche nach einer Arbeitsstelle machten, keinerlei Orientierungshilfen. Und sie beschäftigte sich auch nicht mit den gesellschaftlichen Veränderungen, die dem erforderlichen Wandel vorausgehen mußten.

Wir brauchen jetzt eine genauso weitreichende Revolution wie damals jene Umwälzungen, die die Frauen vom alleinigen Hausfrauendasein befreiten. Diesmal sind nicht so sehr die Frauen gefordert als vielmehr in erster Linie die Arbeitgeber. Entscheidungsträger müssen sich ganz neuen Denkweisen in bezug auf Einstellung, Förderung und Bindung ihrer Mitarbeiter öffnen.

Auch den Frauen steht ein weiterer schwieriger Schritt bevor. Sie müssen erkennen, daß sie durch ihre Entscheidungen und Handlungen die Entwicklung ihrer Karriere und ihres Familienlebens in weitaus stärkerem Maße steuern können.

Meiner Meinung nach müssen wir eine grundlegend neue Partnerschaft zwischen Frauen und Arbeitgebern aufbauen. Im Laufe meiner Karriere habe ich mir oft gewünscht, die Menschen, die die Geschicke der Unternehmen lenken, und diejenigen, die für sie arbeiten, hätten mehr Gelegenheit, die Gespräche der jeweils »anderen Seite« zu belauschen. Dadurch würden sie entdecken, daß sie gemeinsame Interessen haben. Außerdem würde die Kommunikation erleichtert, denn sie könnten einander zuhören und sich verstehen.

Diese Vorstellung stand am Anfang meiner Arbeit für dieses Buch. Im Gegensatz zu einigen anderen Werken zielt mein Buch nicht auf eine bestimmte Personengruppe ab, sondern soll vielen verschiedenen Menschen dienen, die sich normalerweise in getrennten Welten einstufen würden. Tatsächlich habe ich mir vier spezifische Lesergruppen vorgestellt. Erstens die Unternehmenschefs: der Vorstandsvorsitzende eines Konzerns, der geschäftsführende Partner einer Sozietät, der Rektor einer Universität, der Leiter einer Regierungsbehörde oder der selbstständige Kleinunternehmer. Da es sich bei diesen Personen größtenteils um Männer handelt, werde ich zu ihrer Bezeichnung durchwegs männliche Pronomen verwenden. Als zweite Gruppe stelle ich mir Personalleiter und Personalleiterinnen vor, die für die Initiierung personalpolitischer Maßnahmen im Unternehmen verantwortlich sind. Drittens sind da die Manager und Managerinnen, die diese Firmenpolitik umsetzen. Die vierte Zielgruppe schließlich sind Männer und Frauen im Beruf und im Privatleben.

Dieses Buch besteht aus verschiedenen Teilen, die auf einzelne dieser Gruppen unterschiedlich stark zugeschnitten zu sein scheinen. Ich hoffe jedoch, daß die Leserinnen und Leser aus den verschiedenen Zielgruppen die Gelegenheit nutzen werden, den anderen »über die Schulter zu schauen«. Meiner Erfahrung nach ist ein Verständnis für die Bedürfnisse der anderen und für die daraus resultierenden Einstellungen eine Voraussetzung für den Wandel. Man muß sich erst einmal in die Lage einer anderen Person versetzen, um zu verstehen, was bei ihr eine Veränderung bewirken wird.

Im ersten Teil wende ich mich an die Männer in Spitzenpositionen, um ihnen zu zeigen, in welchem Umfang die Unternehmen das Talent der Frauen verschwenden. Danach greife ich auf meine in Gesprächen mit dem Topmanagement gesammelten Erfahrungen zurück und erörtere viele der Fragen, die Führungskräfte häufig über berufstätige Frauen stellen, damit ich sie »in Hörweite« der Frauen auf eine Art und Weise beantworten kann, die – wie ich meine – dem Fortschritt aller Beteiligten dient. Als nächstes beschreibe ich, welche Änderungen meiner Ansicht nach erforderlich sind, wenn die Unternehmen das Potential der begabtesten Menschen auf allen Ebenen voll ausschöpfen wollen.

Der zweite Teil wendet sich an Männer und Frauen und stellt den Versuch dar, ihre Aufgabe im Wandel zu umreißen – den Weg, den sie zurücklegen müssen, wenn sie sich auf halber Strecke mit ihrem Arbeitgeber oder ihrem Partner treffen wollen. Für die Arbeitgeber soll hier auch aufgezeigt werden, was sie vernünftigerweise von ihrer Beschäftigten erwarten können.

Ich habe Catalyst im Jahre 1962 gegründet. Mein Ziel war es, die Möglichkeiten der Frauen zu erweitern und ihren Eintritt in das Berufsleben zu erleichtern. Die Notwendigkeit dieses Vorhabens wurde deutlich, als ich zum zweiten Mal schwanger war. Mein Mann und ich zogen in einen Vorort. Die vergeudeten Begabungen der Frauen, die ich dort kennenlernte, hatten einen großen Einfluß auf mich. Ich empfand ihre Frustration um so stärker, da sich mir gegen Ende meines dritten Lebensjahrzehnts eine ungewöhnliche Chance geboten hatte: Ich konnte bei der Sanierung eines Familienbetriebs aus der verarbeitenden Industrie mithelfen. Da ich nicht übermäßig mit Wissen belastet war, konnte ich in diesem Unternehmen, das sich mit Metallätzung und -prägung beschäftigte, von einem Bereich zum anderen wandern: vom Einkauf über die

Fertigungssteuerung und das Rechnungswesen bis hin zur Aushandlung eines Tarifvertrags mit 17 männlichen Betriebsräten. Meine Tätigkeit in dieser Firma kam einem Hochschulabschluß in Betriebswirtschaft gleich, und sie bildete eine stabile Grundlage für meine spätere dreißigjährige Zusammenarbeit mit der Geschäftswelt.

Bei der Gründung von Catalyst erwies sich diese Erfahrung noch aus einem anderen Grund als hilfreich: Ich wußte, daß Frauen mehr konnten, als Kinder erziehen und die Karriere ihres Mannes unterstützen – aus eigener Erfahrung. Ich war davon überzeugt, daß auch viele andere Frauen dazu in der Lage waren.

Von Anfang an erfuhr ich als Chefin von Catalyst etwas über die Gründe, aus denen Menschen Veränderungen vornehmen. Im Idealfall schlägt sich eine Änderung der Werte und Einstellungen eines Menschen in einer Verhaltensänderung nieder. Meiner Erfahrung zufolge ändert jedoch ein Mensch häufiger sein Verhalten, weil dies seinen eigenen Interessen dient. Ich begrüße den Wandel, der Frauen mehr Möglichkeiten eröffnet, ganz gleich, welche Motive dahinterstehen.

In den Anfangsjahren von Catalyst konnte ich den Arbeitgebern nicht sagen, daß Frauen für ihr Unternehmen eine wesentliche Rolle spielten. Das war schlicht und einfach nicht wahr. Bis vor kurzem waren die Karrieremöglichkeiten der Frauen wichtiger für ihren eigenen Lebensunterhalt, die Versorgung ihrer Familien und ihre persönliche Erfüllung und weniger bedeutsam für die Bedürfnisse der Unternehmen. Die erste, vorsichtig formulierte Absichtserklärung von Catalyst lautete: »Zusammenführung der Bedürfnisse unseres Landes und der ungenutzten Fähigkeiten intelligenter und gut ausgebildeter Frauen, die Familie und Beruf miteinander vereinbaren wollen.« Wir mußten die Definition von Catalyst so umschreiben, daß sie in der damaligen Zeit akzeptabel und nicht bedrohlich klang, und sie in einen Zusammenhang setzen, der die Unternehmen zu einem Entgegenkommen veranlassen würde. Damals bedeutete das, den Gedanken vorzustellen, daß Frauen durch die Kombination von Familie und Beruf der Gesellschaft bessere Dienste leisten könnten – nicht, daß sie ihr Leben lang eine Karriere im Wirtschaftsleben verfolgen wollten, denn dies hätte man als Vernachlässigung der Familie auslegen können.

Heute beschreibt Catalyst, welche frauenrelevanten Probleme sich abzeichnen, führt sowohl quantitative als auch qualitative Forschungen durch und veröffentlicht Berichte, die in Unternehmen und in den freien Berufen weite Verbreitung finden, weil sie Möglichkeiten aufzeigen, wie man diese Fragen angehen könnte. Darüber hinaus steht unsere

Organisation vielen Großunternehmen und Sozietäten beratend zur Seite.

Erst in den letzten fünf Jahren ist es möglich geworden, sich explizit auf die Frage zu konzentrieren, warum es im Interesse der Unternehmen ist, auf die Bedürfnisse der Frauen einzugehen. Heute ziehen Frauen und Unternehmen an einem Strang. Die Frauen und ihre Arbeitgeber müssen sich nicht mehr »feindlich« gegenüberstehen. Ihre Interessen ergänzen sich gegenseitig.

Bei meinem Bemühen, Veränderungen zugunsten der Frauen zu bewirken, habe ich mich auf die Unternehmen konzentriert. Dies war eine bewußte Entscheidung. Ich habe mich nie spezifisch für Großunternehmen oder für Frauen im Management interessiert, sondern wollte immer allen Frauen Möglichkeiten eröffnen. Seit langem vertrete ich die Ansicht, daß ein Wandel in den Unternehmen sich als beste Ausgangsbasis für Veränderungen erweisen würde, die allen Frauen zugute kommen. Fortschritte auf den höheren Managementebenen, wo Frauen am deutlichsten sichtbar sind, werden sich in Erfolgen für alle berufstätigen Frauen niederschlagen.

Daher hoffe ich, daß die in diesem Buch vorgestellten Gedanken für diejenigen relevant sind, die sich keine Chefposition zum Ziel gesetzt haben: für kleinere Unternehmen, für Frauen im öffentlichen Dienst, in der akademischen Welt, in den freien Berufen und in gemeinnützigen Organisationen und für diejenigen, die ihre Karriere noch nicht begonnen haben. Obwohl in diesem Buch die Frauen im Vordergrund stehen, betrifft es ebenso Männer. Die gewaltigen Veränderungen der letzten 25 Jahre wirken sich auf uns alle aus. Ich hoffe, daß dieses Buch überall für Frauen und Männer neue Möglichkeiten im Beruf und in der Familie eröffnen wird.

Wir müssen das Ziel der Chancengleichheit anstreben, so daß Frauen und Männer die von ihnen gewünschte Laufbahn in der Familie und/oder im Beruf einschlagen können, ohne dabei von den Fesseln ihrer geschlechtsspezifischen Rollen gehindert zu werden. Ob die Hälfte der Unternehmenschefs letzten Endes weiblich sein wird oder nicht – jede junge Frau, die eine solche Position anstrebt, sollte eine faire Chance erhalten. Nur dann kann die Wirtschaft das Talent der Frauen und den daraus resultierenden Wettbewerbsvorteil voll ausschöpfen.

Juni 1991

Teil I

Frauen als wirtschaftliche Notwendigkeit

Kapitel Eins

Die Kosten der ungenutzten Fähigkeiten der Frauen

Als Chefin von Catalyst arbeite ich ständig vor Ort und spreche mit leitenden Führungskräften in Unternehmen über die Frauen, die sie beschäftigen. Wenn ich ihre Büros betrete, fuchtle ich nicht mit einer Rechenmaschine oder einem Knüppel herum, um Quoten auszuzählen oder Manager ins Gebet zu nehmen. Statt dessen möchte ich untersuchen, wie Unternehmen höhere Gewinne erzielen können, indem sie besser auf die Bedürfnisse der Frauen eingehen. Aus diesem Grund sprechen meine Gesprächspartner relativ offen über ihre Probleme und genauso über ihre Leistungen, auf die sie stolz sind. Meistens lautet der Tenor ihrer Aussagen: »Ja, wir haben ein paar Probleme. Vielleicht müssen wir mehr tun. Vielleicht müssen wir lernen, wo wir am sinnvollsten mehr tun sollten. Dennoch bewegen wir uns im Grunde in die richtige Richtung.«

Aber der Erfolg bleibt aus. Die gewaltige Ressource der weiblichen Begabungen und Qualifikationen wird nicht voll ausgeschöpft.

Dieses Kapitel richtet sich mit drei Botschaften an die Führungsspitzen der Unternehmen (es ist jedoch ebenfalls relevant für all jene Frauen und Männer, die sich einen Reim auf die derzeitige verfahrene Situation machen wollen). Erstens sind die Verluste, die Sie aufgrund der Stellenbesetzungspolitik in Ihren Unternehmen erleiden, größer als Ihnen bewußt ist. Zweitens können Sie dieses Problem nicht durch schrittweise Veränderungen lösen.

Die dritte Botschaft ist möglicherweise die wichtigste. Wenn Sie die radikale Veränderung in Ihrer Einstellung Frauen gegenüber vornehmen, die ich für entscheidend halte, können Sie praktisch die Kosten der Beschäftigung von Frauen eliminieren – und Ihrem Unternehmen einen hohen Ertrag sichern.

Wie reagieren Arbeitgeber auf Frauen?

Ich bin zwar davon überzeugt, daß kein Unternehmen sich in seiner Unternehmenspolitik bezüglich der Frauen in die richtige Richtung bewegt, doch möchte ich nicht behaupten, daß in allen Firmen heute genau die gleiche Situation herrscht. Wir befinden uns in einer Übergangsphase, und die Unternehmensleiter stehen auf verschiedenen Bewußtseinsebenen. Bevor wir von Unternehmen im weiteren Sinne sprechen, ist ein Blick auf einige der bestehenden Unterschiede aufschlußreich. Daher möchte ich die Muster beschreiben, denen Unternehmen meiner Ansicht nach bei ihrer Motivation zur Förderung der Frauen folgen, da die Frage der Motivation von entscheidender Bedeutung ist.

Im Laufe meiner Tätigkeit habe ich eine Art Faustregel entwickelt, um zu beurteilen, wo Unternehmen in bezug auf ihre Frauenpolitik stehen. Es handelt sich hier nicht um eine deutlich abgegrenzte Rangfolge. Es wäre nicht realistisch, Punkte zu vergeben für so komplexe, so subtile Probleme wie diejenigen, mit denen wir es hier zu tun haben. Es gibt kein Patentrezept. Man kann ein Unternehmen nicht danach bewerten, ob es zwei Frauen im Vorstand oder sechs Topmanagerinnen oder eine phantastische Erziehungsurlaubspolitik vorweisen kann. Quoten können irreführend sein – manchmal findet man einen hohen Prozentsatz von Frauen in der Führungsspitze, aber keine einzige in den nachgeordneten Rängen. Außerdem ist es durchaus möglich, daß Unternehmen großartige Förderprogramme anbieten und dennoch ganz und gar nicht von einer Wertschätzung der Frauen geprägt sind. Eine gute Unternehmenspolitik wirkt sich nur dann positiv in der Praxis aus, wenn sie weitverbreitet ist und den Managern »verkauft« wird.

Wenn ich jedoch auf meinen Reisen Unternehmen besuche, ordne ich sie gerne auf einer Skala ein, die ihr Motivationsniveau bezüglich Frauenförderung und die Gründe dafür widerspiegelt.

Angenommen, diese Skala reicht von 0 bis 5. Am unteren Ende stehen Unternehmen, die überhaupt noch nicht erkannt haben, welchen Nutzen sie aus der Frauenförderung ziehen können. Sie erhalten den Wert 0. Bei meinen Besuchen dort spüre ich nicht einmal einen Hauch von Interesse – das Thema berührt sie nicht im mindesten. Sie schenken der Anzahl oder der Qualität ihrer weiblichen Beschäftigten wenig Aufmerksamkeit, noch unterstützen sie deren Karriere.

Auf der nächsten Stufe, plus/minus 1, liegen jene Unternehmen, die bei der Erfüllung der gesetzlichen Anforderungen sich gerade auf das absolute Mindestmaß beschränken wollen. Sie zählen ihre Mitarbeiterinnen und füllen die Formulare aus, die die für Chancengleichheit zuständige Equal Employment Opportunity Commission (EEOC) verlangt, ergreifen jedoch keinerlei Initiative, um auf die Bedürfnisse der Frauen einzugehen.

Mit 2 bewerte ich Unternehmen, die gerecht und richtig zu handeln suchen. Sie haben ein oder zwei spezifische Maßnahmen ergriffen, die jedoch in der Regel nicht in breitem Umfang umgesetzt oder vorangetrieben werden, wie zum Beispiel einen Beratungs- und Vermittlungsdienst für Kinderbetreuung, Teilzeitstellen für Büroangestellte und eine begrenzte Anzahl informeller Vereinbarungen über unbezahlten Mutterschaftsurlaub. Bei diesen Arbeitgebern wächst das Bewußtsein, daß Frauen tatsächlich einen Beitrag in ihrem Unternehmen leisten können. Aber sie sind der Ansicht, daß Frauen an den eigentlichen Schaltstellen nichts zu suchen haben – das ist die Domäne der Männer.

Noch immer können nur wenige Arbeitgeber sagen: »Wir erzielen wirkliche Fortschritte für die Frauen« – selbst im Sinne einer stufenweisen Entwicklung. Diese Unternehmen würde ich auf einer Skala von 0 bis 5 mit 3 bewerten. Hierzu zählen die Firma Gannett, wo man sich leidenschaftlich für die Förderung der Frauen einsetzt, oder die Federal National Mortgage Association (Fannie Mae), bei der die Quote der weiblichen Beschäftigten zwischen 1981 und 1991 von 4 auf 32 Prozent stieg, oder IBM, wo Watsons Philosophie des »Respekts vor dem Einzelwesen« gilt, oder Corning, das einen sorgfältig durchdachten Plan für konkrete Veränderungen ausarbeitete. Diese Unternehmen suchen auch zunehmend härtere, akzeptablere Wege, um dem beizukommen, was immer als »weiches« Thema galt; sie organisieren beispielsweise ein »Sensitivitätstraining«, das Männern und Frauen helfen soll, Fähigkeiten in jeder Erscheinungsform zu erkennen und kulturelle Unterschiede zwischen den Beschäftigten zu akzeptieren. Diese Firmen unternehmen wahrhaft umfassende Anstrengungen zur Umsetzung von Programmen und unternehmenspolitischen Maßnahmen.

Einige von ihnen wollen auf Stufe 4 aufsteigen, auf der die Gleichstellung für Frauen im Unternehmen gewährleistet ist. Davon sind sie noch relativ weit entfernt, aber ich möchte im nächsten Kapitel zeigen, daß der erste Schritt in diese Richtung nicht so schwierig ist, wie man annehmen könnte.

Stufe 5 liegt meiner Ansicht nach jenseits des heute Vorstellbaren. Diese höchste Wertung gilt der vorbildlichen Leistung, die auch den größtmöglichen Nutzen bringen wird. Dafür ist das bereits erwähnte radikale Umdenken erforderlich. An späterer Stelle werde ich Strategien vorschlagen, mit denen Sie dieses Niveau erreichen können.

Gegenwärtig befindet sich jedoch die große Mehrheit der Unternehmen auf Stufe 1 oder 2. Firmen in Kategorie 2 halten sich selbst für überdurchschnittlich und sind ehrlich davon überzeugt, daß sie »in der Frauenfrage« gut abschneiden. Sie sind vielleicht nicht vorbildlich, aber das behagt ihnen in gewisser Weise sogar – sie stehen da, wo die meisten Unternehmen sein wollen: auf einer der oberen Positionen, aber nicht an der Spitze.

In diesem Kapitel möchte ich erläutern, weshalb diese große Anzahl von Unternehmen der Stufe 2, die überdurchschnittlichen Arbeitgeber, sich in größerer Gefahr befinden, als sie ahnen. Die anderen Unternehmen können sich keineswegs in Sicherheit wiegen – die mit 0 bewerteten Firmen stecken in viel größeren Schwierigkeiten, und denen in Kategorie 3 geht es nur wenig besser. Ganz gleich, welche Stufe auf der Skala ein Unternehmen erreicht hat, es ist nicht weit genug gegangen. Wenn es nicht über 4 bis auf Stufe 5 aufsteigt, verschwendet es eine Ressource, die ihm in seiner Branche und in der Weltwirtschaft einen ungeheuren Wettbewerbsvorteil verschaffen könnte.

Ein Fallbeispiel

Ich möchte Ihnen den Chef eines Unternehmens vorstellen, das besser als der Durchschnitt ist. Auch wenn ich seinen Namen und alle Details, die Rückschlüsse auf die Identität der Firma zulassen, geändert habe, handelt es sich um eine wahre Geschichte. Von unwesentlichen Einzelheiten abgesehen, steht dieses Beispiel für die Erfahrungen vieler Unternehmenschefs, die ich in den letzten Jahren besucht habe.

Peter Anderson ist Chairman, President und CEO der Top Form Corporation, eines der 1000 größten US-Unternehmen, das vor kurzem von New York City in eine kleinere Stadt in der weiteren Umgebung umgezogen ist. Im Herbst 1990 unterhielt ich mich eine Stunde mit ihm in seinem Büro und war von seiner augenfälligen Sensibilität, seiner Intelligenz und seiner Integrität beeindruckt. Anderson wußte ganz offensichtlich, daß Frauen in seinem Unternehmen eine maßgebliche Rolle spielen können. Er hatte auch über seine Verantwortung für die Belange seiner weiblichen Beschäftigten nachgedacht.

Anderson teilte mir mit, was er über die Stellenbesetzung mit Frauen in seinem Unternehmen wußte. Insgesamt sind 55 Prozent seiner Belegschaft Frauen. 60 Prozent der weiblichen Angestellten arbeiten in gehobenen Positionen ohne Anspruch auf Überstundenvergütung; in der Gruppe der Vizepräsidenten liegt der Frauenanteil bei 7 Prozent und damit über dem amerikanischen Mittel.

Während unseres Gesprächs beschrieb er die verschiedenen Programme, die er für die Integration einer heterogenen Belegschaft initiiert hatte. Anderson ist der Meinung, daß er viel geleistet hat. Er ist zu Recht stolz auf die vor kurzem in seinem Unternehmen eingeführten flexiblen Sozialprogramme, die Mitarbeitern erlauben, die am besten auf ihre spezifischen Bedürfnisse zugeschnittenen Leistungen zu wählen. In einigen Einzelfällen hat er sogar für die Einführung von Teilzeitarbeit plädiert.

Obwohl Anderson die nötige Motivation für eine begrenzte Berücksichtigung der Lebensverhältnisse von Frauen besitzt, hatte ich nicht den Eindruck, daß er sie als relevante Ressource für das Geschäftsergebnis betrachtet – und schon gar nicht als wirtschaftliche Notwendigkeit. Möglicherweise lag dies an einer noch nicht lange zurückliegenden Erfahrung. Sie hinterließ bei ihm anscheinend den Eindruck, seine Bestrebungen zur Ausbildung und Förderung der Frauen seien vielleicht nicht der Mühe wert.

Er berichtete mir, daß ihm eine hochbegabte Frau unterstellt gewesen sei (ich werde sie Elaine Norton nennen), die mehrere Jahre lang für das Unternehmen gearbeitet habe. Sie wäre als erste Managerin in seiner Firma in die Führungsspitze aufgerückt und stand tatsächlich kurz vor der Beförderung.

Da kündigte sie plötzlich. Sie hatte vier Kinder zwischen acht und vierzehn Jahren. Als Grund für ihr Ausscheiden gab sie an, sie wolle mehr Zeit mit ihnen verbringen. Ihre Entscheidung kam völlig unerwartet.

Frau Nortons Kündigung war für Anderson ein Rätsel. Der Aufstieg dieser Frau war ihm am Herzen gelegen. Er hatte ihr die gleichen Chancen eingeräumt wie einem männlichen Bewerber, da sie das offensichtlich verdiente. Sie brachte nicht nur die richtigen Qualifikationen mit, sondern hätte auch als erste Frau in seinem engsten Kreis ein völlig neues Kapitel in der Unternehmensgeschichte eingeläutet. Er hatte sie ernsthaft für höchste Aufgaben vorgesehen – und sie wußte das – und hatte daher alles in seiner Macht Stehende getan, um sie zu fördern. Es war ihm unbegreiflich, daß sie der Firma den Rücken gekehrt hatte.

Dann war da der Zeitpunkt ihrer Kündigung. Anderson verstand, daß Frau Norton zwischen ihren familiären und beruflichen Verpflichtungen hin- und hergerissen war. Aber die Vorschuljahre ihrer Kinder waren überstanden, die er für besonders schwierig hielt. Damals hätte die gleichzeitige Familien- und Berufstätigkeit sie vielleicht sogar überfordern können. Hinter ihrer Entscheidung, das Unternehmen an der Schwelle zu einem beispiellosen Erfolg zu verlassen, könnte eine Krise mit einem ihrer Kinder stehen. Aber warum hatte sie das dann nicht gesagt? Weshalb hatte sie nicht um Hilfe gebeten? Wieso hatte sie sich ihm nicht anvertraut, anstatt ihn und sein Unternehmen plötzlich im Stich zu lassen? Warum hatte sie das Problem – was immer es auch war – nicht ehrlich auf den Tisch gelegt, damit man darüber reden konnte?

»Das Unternehmensumfeld hat eine zersetzende Wirkung auf Frauen«, meinte ich.

Anderson verschlug es offenbar den Atem. »Das halte ich für eine Übertreibung«, sagte er.

Ich vermutete, daß ihn das Ausscheiden seiner erfolgreichsten Managerin in seinem Glauben an den Einsatzwillen aller Frauen tief erschüttert hatte. Ich hatte den starken Eindruck, daß er sich verraten fühlte – daß es ihm nicht in den Sinn kam, daß er vielleicht die Ursache und nicht das Opfer ihrer Entscheidung gewesen war. Wie bereits gesagt, zweifelte Anderson aufgrund dieses Vorfalls sogar, ob sich seine entgegenkommende Haltung den Mitarbeiterinnen gegenüber überhaupt lohne. Bei oberflächlicher Betrachtung konnte er sich damit beruhigen, daß ihre Kündigung kein gravierendes Problem für seine Firma darstellte. Er glaubte, ihre Entscheidung beruhe auf persönlichen Gründen. Vielleicht mußten die meisten Frauen mit Kindern diese Wahl langfristig treffen; dann konnte man nichts dagegen tun. Er konnte meine Andeutung nicht verstehen, daß das Umfeld in seinem eigenen Unternehmen die Frauen stetig unterminieren könnte oder daß vielleicht Verbesserungen angebracht wären. Das galt vielleicht für ein »starres« Unternehmen (das wir mit 0 bewerten würden), aber mit Sicherheit nicht für seine Firma.

Bei meinem Gespräch mit Anderson fiel mir auf, daß er zwar in gewissem Maße erkennt, daß in seinem Unternehmensumfeld Frauen mehr Steine in den Weg gelegt werden als Männern, daß er aber die kumulative Zerstörungswirkung nicht sieht. Er ist sich nicht aller Hürden bewußt, die Frauen beim Erklimmen der Karriereleiter nehmen müssen – wie schädlich die vorgefaßten Meinungen über ihre Möglichkeiten und Grenzen sind, in welchem Umfang sie von dem männlichen Beziehungsgeflecht ausgeschlossen sind, durch das Abmachungen zementiert und Karrieren langsam aufgebaut werden, und wie häufig sexuelle Anspielungen und beiläufige sexistische Bemerkungen fallengelassen werden.

Anderson erkennt nicht, in welchem Ausmaß die Frauen leiden, da ihn die »Verschwörung des Schweigens« davon abhält. Frauen wagen nicht, ihre Meinung zu sagen, weil sie befürchten, ihren Arbeitsplatz dadurch zu gefährden oder zumindest ihre Aufstiegsmöglichkeiten zu beeinträchtigen. Sie sind der Ansicht, daß sie in eine Gegnerrolle gedrängt würden, wenn sie über ihre Probleme sprächen. Sie glauben nicht – oder erkennen nicht einmal die Möglichkeit –, daß ihr Chef sogar von ihren Schwierigkeiten erfahren möchte, weil sie Kosten in Form von verminderter Produktivität und verstärkter Mitarbeiterfluktuation verursachen und weil er sie nur dann angehen kann, wenn er von ihrer Existenz weiß.

Anderson sieht nur die Folgen, die er dann einer subjektiven Entscheidung zuschreiben kann, und nicht die Hindernisse, die er hätte beseitigen können.

In allen untersuchten Unternehmen konnte der Unternehmensleiter mit einem Beispiel aufwarten, wie er plötzlich auf unerklärliche Weise eine Senkrechtstarterin verlor, die er für großartig hielt und in die er viel investiert hatte. Manche konnten mir sogar eine lange Liste von Enttäuschungen aufzählen. In den meisten Fällen wußte der Chef wirklich nicht, wie ihm geschah. Aber wenn sich solche Kündigungen häufen, dann leistet dies seinem Glauben Vorschub, daß Frauen sich nicht im Beruf engagieren und daß er sich nicht auf sie verlassen kann.

Anderson erkennt *durchaus*, daß Frauen in seinem Unternehmen mit Problemen zu kämpfen hatten. Er versuchte, diese so gut er konnte zu lösen. Dennoch gelang es ihm nicht, diese außerordentlich tüchtige, hochbegabte Frau zu halten. Weshalb?

Er geht reaktiv und nicht aktiv auf die Bedürfnisse seiner Mitarbeiterinnen ein. Daher kann er nicht durch entsprechende Maßnahmen die Zermürbung seiner erfolgreichsten weiblichen Beschäftigten verhindern. In Andersons Geschichte fehlt ein wesentliches Element: Die Frage nach seiner grundlegenden Motivation.

Anderson erkennt nicht, welchen ungeheueren Beitrag Frauen zur *Führungsqualität in seinem Unternehmen* leisten könnten – weit über die Leistungen von Elaine Norton oder einer anderen handverlesenen Kandidatin für die Führungsspitze hinaus, so gut diese Managerinnen auch sein mögen. Es reizt ihn zwar in gewisser Weise, das Potential der Frauen auszuschöpfen – so weit, daß er die eine oder andere sagenhaft engagierte und qualifizierte Managerin persönlich aus der Masse herausgreift und große Anstrengungen unternimmt, damit sie in zunehmend verantwortungsvollen Positionen ihren Wert beweisen kann. Aber er erkennt nicht, daß seinen Geschäftsinteressen weitaus mehr gedient wäre, wenn er alle Register ziehen würde, um das Arbeitsumfeld in seinem Unternehmen zu verändern. Auf diese Weise könnte er nicht nur den Zermürbungsprozeß aufhalten und die Produktivität einiger seiner talentiertesten Mitarbeiter steigern, sondern seine Firma auch zum Leitstern für hochqualifizierte, leistungsfähige Frauen machen.

Wieder einmal wird hier der Mißerfolg herbeigeredet. Anderson war der Meinung, daß es sich lohne, wenn er nach Bedarf Änderungen einführte. Bei einem bescheidenen Erwartungsniveau konnte man die Leistungen seines Unternehmens als Erfolg betrachten. Aber er sah keinen Grund, wieder bei Null anzufangen und die Stellung der Frauen in seiner Firma sowie die Veränderungen, die diesbezüglich in den vergangenen dreißig Jahren stattgefunden hatten, neu zu bewerten. Er hielt es nicht für nötig, nach der vernünftigsten Geschäftsstrategie in bezug auf Frauen zu fragen. Er konnte sich nicht vorstellen, den radikalen Wandel durchzusetzen, der jetzt gefordert ist.

Und daher werden Frauen wie Elaine Norton ihn auch weiterhin »verraten« und ihn unsägliche Summen kosten, indem sie sein Unternehmen verlassen, anstatt große Erfolge zu erzielen, Freude an Herausforderungen zu finden und sich voller Elan für das Wachstum und die Entwicklung des Unternehmens einzusetzen.

Die Gründe für die Verständnislosigkeit der Führungsspitze

Wenn Sie dem Topmanagement angehören, kann ich Ihnen fast garantieren, daß Sie ähnlich reagieren würden wie Anderson, als ich ihm sagte, das Umfeld in seinem Unternehmen habe auf Frauen eine zersetzende Wirkung. Wenn Sie beim Lesen dieser Zeilen allein und in nachdenklicher Stimmung sind, würden Sie sich vielleicht in dieser Geschichte selbst wiedererkennen, aber Sie wären über das Wort *zersetzend* ebenso entsetzt wie Anderson. Doch dieser kontinuierliche Zerstörungsprozeß und die daraus für Andersons Firma Top Form resultierenden Verluste sind heute in fast ausnahmslos allen Unternehmen zu finden.

Ich könnte Hunderte von Unternehmen wie das seine nennen, in denen ich mit dem Chef ähnliche Gespräche geführt habe – wo der Mann an der Spitze den Eindruck hatte, daß sein Unternehmen »gut dasteht«, während die Frauen Tag für Tag aufgerieben werden und Jahr für Jahr unverhältnismäßig viele der besten weiblichen Führungskräfte ihr Streben nach weiteren Aufstiegsmöglichkeiten einstellen oder auf der Suche nach besseren Chancen das Unternehmen verlassen.

Ich kann verstehen, weshalb selbst jemand wie Anderson – ein aufgeschlossener Mann in einem überdurchschnittlichen Unternehmen – die Dringlichkeit drastisch verstärkter Bemühungen zur Bewältigung der Probleme seiner weiblichen Beschäftigten verkennt – weshalb seine Motivation und sein Engagement auf der Stufe 2 verharren. Die historische Entwicklung – wie Frauen in die Unternehmen vorgedrungen sind und wie die Arbeitgeber auf ihren Eintritt reagierten – spielt hier eine wichtige Rolle.

Betrachten Sie die Revolution in Beruf und Familie, die in den letzten dreißig Jahren stattgefunden hat, aus der Sicht der Unternehmensleitung. Sie begann fast unmerklich. Die Männer an der Spitze waren sich zwar dunkel bewußt, daß die Frauen ihre Stimme erhoben hatten, und sie bemerkten die wachsende Zahl der berufstätigen Frauen, aber für sie persönlich war dieses Phänomen immer noch irrelevant; es beschränkte sich hauptsächlich auf die niedrigeren Ebenen, und selbst da war der weibliche Anteil vergleichsweise gering. Wie groß muß aus ihrem Blickwinkel die Distanz zwischen ihnen und den ersten Berufseinsteigerinnen gewesen sein! Sie konnten sie kaum sehen – von einer Wertschätzung ihrer Fähigkeiten ganz zu schweigen.

Dieser Abstand wurde verstärkt durch die tief verwurzelten Vorstellungen der männlichen Führungskräfte über die Geschlechterrollen. Sie konnten die Motive dieser Frauen, die in ihre Welt einzudringen versuchten, einfach nicht verstehen. Es war nicht etwa so, daß sie Frauen allgemein mit Unverständnis begegneten, aber das Bild, das sie ihr Leben lang vom anderen Geschlecht gehabt hatten, wurde jetzt auf den Kopf gestellt. Sie betrachteten diese Veränderung mit Bedauern, denn die Männer dieser Generation hatten den Frauen allein in ihrer konventionellen Rolle als Hausfrau und Mutter Respekt entgegengebracht. Und ehrlich gesagt hielten sie das Karrierestreben der Frauen für eine Modeerscheinung – sie würden schon wieder nach Hause zurückkehren.

Stellen Sie sich auch vor, wie die Frauen in diesen Anfangsjahren ihre berufliche Laufbahn angingen. Sie betrachteten ihre Berufstätigkeit mit gemischten Gefühlen. Ihr Zwiespalt und ihre Bescheidenheit waren zum einen die Folge ihrer Schuldgefühle, weil sie Heim und Herd verlassen hatten, und zum anderen entsprachen sie einem Gefühl der Unzulänglichkeit aufgrund ihrer mangelnden Erfahrung. Abgesehen von seltenen Ausnahmen marschierten die Frauen nicht gerade in die Unternehmen und erbrachten Spitzenleistungen. Sie konnten sich zur Vorbereitung und Verwirklichung einer beruflichen Karriere nicht in dem Maße wie ihre männlichen Kollegen auf die Geschichte, die Erziehung und die Konventionen stützen. Des weiteren setzte ihnen der tägliche Empfang in einer ihnen feindlich gesinnten Welt zu, in der sie aus praktischen, personalpolitischen Überlegungen heraus eigentlich überflüssig waren.

Die Meinung der Führungsspitzen, daß die Beschäftigung von Frauen keine wirtschaftliche Notwendigkeit sei, wurde zudem durch die Vorgehensweise der Verfechter von Frauenangelegenheiten in dieser frühen Phase bestärkt. Die ersten militanten Feministinnen entschieden sich für Angriff und Konfrontation; sie verlangten die Gleichstellung der Frau. Mit ihrer Strategie wollten sie den Arbeitgebern bewußt machen, wie verärgert die Frauen über die Beschränkung auf die Hausfrauenrolle waren, mit welcher Entschlossenheit sie in die Arbeitswelt vordringen wollten und wie notwendig Gesetze zur Sicherung der Chancengleichheit waren. Das war meiner Ansicht nach notwendig und sinnvoll, aber es erzeugte bei den Arbeitgebern nicht gerade ein Bewußtsein für das Wertschöpfungspotential der Frauen.

Ich habe den Eindruck, daß selbst zu der Zeit, als Frauen für die Bedürfnisse der Unternehmen irrelevant waren, größere Fortschritte möglich gewesen wären, wenn wir das Potential der wenigen außergewöhnlichen Frauen, die bereits Spitzenpositionen erklommen hatten, besser genutzt hätten. Dann hätten wir ein schlagkräftiges Argument liefern können: Die Integration der Frauen in die Wirtschaft mag vielleicht Probleme aufwerfen, doch Unternehmen, die in dieser Hinsicht erfolgreich sind, können beträchtliche Gewinne einstreichen.

Das geschah natürlich nicht. Statt dessen wurde das Verhältnis zwischen dem Topmangagement und den weiblichen Beschäftigten von Verblüffung, zwiespältigen Gefühlen und Druck bestimmt. Als die Führungsspitzen sich diesem Druck nicht mehr widersetzen konnten, begannen sie zu reagieren.

Die heutigen Folgen dieser Ausgangssituation

Die Haltung der Männer an der Unternehmensspitze – ganz gleich, auf welcher Stufe meiner Skala die jeweilige Firma sich befindet – spiegelt diese Geschichte wider. Viele versuchen, auf die familiäre Situation ihrer Angestellten einzugehen, sei es durch die Einrichtung eines Beratungs- und Vermittlungsdienstes für die Kinderbetreuung oder durch die Gewährung unbezahlten Urlaubs für junge Mütter über den Mutterschutz hinaus. Andere Firmen versuchen, Frauen in höhere Positionen zu befördern und die Anzahl der Topmanagerinnen zu steigern. Einige wenige definieren Aufstiegsvorgaben für ihre Mitarbeiterinnen und ziehen ihre Manager für die Einhaltung dieser Ziele zur Rechenschaft, indem sie entweder Prämien gewähren oder entziehen.

Es wäre unrichtig zu behaupten, daß die berufliche Situation der Frauen derzeit *keinerlei positive Tendenzen* aufweist. Angesichts der Tatsache, daß Frauen als Außenseiter in die Welt der Männer eindrangen und daß ihnen dort Platz gemacht wurde – wobei sie anfangs als überflüssig und später als Ursache für Probleme und gesetzgeberischen Druck galten – haben wir erstaunliche Fortschritte erzielt. Meine Beobachtungen bestätigen sogar, daß es nichts gibt, was man für Frauen tun könnte, das nicht irgendwo umgesetzt würde. Alle Modelle sind vorhanden.

Aber diese sind weitgehend Ad-hoc-Maßnahmen. Sie wurden auf konkrete Forderungen hin eingeführt. So mag das Management ein Interesse an gerechtem und richtigem Handeln haben, das durch die Furcht, gesetzliche Bestimmungen zu verletzen oder eine Gemeinschaftsklage auf sich zu ziehen, noch verstärkt sein kann. In einem solchen Fall befragt das Unternehmen dann die Beschäftigten nach ihren Wünschen oder läßt die Situation von einem externen Berater analysieren. In der Regel führen die Entscheidungsträger eine Umfrage bei anderen Firmen durch, um die Auswahl auf drei oder vier Programme zu beschränken, ohne daß dabei unnötige Ausgaben anfallen, weil man zu weit nach vorne prescht oder zu stark hinter dem Standard hinterherhinkt. Studien werden durchgeführt, Arbeitsgruppen gebildet, Stöße von Dokumenten verabschiedet, unternehmenspolitische Grundsätze formuliert. Ressourcen aus dem Bestand irgendeiner Abteilung werden dann bereitgestellt – manchmal in Form von Personal, manchmal als finanzielle Beiträge. Dann setzt das Management die Änderungen um, die zur Befriedigung der unmittelbaren Bedürfnisse erforderlich sind.

Gelegentlich sind Fortschritte sogar das Ergebnis einer Anordnung der Führungsspitze. Meinen Beobachtungen zufolge werden solche

Initiativen häufig rasch umgesetzt, doch fehlt die zur Unterstützung der Veränderung erforderliche Infrastruktur. Lassen Sie mich dafür ein Beispiel anführen.

Ich traf mich mit einem leitenden Angestellten aus der Personalabteilung eines führenden Automobilherstellers, der konzertierte Anstrengungen zur Erhöhung des Minderheitenanteils in der Führungsetage unternommen hatte. Als in einer Vorstandssitzung vermeldet wurde, daß nunmehr sechzehn schwarze Männer Positionen im Topmanagement innehatten, stellte eine einflußreiche Frau in diesem Gremium die Frage, wie es um den Fortschritt des Unternehmens in bezug auf die weiblichen Beschäftigten bestellt sei. Man stellte fest, daß nur ein oder zwei Frauen die obersten Sprossen der Führungshierarchie erklommen hatten. Da befahl der Vorstandsvorsitzende in bester Absicht: »In einem Jahr müssen wir sechzehn Topmanagerinnen haben. Und sie müssen alle voll qualifiziert sein.« In der Folge beförderte die Unternehmensleitung einige Frauen intern und suchte extern nach geeigneten Kandidaten. Nach einem Jahr saßen wirklich sechzehn verläßliche weibliche Kräfte in der Führungsspitze. Man hatte jedoch keinen Geschäftsplan aufgestellt und keine Infrastruktur für eine innerbetriebliche Weiterbildungs- und Förderungspolitik aufgebaut, und in den nachgeordneten Rängen rückten niemals Frauen nach oben. Auf die erste Generation von Topmanagerinnen folgte keine zweite.

Während Ad-hoc-Änderungen eingeführt werden, beschäftigt sich die Unternehmensleitung mit anderen, dringlicheren Fragen. In dem Maße, wie die Vereinigten Staaten auf dem Weltmarkt gegenüber der ausländischen Konkurrenz an Boden verlieren, zwingt eine Welle von Fusionen, Leveraged Buyouts und feindlichen Übernahmen die Unternehmen, sich in höchstem Maße auf kurzfristige Aspekte zu konzentrieren. Sie sind so sehr mit aktuellen Problemen beschäftigt – Was werden wir im nächsten Quartal verdienen? Wer wird uns aufkaufen? Wie kann ich die Konkurrenz schlagen? –, daß die »Frauenfrage« nicht vorrangig erscheint.

Zudem würde es der Unternehmensleitung niemals einfallen, sich einem Problem zuzuwenden, aus dem sich dann neue Schwierigkeiten ergeben. Angesichts der Verschlechterung der wirtschaftlichen Lage und des wachsenden Konkurrenzdrucks werden Managementebenen abgebaut. Das Überleben eines Arbeitgebers steht und fällt damit, daß er aus einem immer noch reichlichen Arbeitskräftereservoir nicht nur die fähigsten Mitarbeiter auswählt, sondern auch die für Erfolg wahrscheinlichsten. Doch die Unternehmen haben den Eindruck, daß

Frauen zwar genauso intelligent sind wie ihre männlichen Kollegen, aber nicht so widerstandsfähig oder engagiert. Aufgrund ihrer Erfahrungen halten sie natürlich weibliche Kandidaten nicht für die geeigneten »Retter in der Not«.

Währenddessen steigen die Frauen nicht in nennenswerter Zahl in die höheren Ränge auf. Einige der besten Mitarbeiterinnen verlassen das Unternehmen, um sich selbständig zu machen, ihre Kinder großzuziehen oder bei flexibleren Firmen anzufangen.

Die Entscheidungsträger, mit denen ich spreche, sind vor allem über die mangelnden Fortschritte erstaunt. Es scheint ihnen, als würde ihrer Firma in einem Jahr für irgendeine Maßnahme ein Preis verliehen, und im nächsten würde eine Gemeinschaftsklage gegen sie angestrengt. Wieder ein Jahr später setzen sie sich für eine anscheinend deutliche Verbesserung der Firmenpolitik ein, und sie ernten dafür Lob, aber dennoch macht das offenbar keinen großen Unterschied.

Das ist oft der Zeitpunkt, zu dem ich mich mit leitenden Führungskräften zusammensetze. Ihre Erfahrungen mit ihren weiblichen Beschäftigten wirken sich grundsätzlich frustrierend aus. Sie fragen mich: »Ja, ich weiß schon, daß das wichtig ist, und ich muß wohl... Aber warum?« In ihren Aussagen klingt immer noch Skepsis in bezug auf die Bedeutung der Frauen für ihr Unternehmen mit. Es ist nicht die Verblüffung, die sie vor dreißig Jahren empfanden, als die Frauen erstmals zahlreich auf den Arbeitsmarkt drängten. Inzwischen haben sie erlebt, wie die Familie in der ihnen vertrauten Form zerbrochen ist, und so meldet sich eine leise innere Stimme mit der Frage: »Wer kümmert sich um unsere Kinder?«

Obwohl also beachtliche Fortschritte erzielt wurden, erreichte man sie stufenweise; man fing bei Null an und ging immer nur einen kleinen Schritt voran, ohne den Überblick zu haben, ohne eine lineare Bewegung in Richtung auf ein definiertes Ziel, ohne einen strategischen Plan zur Erreichung dieses Ziels. Und plötzlich befinden wir uns an einem Punkt, an dem die Situation in den einzelnen Unternehmen – trotz der allgemeinen Fortschritte der Frauen in der Gesellschaft – nicht zufriedenstellend ist. Außerdem hat jeder Schritt, den die Arbeitgeber jetzt gehen, den Beigeschmack des Scheiterns, da er Erwartungen weckt und das Grundproblem nicht löst.

Unternehmen, die solche Initiativen umsetzen, machen Schritte in die richtige Richtung. Aber es fehlt immer noch etwas.

Ein Kommentar von Warren Bennis, dem ehemaligen Rektor der University of Cincinnati, beschreibt das Dilemma, vor dem wir hier stehen.

Er sprach von dem Unterschied zwischen Managern und Führungspersönlichkeiten. Manager machen ihre Sache richtig, sagte er. Führer machen die richtigen Sachen.

Genau das geschieht in den amerikanischen Unternehmen. Die Firmenleitungen machen ihre Sache richtig. Sie berufen oder befördern einige wenige Frauen ins Topmanagement; sie gestatten einzelnen Mitarbeiterinnen eine Verkürzung der Arbeitszeit; sie richten für berufstätige Mütter den Mutterschaftsurlaub ein. Aber sie kümmern sich nicht um den weiblichen Managementnachwuchs; sie machen flexible Arbeitszeitvereinbarungen nicht zur Regel; sie erlauben frischgebackenen Müttern nicht die Rückkehr in das Rennen um die Spitzenpositionen; sie ermutigen die Männer nicht, sich die elterliche Verantwortung mit ihren Frauen zu teilen. Sie machen nicht die richtigen Sachen. Und weshalb nicht? Weil sie, wie Anderson, noch keine wirtschaftliche Notwendigkeit dafür erkennen. Selbst in den besten Unternehmen fehlt der Enthusiasmus.

Wer, wie Anderson, den Schluß zieht, daß die Integration der Frauen im Unternehmen durchaus eine Herausforderung ist, aber keine vorrangige, keine, die von zentraler Bedeutung für die geschäftlichen Belange des Unternehmens ist, keine *wirtschaftliche Notwendigkeit* – eine Herausforderung, der man mit vorsichtigen, allmählichen Maßnahmen begegnen kann – der versteht nicht den eigentlichen Kern der Sache. Es geht nicht darum, mehr zu tun, oder seine Sache besser zu machen. Wer weitermacht wie bisher, in die gleiche Richtung voranschreitet, ohne zuvor die zugrundeliegende Motivation zu analysieren, der ist zum Scheitern verurteilt. Die richtigen Maßnahmen ergeben sich aus einer völlig anderen Denkweise.

Gefordert ist eine grundlegende Neuorientierung unseres Denken und Handelns den Frauen, den Männern und der Arbeit gegenüber. Schrittweise Verbesserungen werden nicht zum Erfolg führen. Radikale Veränderungen sind das Gebot der Stunde.

Stellen Sie sich vor, jemand stünde plötzlich vor Ihrem Schreibtisch und sagte: »Ich habe hier eine Innovation, die Ihnen ein Vermögen bringen wird. Um diese Gelegenheit wahrnehmen zu können, müssen Sie in der Führung Ihres Unternehmens eine Kehrtwendung machen.« Es könnte sich hier um eine technische Neuerung handeln – zum Beispiel die massenhafte Verbreitung von Computern. Oder um eine geniale Verpackung wie die Coca-Cola-Flasche. Es könnte ein Produkt sein – selbst wenn es sich um etwas so Unkonventionelles wie Cabbage-Patch-Puppen handelt. Würden Sie dann nicht die erforderlichen Änderungen vornehmen, um diesen Gewinn zu realisieren?

Im diesem Fall besteht die Innovation in einem unerwarteten, unterschätzten Talentpool. Was müssen Sie also tun? Sie müssen die Frauen zunächst als wirtschaftliche Notwendigkeit betrachten. Nur dann können Sie die erforderlichen Änderungen vornehmen. Nur dann können Sie den erwarteten Gewinn erzielen.

Ich werde später auf die dafür erforderlichen Änderungen zurückkommen. Aber zunächst möchte ich Ihnen zeigen, weshalb die Integration der Frauen in die Wirtschaft und ihre Förderung ganz konkret für jedes einzelne Unternehmen eine wirtschaftliche Notwendigkeit darstellt. Dazu müssen wir uns unvoreingenommen fragen, wo Frauen heute in Ihrem Unternehmen zu finden sind und was Sie diese Politik der Stellenbesetzung kostet.

Die Pyramide der Vergangenheit

Mein Ziel ist es, an dieser Stelle möglichst plastisch die Kosten aufzuzeigen, die heute durch die Besetzung von Stellen mit Frauen in einem überdurchschnittlichen Unternehmen entstehen – in Firmen, an deren Spitze zum Beispiel Männer wie Anderson stehen, die ernsthafte Bemühungen zur Förderung der Frauen auf Ad-hoc-Basis unternehmen. Zur Darstellung dieser Kosten werde ich ein einfaches Modell verwenden: eine Pyramide, die das Management eines überdurchschnittlichen Unternehmens repräsentiert.[1]

Zum besseren Verständnis dieses Szenarios möchte ich Sie bitten, sich für meine Beschreibung in die Lage eines Mannes wie Anderson zu versetzen: Stellen Sie sich vor, Sie seien der Chef dieser überdurchschnittlichen Firma.

Lassen Sie mich anhand eines Vergleichs mit der Vergangenheit die gegenwärtige Lage Ihres Unternehmens beleuchten. Wie sah Ihre Managementpyramide wohl vor dreißig Jahren, also 1962, aus? 1962 war das Jahr, in dem sich der massive Vorstoß der Frauen in die Arbeitswelt abzuzeichnen begann, und es war auch – und nicht gerade zufällig – das Jahr, in dem Catalyst gegründet wurde. 1962 gab es so wenige Managerinnen, daß sie in unserem einfachen Modell eigentlich gar nicht dargestellt werden müssen. Ihr Managementteam bestand damals also praktisch ausschließlich aus Männern (vgl. Abbildung 1.1).

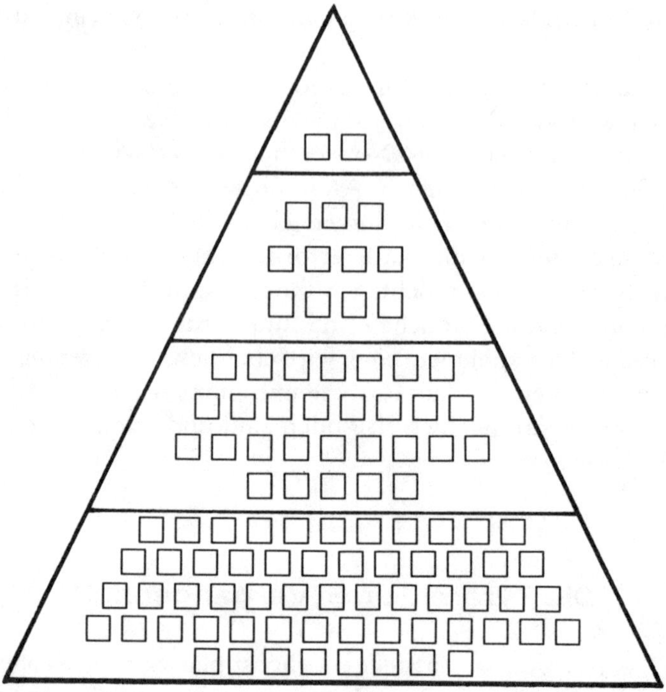

Abbildung 1.1 Ihr überdurchschnittliches Unternehmen vor 30 Jahren

Als nächstes möchte ich Ihre Managementpyramide in vier horizontale Schichten unterteilen (vgl. Abbildung 1.2). Diese Teilung entspricht nicht den hierarchischen Ebenen. Die vier Schichten sollen die Konzentration der Verantwortung in der Pyramide darstellen.

Die Abnahme des Rauminhalts ist natürlich sofort mit bloßem Auge zu erkennen. Für noch aufsehenerregender halte ich allerdings die arithmetische Darstellung, die mir ein Mathematiker erläuterte. Bei jeder Pyramide macht das oberste Viertel weniger als 2 Prozent ihres Volumens aus (in diesem Fall 1,6 Prozent); das zweite Viertel entspricht fast 11 Prozent (10,9 Prozent), das dritte Viertel etwa 30 Prozent (29,7 Prozent) und das vierte Viertel etwa 60 Prozent (58 Prozent) des gesamten Rauminhalts. Das dritte und vierte Viertel zusammen decken 88 Prozent des Gesamtvolumens ab. Diese Proportionen gelten für alle Pyramiden, ungeachtet ihrer Höhe. Für mich ist diese Rechnung ein deutlicher Beweis dafür, daß der Aufstieg in einer hierarchischen Struktur von

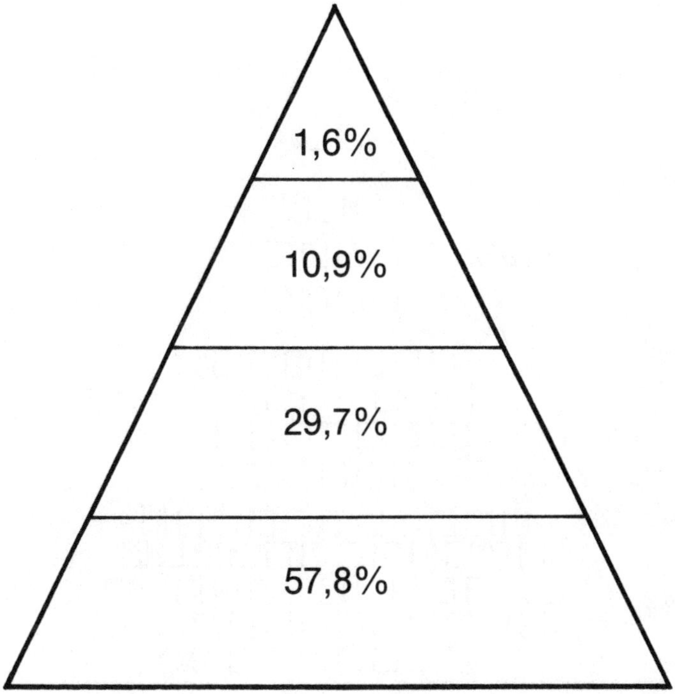

Abbildung 1.2 Konzentration der Verantwortung in der Pyramide

Haus aus schwierig ist – einer Struktur, wie sie in fast allen modernen Unternehmen heute Realität ist.

Nehmen wir einmal an, Ihr überdurchschnittliches Unternehmen hatte im Jahr 1962 insgesamt 100 Manager. Wir verteilen sie nach dem arithmetischen Gesetz des abnehmenden Rauminhalts in der Pyramide (vgl. Abbildung 1.3). Erwähnenswert ist hier die extrem geringe Zahl der Manager an der Spitze der Pyramide und die hohe Zahl derer, die auf den unteren Ebenen angesiedelt sind.

Bisher haben wir die Gesamtorganisationsstruktur Ihres Managements – die hierarchische Pyramide – und die Geschlechtszusammensetzung dieses Körpers – ausschließlich Männer – betrachtet. Werfen wir nun einen Blick auf die Nutzung der Fähigkeiten und Qualifikationen innerhalb dieser Pyramide.

In Abbildung 1.4 sehen Sie die 100 Manager, die Ihr Unternehmen beschäftigt. Jeder von ihnen trägt eine Nummer. Als ungefähre Annähe-

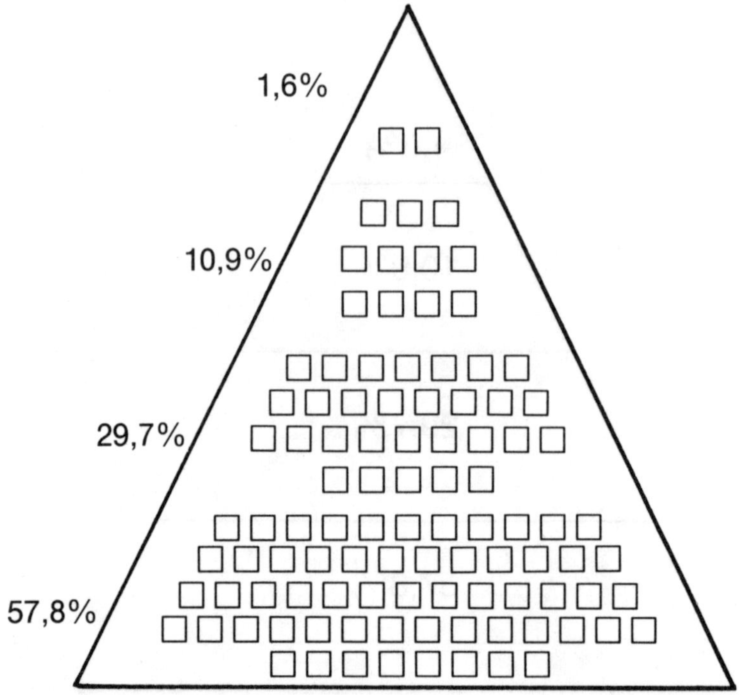

Abbildung 1.3 Positionierung der 100 männlichen Manager

rung an etwas, das fast unmöglich zu beschreiben oder zu definieren ist, habe ich eine fortlaufende Numerierung gewählt. Mit meiner Plazierung möchte ich die Verteilung der angeborenen Eigenschaften in den Rängen des Managements darstellen, die die Fähigkeiten des einzelnen maßgeblich beeinflussen und folglich in einem idealen Unternehmen seine Position in der Hierarchie bestimmen.

Ich habe Ihren 100 Managern Wertungen zugewiesen nach der Summe der Wesenszüge, die unveränderlich und gleichzeitig willkürlich in der Bevölkerung verteilt sind. Dazu gehören beispielsweise Intelligenz, Antriebskraft und analytisches Denken – nicht erlernbare Eigenschaften, die aber für den Beitrag und den Aufstieg eines Mitarbeiters im Unternehmen entscheidend sind. Ihre Manager sind also zur Erfüllung der Anforderungen verschiedener Positionen, die das Wachstum Ihres Unternehmens vorantreiben, in unterschiedlichem Maße mit einer Kombination dieser Eigenschaften ausgestattet. (In Wirklichkeit gibt es

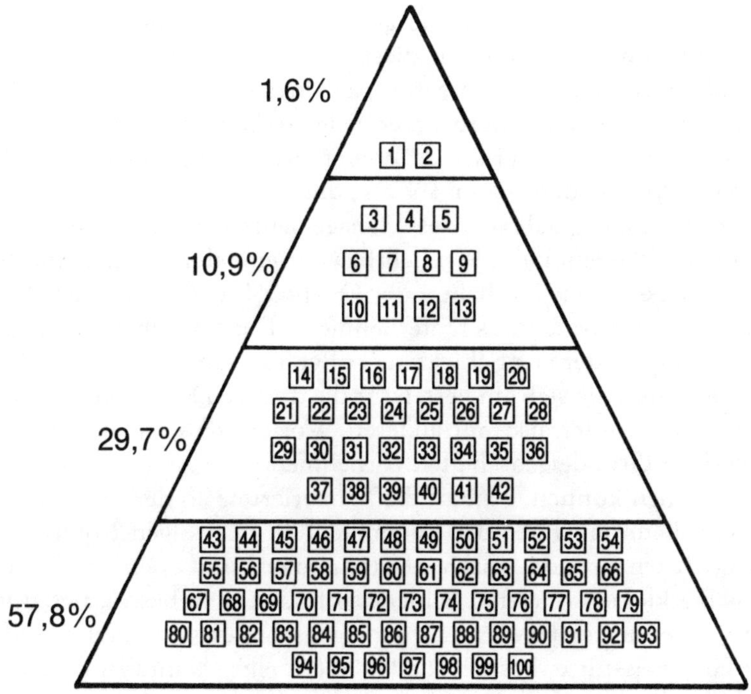

Abbildung 1.4 Verteilung der Grundeigenschaften in einer Population von 100 männlichen Managern

natürlich eine beliebige Anzahl von Beschäftigten mit der Kombination 1, 2 oder 35. Ich möchte allerdings dieses Model einfach halten.) Diese Eigenschaften nenne ich hier *Grundeigenschaften*.

Das heißt mit anderen Worten, daß Sie aus einem Menschen, der keine gute Wertung bei diesen Grundeigenschaften aufweist, keine Führungspersönlichkeit oder auch nur einen guten Manager machen können. Aber ich bin der festen Überzeugung, daß jemand, der über die Grundeigenschaften verfügt, ungeachtet seiner Geschlechtszugehörigkeit eine Führungspersönlichkeit oder einen guten Manager abgeben kann, denn alles andere kann man entweder später erlernen, oder es läßt sich durch wirksame Firmenpolitik steuern.

Als Unternehmenschef erkennen Sie sofort, daß diese Wertung unvollkommen ist. Sie wissen, daß die erworbenen oder erlernten Eigenschaften wesentlich sind, vom Einsatzwillen über das Selbstvertrauen bis hin zur Eigeninitiative. In diesem Modell möchte ich sie *Ergänzungsei-*

genschaften nennen. So wichtig sie auch sein mögen, zur Darstellung Ihres Unternehmens möchte ich diese Ergänzungseigenschaften nicht als Variable einführen. Wir nehmen an, daß in diesem überdurchschnittlichen, rein männlichen Unternehmen jeder Arbeitnehmer alles erhält, was seinem Wachstum und seiner Weiterentwicklung in einer für die Firma gewinnbringenden Art und Weise dient.

Da wir die hohe Qualität Ihres Managements kennen, können wir daraus auch schließen, daß Sie pflichtbewußt eine der wirtschaftlichen Grundregeln beachten: Sie halten die Qualität Ihrer personellen Ressourcen auf jeder Ebene Ihres Unternehmens. Dazu haben Sie sichergestellt, daß auf jeder der vier Schichten der Pyramide diejenigen Mitarbeiter zu finden sind, die sich am besten für die dortigen Positionen eignen. Meine Prämisse lautet also mit anderen Worten, daß Sie eine genaue Bewertung der Grundeigenschaften vornehmen.

Wie Sie sehen können, beginnt die Numerierung an der Spitze mit 1 und beträgt dann am Fuße der Pyramide 100. Diejenigen Mitarbeiter mit den höchsten Grundeigenschaften (Nummer 1 und 2) sind in der verhältnismäßig kleinen obersten Schicht zu finden. Die Beschäftigten im zweiten Viertel sind mit weniger Grundeigenschaften ausgestattet als die oberste Führungsspitze, besitzen davon aber mehr als ihre Kollegen im dritten Viertel usw. usf.

Diese Plazierung hat unter anderem zur Folge, daß die Manager auf allen Ebenen die zur optimalen Erfüllung ihrer Aufgaben erforderlichen Grundeigenschaften aufweisen. Des weiteren berichten auf allen Hierarchiestufen immer Manager mit weniger Grundeigenschaften an Vorgesetzte, die ihnen in dieser Hinsicht überlegen sind. An der Spitze steht der Firmenchef, der die zur Leitung des gesamten Unternehmens erforderlichen Grundeigenschaften besitzt.

Unter dem Strich bedeutet das, daß aus den Fähigkeiten der von Ihnen beschäftigten jungen Männer der optimale Nutzen gezogen wird. Arbeitsmoral, Produktivität und Engagement Ihrer Manager sind hoch. Sie bilden das stabile Rückgrat Ihres rentablen Unternehmens.

Die Pyramide der Gegenwart

Nach dieser Beschreibung der Zusammensetzung Ihrer Managementpyramide vor nicht allzu langer Zeit wollen wir jetzt annehmen, daß Sie »in einen Schlaf versinken« und dreißig Jahre ins Land gehen. Bei Ihrem

Erwachen schreiben wir das Jahr 1992. Sie sind immer noch der Chef eines Unternehmens, das im Einsatz seiner Managementressourcen besser abschneidet als der Durchschnitt, auch bei den weiblichen Kräften ...

Moment mal! Weibliche Kräfte? In Ihrem Unternehmen? Und noch dazu im Management?

Neugierig trommeln Sie Ihre engsten Vertrauten aus der Führungsspitze zusammen. Diese Männer haben das Unternehmen in Ihrer Abwesenheit geleitet. Sie bitten diese Manager, Ihnen zu berichten, wie die Frauen in Ihr Management vorgedrungen sind. Ihre Mitarbeiter beschreiben den Eintritt der Frauen in die Berufswelt. Sie sagen, die Entwicklung habe ganz langsam Mitte der 60er Jahre begonnen, sei in den 70er Jahren zu einer Lawine angewachsen und in den 80er Jahren zu einer Selbstverständlichkeit in Ihrem Unternehmen geworden.

»Leisten denn Frauen gute Arbeit in meinem Unternehmen?« fragen Sie. Als Sie zum letzten Mal bei Bewußtsein waren, sprach man Frauen den Geschäftssinn weitgehend ab – man glaubte, sie könnten »nicht mit Zahlen umgehen« und eigneten sich daher nicht für Positionen in Ihrer Firma. Ihre verantwortlichen Führungskräfte versichern Ihnen, daß Frauen heute allgemein als ebenso intelligent wie Männer gelten.

Sie fragen dann, wie viele Frauen denn derzeit in Ihrem Management arbeiten. Mit leichtem Stolz in der Stimme antworten Ihre Topmanager, daß 37 oder etwa ein Drittel der Führungskräfte weiblich seien. Dieser Anteil entspricht dem Prozentsatz der Frauen, die laut staatlichen Statistiken landesweit im Management und in den freien Berufen arbeiten.

Seltsam, denken Sie bei sich. Als ich einschlief, gab es doch genügend männliche Kräfte, um unseren Personalbedarf zu decken. Wir hatten zwar damals hohe Wachstumsraten in der Wirtschaft, doch befanden wir uns auch mitten in einem beispiellosen Babyboom, und ich dachte, daß es immer genügend männliche Führungskräfte für unser Unternehmen geben würde.

Wie Sie feststellen, hat sich das alles jetzt geändert. Als die Frauen erstmals ihren Fuß in die Unternehmen setzten, benötigte Ihre Firma kein zusätzliches Personal. Aber als die Wirtschaft weiter florierte und Ihr Unternehmen diversifizierte, und als die Frauen ihre Bildung verbesserten und ihre berufliche Laufbahn ernster nahmen, fanden sie auch Eingang in die Personalpläne des Unternehmens.

»Das ist aber nicht alles«, sagt Ihr Personalleiter, der zum Thema »Wertschätzung einer gemischten Belegschaft« einige Bücher gelesen und mehrere Veranstaltungen besucht hat, »die demographischen Hochrechnungen deuten darauf hin, daß die Erwerbsbevölkerung langsam zurückgeht. Die Frauen bekommen heute weniger Kinder als zur Zeit des Babybooms. Die durchschnittliche Kinderzahl ist von fast vier Ende der 50er Jahre auf knapp zwei Mitte der 70er bis heute zurückgegangen. Damit sind die Bevölkerungszahlen insgesamt rückläufig. Die neue Generation der College-Absolventen ist zahlenmäßig viel geringer, als wir es uns jemals träumen ließen.«

»Unter dem Strich«, meint ein anderer Topmanager, »sind von unseren insgesamt 100 Managern 37 Frauen und 63 Männer – also ist der Anteil der Männer bei gleicher Gesamtsumme zurückgegangen. Aber wie wir bereits sagten, diese Frauen sind allesamt überdurchschnittlich gut. Diese 37 Managerinnen halten in bezug auf die Grundeigenschaften jeden Vergleich mit unseren besten 37 männlichen Führungskräften stand.«[2] Er fügt hinzu, Sie könnten versichert sein, daß Ihr Unternehmen bei der Nutzung des Potentials weiblicher Führungskräfte ziemlich gut abschneide. Man müsse noch einige Unebenheiten glätten, doch im Grunde befinde sich das Unternehmen auf dem Weg in die richtige Richtung.

Das freut Sie. »Zeigen Sie mir bitte eine Darstellung der heutigen Zusammensetzung des Managements«, sagen Sie. Sie sind gespannt auf den jetzigen Aufbau der Pyramide, die Sie vor dreißig Jahren so sorgfältig ausgeklügelt hatten, damit jeder Beschäftigte eine seinen Fähigkeiten entsprechende Position innehatte, so daß das ganze Unternehmen reibungslos, effektiv und rentabel arbeiten konnte. Sie stellen sich vor, daß Ihr Unternehmen der Tatsache, daß unter den Kandidaten halb so viele Männer sind wie bei einer Fortsetzung des Babybooms zu erwarten war, Rechnung getragen hat, indem es das weibliche Arbeitskräftepotential gleichermaßen ausschöpft.

Ihre Mitarbeiter legen Ihnen ein Diagramm vor, das so ähnlich wie Abbildung 1.5 aussieht.

In dieser Pyramide habe ich die 37 Frauen und 63 Männer so plaziert, wie dies in einer überdurchschnittlichen Firma wie der Ihren heute der Fall wäre. In der Spitzengruppe findet man ungefähr 5 Prozent Frauen und 95 Prozent Männer. Diese Schätzungen basieren auf einer vor kurzem von Catalyst abgeschlossenen Untersuchung zum Thema Frauen im Konzernmanagement. Im zweiten Viertel gibt es 10 Prozent Frauen und 90 Prozent Männer. Im dritten Viertel liegt der Anteil der Frauen bei 25 Prozent und der der Männer bei 75 Prozent. Das sind meine besten Schätzungen; sie beruhen auf meinen eigenen Untersuchungen und den staatlichen Zahlen zum Arbeitsmarkt. Im

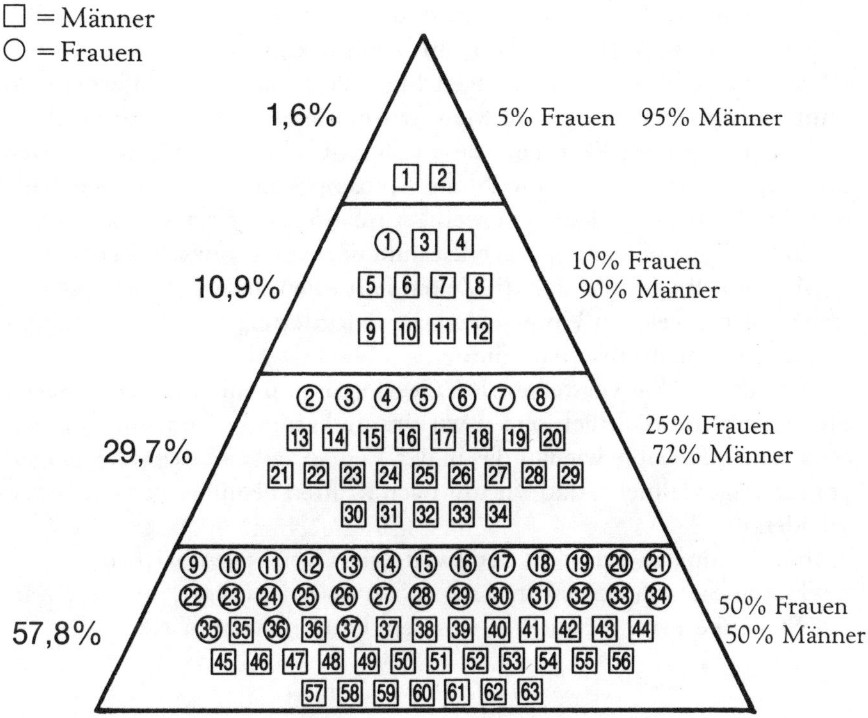

Abbildung 1.5 Die heutige Zusammensetzung Ihrer Managementpyramide

untersten Viertel einschließlich der Einstiegsebene hält sich der Anteil von Frauen und Männern in etwa die Waage. Es ist allgemein bekannt, daß die Jungmanager in Ihrer Branche derzeit so nach Geschlechtern verteilt sind.

Als Chef des Unternehmens, dessen Management in dieser Pyramide dargestellt ist, wußten Sie, daß Sie weniger Managerinnen als Manager antreffen würden. Aber Sie stoßen auf andere Merkmale, die Sie überraschen und Ihnen Anlaß zu einiger Bestürzung geben.

Sie wenden sich von dem Diagramm wieder Ihren Mitarbeitern zu und fragen, weshalb so viele hochqualifizierte Beschäftigte auf den unteren Rängen zu finden seien.

»Wir sagten Ihnen bereits, daß noch ein paar Probleme aus dem Weg geräumt werden müssen«, antworten die Topmanager. »Die Frauen müssen bei ihrem beruflichen Aufstieg immer noch einige Hindernisse überwinden. Das ist uns bekannt. Unserer Erfahrung nach können wir uns nicht auf ihr Engagement verlassen. Aber wir versuchen, ihnen alles zu geben, was sie brauchen. Wir tun, was wir können.«

»Das verstehe ich nicht«, sagen Sie. »Wie kann das Unternehmen immer noch lebensfähig sein, wenn wir in diesem wichtigen Bereich so ineffizient arbeiten? Wenn all diese phantastischen Mitarbeiter auf den unteren Rängen sitzen, obwohl sie Spitzenpositionen verdienen würden? Und warum sind so viele weniger qualifizierte Kräfte so weit oben zu finden? Sagen Sie mir bitte, wie es um unsere Gewinne bestellt ist.«

Man teilt Ihnen mit, daß die Zeiten hart seien. Ihre Topmanager verstehen nicht, welchen Unterschied die Beförderung einiger Managerinnen in Ihrer Bilanz machen könnte.

»Ich glaube, Sie verstehen den Gesamtzusammenhang nicht«, sagen Sie. »Ganz offensichtlich setzen wir unsere besten Leute nicht so effektiv wie möglich ein – wie wir das in der Vergangenheit taten. Dieses Diagramm zeigt vielmehr, daß wir uns nach Kräften bemühen, uns selbst zu schaden.«

Ihren Topmanagern steht der Zweifel ins Gesicht geschrieben.

»Hören Sie sich einmal an«, sagen Sie, »welche Folgen die gegenwärtige Stellenbesetzungspolitik in unserem Unternehmen hat.«

1. Wir mobilisieren an der Spitze nicht die besten Mitarbeiter

Die unerläßliche Voraussetzung für unternehmerischen Erfolg ist ein qualitativ hochwertiges Topmanagement. Die Qualität der Führungsspitze ist der wohl maßgeblichste Faktor für die Rentabilität unseres Unternehmens. Meiner Meinung nach könnten wir die Qualität auf dieser Ebene beträchtlich steigern.

In unserer Pyramide ist die Zahl der männlichen Führungskräfte in den letzten dreißig Jahren von 100 auf 63 gesunken. Die Anzahl der Managerinnen ist entsprechend von 0 auf 37 gestiegen. Wie Sie mir sagten, stehen die besten dieser Frauen ihren männlichen Kollegen in den Grundeigenschaften in nichts nach. Die Frau mit Wertung 1 ist also genauso gut wie ihr männlicher Gegenpart mit der Wertung 1; die Frau mit der Wertung 37 hat ebenso viel zu bieten wie ihr männlicher Kollege mit der Wertung 37. Die Frau mit der Wertung 37 ist besser als die Männer mit Wertungen zwischen 38 und 63. Dennoch ist im obersten Viertel keine weibliche Führungskraft zu finden. Dies bedeutet, daß wir die Gelegenheit versäumen, unsere Führungsspitze mit den fähigsten Kandidaten zu besetzen.

Um die besten Leute in Spitzenpositionen zu holen, haben wir früher Kandidaten aus einem relativ begrenzten Kreis ausgewählt. Wir beschränkten uns auf die besten 10 Prozent der potentiellen Führungskräfte. In der Vergangenheit bedeutete dies natürlich, daß wir unsere Topmanager aus einem ausschließlich männlichen Arbeitskräftepool anheuerten, aber das stellte kein Problem dar, denn unter den obersten 10 Prozent gab es genügend Kandidaten zur Befriedigung unseres Personalbedarfs. Heute ist die Expansionsrate der Erwerbsbevölkerung geringer als früher, und unser Bedarf an Führungskräften steigt sowohl quantitativ als auch – auf dem Weg zur Informationswirtschaft – qualitativ. Wir benötigen jedoch genauso viele Manager für die Spitzenpositionen, und wir greifen dafür weiterhin auf die qualifiziertesten 10 Prozent der Bevölkerung zurück. Unter diesen 10 Prozent sind weniger männliche Kandidaten, weil auch die Zahl der Männer in der Gesamtbevölkerung zurückgegangen ist, doch glücklicherweise können wir das Qualitätsniveau im Management halten, indem wir weibliche Bewerber in Erwägung ziehen.

Es wäre sicher ein Fehler, für die Unternehmensleitung nur Männer ins Haus zu holen – wir würden aus einem viel zu eingeschränkten Pool auswählen, dessen Anteil an der Gesamtheit den Prognosen zufolge in absehbarer Zukunft abnehmen wird. Es gelänge uns natürlich – zumindest eine Zeitlang – die Anzahl der Führungskräfte beizubehalten, aber wahrscheinlich müßten wir Abstriche bei der Qualität machen. Im Laufe der Zeit werden unter unseren potentiellen Arbeitnehmern unweigerlich weniger Männer und mehr Frauen sein, und unser Bedarf nach qualifiziertem Personal für die Spitzenpositionen wird steigen. Um sicherzustellen, daß unser Führungsteam so stark wie möglich ist, müssen wir auf alle Personen mit hohem Potential zurückgreifen – auf die Frauen ebenso wie auf die Männer.

Ich sehe da noch ein anderes Problem: Die Menge der Beschäftigten in den oberen Ebenen der Managementpyramide, die niedrigere Wertungen bei den Grundeigenschaften – den angeborenen Fähigkeiten – mitbringen als zur guten Leitung unserer Firma notwendig wären. Das deutet darauf hin, daß viele unserer Mitarbeiter sich *trotz ihrer Grundeigenschaften* mit den Ergänzungseigenschaften durchschlagen können. Und diesen Menschen fehlen einfach die geistigen Gaben, um auf diesen Ebenen ihre Aufgaben optimal zu erfüllen. Wenn wir ein starkes, aufstrebendes, hervorragend geleitetes Unternehmen aufbauen wollen, suchen wir nicht Menschen, die mehr Ergänzungseigenschaften als Grundeigenschaften in die Waagschale werfen.

2. Wir können unser Qualitätsniveau nicht auf allen Ebenen halten

Wenn wir Gewinne erzielen wollen, müssen wir auf jeder Ebene der Managementpyramide die fähigsten Mitarbeiter einsetzen. Das tun wir heute mit Sicherheit nicht, denn bei uns sitzen derzeit Frauen mit hohen Wertungen auf erheblich niedrigeren Plätzen in der Pyramide als ihre ebenbürtigen männlichen Kollegen.

Nun, da der Anteil der Frauen im Management einen erheblichen Prozentsatz ausmacht, können wir durchwegs die Mitarbeiterqualität durch Einstellung der tüchtigsten Frauen auf allen Ebenen verbessern. Da zudem fähige Leute für alle Ebenen in naher Zukunft knapp werden, können wir die negativen Folgen des Rückgangs von tüchtigen Männern umgehen, da es genug Frauen geben wird, um den Qualitätsstandard unseres Unternehmens zu sichern.

3. Wir behandeln einen erheblichen Anteil unserer Beschäftigten als Anhängsel

Unsere Managementpyramide würde wahrscheinlich ein noch genaueres Bild der Stellenverteilung widerspiegeln, wenn unsere weiblichen Mitarbeiter an den Rändern der Pyramide und nicht gleichmäßig verteilt dargestellt würden (vgl. Abbildung 1.6).

Ich möchte damit sagen, daß zwischen unserer Entscheidung, Frauen zu beschäftigen, und der Bereitschaft, ihr Potential auszuschöpfen, eine psychologische Lücke klafft. Sie haben akzeptiert, daß Frauen für unser Unternehmen arbeiten. Aber in Ihren Köpfen haben Sie die Integration der Frauen in die Wirtschaft nicht vollzogen. Selbst in einem so fortschrittlichen Unternehmen wie unserem sind Managerinnen immer noch ein Anhängsel zur männlichen Führungsmannschaft. Möglicherweise ist Ihnen diese Unterscheidung nicht bewußt; sie wird selten eingestanden oder diskutiert. Dennoch ist sie von enormer Bedeutung.

Warum spielen die Männer immer noch die Hauptrolle? Nur deshalb, weil wir die Konventionen übernommen haben, die vor dreißig Jahren galten, als das Management ausschließlich eine Männerdomäne war, als tatsächlich das gesamte Führungskräftereservoir aus Männern bestand und als diejenigen unter uns, die sich ausschließlich auf männliche Kandidaten konzentrierten, tatsächlich die besten und begabtesten

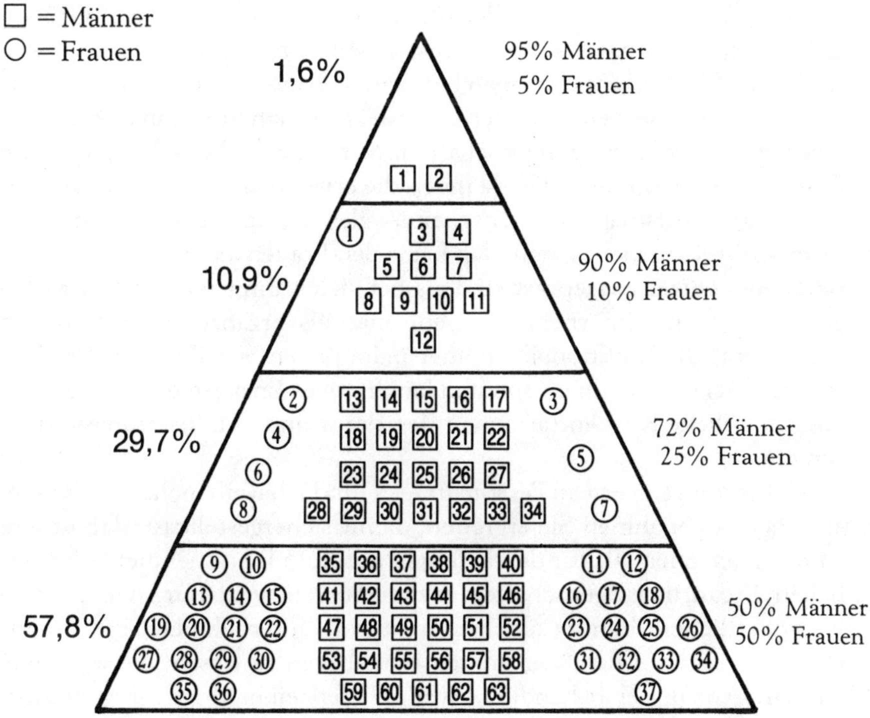

Abbildung 1.6 Frauen als Anhängsel

Mitarbeiter aus dem gesamten Arbeitskräftepool für sich gewinnen konnten. Für einige von uns ist die Geschäftswelt immer noch Männersache; Frauen dagegen verursachen Probleme.

Die Folge ist, daß wir lernen, wie man Frauen ausbilden, halten und fördern kann, damit wir sicherstellen, daß sie auf allen Ebenen angemessen repräsentiert sind. »Angemessen« bedeutet, in einem Umfang, der ihre Unruhe in Grenzen hält, ihren Zorn und gerichtliche Schritte vermeidet, das Gewissen des Unternehmens beruhigt und einige wenige Stars für Vorzeigezwecke hervorbringt.

Wenn nahezu die Hälfte unserer Führungskräfte weiblich ist und wir sie auf diese Weise im Grunde links liegenlassen, dann schleppen wir ein schweres Gewicht mit uns herum. Wir investieren in die Ausbildung und Erfahrung von Menschen, denen wir eigentlich Führungsqualitäten absprechen, und diese enorme Investition wird sich niemals amortisieren.

Sie argumentieren jetzt vielleicht, daß es eine Reihe legitimer Gründe dafür gibt, weshalb wir selbst die besten Mitarbeiterinnen nicht als Aspirantinnen für Spitzenpositionen betrachten können. Sie sagen vielleicht, daß diese Gründe wenig mit den Grundeigenschaften zu tun haben, aber viel mit den Ergänzungseigenschaften. Mit anderen Worten spielen die Frauen keine zentrale Rolle, da ihnen die erworbenen Merkmale fehlen, die für den Aufstieg eines Mitarbeiters gleichermaßen bedeutsam sind. Es mag durchaus richtig sein, daß bei vielen Frauen die Ergänzungseigenschaften weniger ausgeprägt sind als bei vielen ihrer männlichen Kollegen in unserem Unternehmen, wenn man als Ergänzungseigenschaften jene meint, die traditionell zu einer männlichen Sozialisation gehören. Als Beispiele fallen einem spontan langfristiges Engagement, energische, ausschließliche Konzentration auf den Beruf und Durchsetzungsvermögen ein.

Ich bin kein Experte in Personalfragen, und ich weiß nicht, welche spezifischen Maßnahmen Sie ergreifen, damit sichergestellt ist, daß unsere Mitarbeiterinnen alle für den Erfolg in unserem Unternehmen erforderlichen Ergänzungseigenschaften erwerben. Ich weiß nur, daß es vom wirtschaftlichen Standpunkt her für unser Unternehmen Sinn macht, nicht länger das Talent der Frauen brachliegen zu lassen, die wir heute wie ein Anhängsel behandeln. Wir müssen eine Möglichkeit finden, hochbegabte Menschen ohne Rücksicht auf ihre Geschlechtszugehörigkeit ausfindig zu machen und ihnen jede Art der Unterstützung zuteil werden zu lassen, die sie für ihre Entwicklung benötigen. Wenn wir auf jeder Ebene die intelligentesten, engagiertesten Menschen mit den geeignetsten Fähigkeiten einsetzen wollen, müssen wir in Frauen in gleichem Maße wie in Männer investieren.

4. Wir setzen dem Beitrag der einzelnen Mitarbeiterinnen Grenzen

Wir ersticken das Talent der Frauen, indem wir sie weniger begabten Männern unterstellen. Das möchte ich anhand unserer Pyramide erläutern. Aus ihr geht eindeutig hervor, daß in jedem Viertel die Frauen eine höhere Wertung bei den Grundeigenschaften aufweisen als ihre männlichen Kollegen in dieser Schicht. Logischerweise berichten also viele unserer Managerinnen an männliche Vorgesetzte, die von Natur aus weniger reichlich mit den Grundeigenschaften ausgestattet worden sind als sie selbst.

Diese Situation erschwert den Frauen den Aufstieg in die ihren Fähigkeiten und Aspirationen angemessene Position. Es ist durchaus möglich, daß viele Frauen ihre Intelligenz in ihrer derzeitigen Stelle nicht voll zur Geltung bringen können. Da die Männer, denen sie unterstellt sind, im allgemeinen nicht so begabt sind wie sie, müssen allzu häufig Menschen mit Visionen für die Zukunft sich an Pläne halten, die jemand aufgestellt hat, dem dieser Weitblick fehlt. Also arbeitet eine solche Managerin mechanisch auf ein Ziel hin, daß ihr letzten Endes nicht den Lohn des beruflichen Fortkommens verschafft oder nicht einmal die Möglichkeit zu Ergebnissen und Wachstum in der alltäglichen Arbeit bietet. Der Beitrag, den sie in unserem Unternehmen leistet, wird bestimmt von den Grenzen der ihr übergeordneten Männer.

Stellen Sie sich vor, welche Auswirkungen es auf unsere Bilanz hat, wenn diese begabteren Frauen auf den niedrigeren Ebenen die Demütigung erleben, weniger talentierten Männern unterstellt zu sein, und diese zudem von den Folgen beabsichtigten wie unbeabsichtigten sexistischen Verhaltens verstärkt wird. Diese Faktoren wirken sich auf unsere Geschäftstätigkeit aus, weil sie die Produktivität eines wesentlichen Teils unserer fähigsten Leute untergraben. Auch für die Aufsteigerinnen, die auf der Hierarchieleiter nach oben klettern, wird die Situation nicht besser. Auf den oberen Führungsebenen, wo immer noch nur vereinzelt Frauen zu finden sind, nimmt die zersetzende Wirkung des täglichen Arbeitsumfeldes noch zu. Jeder weitere Schritt zehrt zunehmend an der Kraft der Frauen. Das macht es immer wahrscheinlicher, daß bei unseren vielversprechendsten Mitarbeiterinnen Zermürbungserscheinungen auftreten.

5. Wir übergehen hochqualifizierte, fähige Menschen, die bei der Versorgung ihrer Familie eine Rolle übernehmen wollen oder müssen

Wir sind es gewohnt, die Versorgung von Kindern und Alten als »Frauensache« zu betrachten. Deswegen spielt die Unterstützung der Familie in unserem Unternehmen bis heute keine Rolle bei der Stellenbesetzung mit Frauen. Sie waren seit jeher eine Randgruppe und saßen nicht in den Hauptschaltzentren. Wie auch andere frauenrelevante Initiativen wurden diese Programme schrittweise eingeführt und nicht so schnell umgesetzt wie Angelegenheiten des Kerngeschäfts. Frauen sind nicht in die Geschäftswelt integriert, daher ist die Kinderbetreuung kein zentrales Thema; Frauen sind nicht von Bedeutung im Unternehmen, daher ist Flexibilisierung der Arbeit auch kein Thema für die Unternehmen (vgl. Abbildung 1.7).

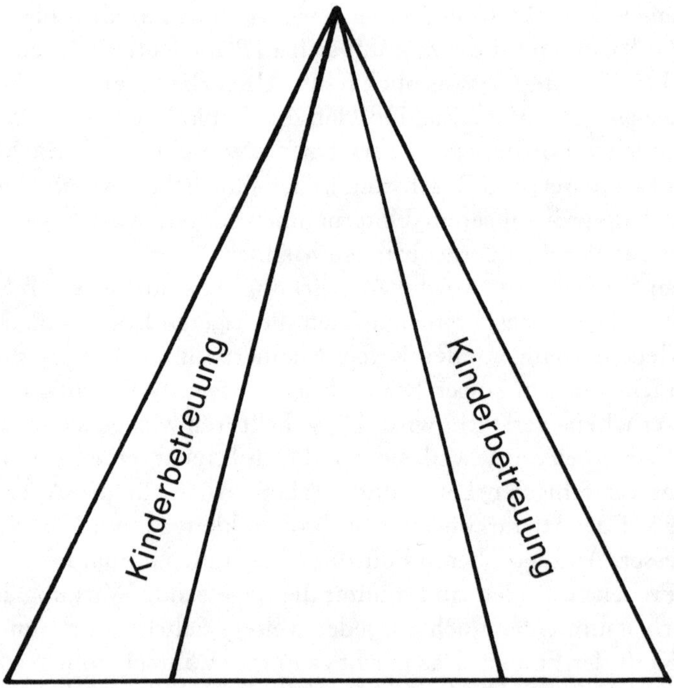

Abbildung 1.7 Familienfürsorge als Pallativum

Wir wissen inzwischen, daß die Marginalisierung der Frauen in unserem Unternehmen übermäßige Kosten verursacht. Es ist ebenfalls Tatsache, daß eine Situation, in der die Unterstützung der Familie in unserer Firmenpolitik nur eine untergeordnete Rolle spielt, sich negativ auf unseren Unternehmenserfolg auswirkt.

Da Frauen jetzt in den Arbeitsmarkt eingetreten sind, gibt es nicht länger ein häusliches Familienbeistandssystem als stabile Infrastruktur. Nach den Zahlen der amerikanischen Bundesarbeitsbehörde haben nur 16 Prozent der Vollzeitbeschäftigten einen nicht berufstätigen Partner.[3] Wenn beide Ehepartner sich einer Karriere verschreiben, kann keiner davon ausgehen, daß sich zu Hause jemand »automatisch« um die Bedürfnisse der Kinder kümmert. Da gute, erschwingliche Kinderbetreuung in den meisten Fällen immer noch nicht verfügbar ist, ruft die

Kinderversorgung fast immer Stress und Besorgnis bei berufstätigen Eltern hervor. Mit dem wachsenden Anteil der älteren Menschen in der Bevölkerung sind Berufstätige zudem immer häufiger auch für die Pflege ihrer gebrechlichen Eltern oder anderer älterer Angehöriger verantwortlich.

Wie wirkt sich diese Realität auf unser Unternehmen aus? Es ist allgemein bekannt, daß Kinderbetreuungsprobleme und andere familiäre Sorgen bei Männern wie bei Frauen am Arbeitsplatz allmählich zu einem Rückgang der Produktivität führen. Da gute, erschwingliche Betreuung von Kindern und Alten nicht allen zur Verfügung steht, wollen oder können viele Menschen – insbesondere Frauen – die Erziehung ihrer Kinder oder die Pflege älterer Verwandter nicht Dritten überlassen. Wenn wir das Angebot von Kinderbetreuungsmöglichkeiten und flexible Arbeitszeiten nicht als Selbstverständlichkeit betrachen, entstehen uns Kosten.

Wir begehen den Fehler, das Potential unserer Mitarbeiter, insbesondere unserer weiblichen Beschäftigten, fast ausschließlich auf der Grundlage ihres Engagements für die Firma zu beurteilen, das angeblich in umgekehrtem Verhältnis zu ihrem familiären Einsatz steht. Indem wir diesen falschen Trennstrich ziehen, zwingen wir viele der begabtesten Frauen, das Unternehmen zu verlassen, da es ihnen angesichts mangelnder Alternativen für die Kinderbetreuung nicht möglich ist, Familie und Beruf in Einklang zu bringen. Würden wir Kinderbetreuung und Flexibilität der Arbeitszeit anbieten, würden weitaus mehr Frauen gerne am Ball bleiben. Unter jenen Frauen, die der Firma den Rücken kehren, können durchaus einige der verantwortungsbewußtesten Mitarbeiterinnen sein, denn sie legen bei ihrer Leistung am Arbeitsplatz die gleichen Maßstäbe an wie bei der Erziehung ihrer Kinder.

6. Wir vergeuden unsere Investitionen in die Anstellung und Ausbildung von Mitarbeitern

Es ist bekannt, daß Frauen mit Hochschulausbildung heute die Geburt ihres ersten Kindes im Durchschnitt bis zum Alter von 31 Jahren aufschieben. Angenommen, eine Frau fängt bei uns nach Abschluß ihres Studiums an. Wenn sie sich dann für ein Kind entscheidet, haben wir sechs Jahre lang in ihre Ausbildung und Entwicklung investiert.

Verläßt sie uns dann, weil entweder die Unternehmenskultur ihrer weiteren Karriere im Wege steht oder weil unsere Regelungen zum Erziehungsurlaub oder familiengerechte Programme nicht angemessen sind, dann wird sich diese Investition nie amortisieren. Noch höhere Kosten entstehen, wenn sie zu einem unserer Konkurrenten überwechselt. Angesichts der aktuellen demographischen Entwicklung ist zudem die Wahrscheinlichkeit groß, daß wir auf ihre Stelle wieder eine Frau einstellen. Diese neu rekrutierte Mitarbeiterin wird relativ wenig Erfahrung und Ausbildung vorweisen können. Es kann durchaus sein, daß sie nicht das Leistungsniveau ihrer Vorgängerin erreicht. Wenn sie nicht zuvor jahrelang Berufserfahrung bei einem anderen Unternehmen gesammelt hat, das ähnlich gute oder sogar bessere Aus- und Weiterbildungsprogramme bietet wie wir, müssen wir einen finanziellen Verlust und eine Verschlechterung unserer Wettbewerbsposition in Kauf nehmen. Außerdem wird auch sie aller Wahrscheinlichkeit nach irgendwann ein Baby bekommen – und damit schließt sich der Kreis.

7. Wir schaffen keine Leitbilder für die besten Fachhochschul- und Hochschulabsolventinnen

Wir wissen, daß die Bevölkerung nicht mehr so schnell wächst wie vor dreißig Jahren und daß der Anteil der Frauen an einer allmählich abnehmenden Erwerbsbevölkerung steigt. Bereits heute machen Frauen die Hälfte unseres deutlich geringeren Berufsanfängerreservoirs aus. Wir wissen auch, daß die Frauen von einer expandierenden Wirtschaft aufgenommen wurden. Im Endergebnis bedeutet das, daß wir Frauen nicht mehr als fungible Ressource betrachten dürfen. Wir sind in stärkerem Maße von ihnen abhängig als jemals zuvor. Unser Unternehmen braucht alle begabten Mitarbeiter, die es auftreiben kann.

Einige Firmen werden zwar ihre Abhängigkeit von weiblichen Arbeitskräften auf niedrigeren Ebenen eingestehen, doch werden sie weiterhin den Bedarf an weiblichen Topmanagern bestreiten. Sie glauben, daß es ihnen auch in Zukunft gelingen wird, alle für die Spitzenpositionen benötigten männlichen Manager ausfindig zu machen und anzuheuern. Sie vertreten jetzt vielleicht eine ähnliche Meinung wie diese Firmen und sagen, daß es wirtschaftlich sinnvoll sei, nur das unbedingt erforderliche Minimum zu tun, bis wir die Personalknappheit, die bei Krankenschwestern und -pflegern, in Büro und Verwaltung und bei den Ingenieuren bereits spürbar ist, in weiten Bereichen erleben. Sie sagen möglicherweise, daß es aus unternehmerischer Sicht Sinn mache, die Wahrscheinlichkeit eines ununterbrochenen, langfristigen Engagements einer Frau bei jedem Vorstellungsgespräch und bei jeder Beförderungsentscheidung auszurechnen. Sie sagen, daß Ad-hoc-Änderungen auch weiterhin vernünftig seien.

Das ist kurzsichtig. Unternehmen, die Frauen als letzte Zuflucht betrachten und hier und da eine großartige Mitarbeiterin als Ergänzung, als Lückenfüllerin, einstellen, während sie sich nach Kräften bemühen, die besten männlichen Bewerber anzulocken, werden letztendlich die Auswirkungen ihrer reaktiven Vorgehensweise in dem Bereich zu spüren bekommen, in dem sie die Unentbehrlichkeit der Frauen bereits anerkennen: Sie werden die besten und begabtesten Berufsanfängerinnen an die Konkurrenz verlieren.

Aus welchem Grund? Den Unternehmen, die jetzt keine Anstrengungen unternehmen, um fähige Frauen zu fördern und zu halten, werden nach der Verknappung der Arbeitsmarktressourcen Frauen in Spitzenpositionen fehlen. Die Absolventinnen der besten Fachhochschulen und Universitäten des Landes werden ihre Beschäftigungsaussichten erkunden. Sie werden zu Recht den Schluß ziehen, daß ihnen Firmen mit wenigen weiblichen Führungskräften in den oberen Rängen schlechtere Aufstiegsmöglichkeiten bieten. Sie werden die Angebote anderer Unternehmen annehmen, die anhand der Zahl ihrer Topmanagerinnen ihre Wertschätzung von Frauen in Führungspositionen beweisen können.

Diejenigen Unternehmen, die heute keine Frauen für Spitzenpositionen ausbilden, werden gezwungen sein, sich später mit zweitklassigen Kandidatinnen zufriedenzugeben. Angesichts der demographischen Tendenzen wird die Hälfte ihrer Führungskräfte weiblich sein, und wenn 50 Prozent ihres Managements aus zweitklassigen Frauen besteht, dann werden diese Unternehmen nicht mehr wirksam konkurrieren können gegen Mitbewerber, die erstklassige Bewerberinnen für sich gewinnen konnten.

8. Wir könnten eine ungeheuere Chance nutzen

Wenn wir zu einigen grundlegenden Veränderungen bereit sind, ergibt sich aus alledem eine ungeheure Chance für unser Unternehmen. Unter der Voraussetzung, daß wir den Frauen die gleichen Karrierrechancen wie den Männer ohne unproduktives Verhalten und unnötige Hürden einräumen und ihnen Bewegungsfreiheit ohne Nachteile und wirkliche Angebote, Familie und Beruf in Einklang zu bringen, bieten, können unsere weiblichen Beschäftigten unserem Unternehmen neue Ertragskraft verleihen. Dieses Potential könnte sich auf verschiedene Art und Weise entfalten.

Wir werden den Teich, aus dem wir unsere Topmanager fischen, stark vergrößern. Auf jeder Ebene unseres Unternehmens wird mehr Talent, Kreativität und Erfahrung zu finden sein. Dies wird zu Produktivitätsverbesserungen bei denjenigen führen, die heute von künstlichen Barrieren gehemmt werden. Wenn wir *unser* Engagement für die Förderung der Frauen beweisen, werden sie uns *ihr* Engagement für die Firma zeigen – zu einer Zeit, in der Loyalität dem Arbeitgeber gegenüber bekanntermaßen Seltenheitswert hat. Mit einer flexiblen Arbeitszeitgestaltung können wir eine größere Anzahl von Frauen im gebärfähigen Alter halten – ein Lebensabschnitt, der oftmals mit dem Beginn der beruflichen Reife und dem größten potentiellen Beitrag einer Führungskraft einhergeht.

Eine solche Vorgehensweise bietet noch weitere Vorteile. Sobald wir im oberen Management eine solide Basis an Managerinnen vorweisen können, werden diese als Vorbilder und Mentorinnen für nachrangige, jüngere weibliche Führungskräfte dienen. Diese Beziehung wird den Sachverstand dieser aufstrebenden Managerinnen vertiefen, ihren Aufstieg beschleunigen und ihren Beitrag ausweiten.

Unser neuer Ansatz wird unseren (zu mehr als 50 Prozent weiblichen) Aktionären, denen wir verpflichtet sind, gefallen – und natürlich auch unseren Kunden und Kundinnen, mit deren Unterstützung der Erfolg unseres Unternehmens steht oder fällt. Viele von ihnen sind der Ansicht, daß Frauen im Beruf heute zu Unrecht Steine in den Weg gelegt werden. Wir würden auf diese Weise unser Image in der Öffentlichkeit entscheidend verbessern. Und ehrlich gesagt ist das nicht so nebensächlich, wie wir gerne vorgeben.

Wenn unser Unternehmen für ein Betriebsklima bekannt ist, in dem Frauen als Mitarbeiterinnen auf allen Ebenen geschätzt und nicht ausgelaugt werden, dann erzielen wir damit in unserer Region wie in unserer Branche Wettbewerbsvorteile, da wir auf allen Ebenen gute Mitarbeiter (beiderlei Geschlechts) einstellen können. Dann werden andere Unternehmen unserem Beispiel folgen und die Hindernisse beseitigen, die der Produktivität und dem Aufstieg der Frauen im Wege stehen. Dies wird letztlich auch die Wettbewerbsposition unseres Landes in der Weltwirtschaft stärken.

Sozietäten als Pioniere des Wandels

In der Praxis erkennen heute wenige Unternehmenschefs die Kosten der schrittweisen Reaktion auf die Bedürfnisse der Frauen, genausowenig wie die Chancen, die ein radikaler Richtungswechsel eröffnen würde. In einem anderen Wirtschaftsbereich ist die Frage der Frauen als wirtschaftliche Notwendigkeit bereits eine dringlichere: in den freien Berufen. Aus verschiedenen Gründen kann die Erfahrung von Rechtsanwaltskanzleien und Wirtschaftsprüfungsbüros als Frühwarnsystem für die Unternehmen gelten. Die Freiberufler werden viel eher mit Schwierigkeiten zu kämpfen haben, wenn sie den Frauen nicht entgegenkommen. Gleichzeitig sind interessanterweise die für dieses Entgegenkommen erforderlichen Mechanismen vorhanden.

Um Mißverständnissen vorzubeugen, möchte ich ganz deutlich sagen, daß durchaus nicht alle Sozietäten heute durch die Bank Frauen planvoll als Ressource einsetzen. Bei einigen ist dieses Bewußtsein im Entstehen begriffen; bei der überwältigenden Mehrheit ist dies jedoch nicht der Fall. Doch ganz gleich, wie ihre Reaktionen bisher ausgefallen sind, ihre Erfahrungen können den Unternehmen zeigen, welch negative Auswirkungen es hat, wenn man Frauen Steine in den Weg legt, und wie vorteilhaft sich der Abbau der Hindernisse und flexible Angebote für diejenigen, die sie benötigen, auswirken.

Anfang der 80er Jahre begann ich, die Sozietäten als Pioniere des Wandels für die Unternehmen zu betrachten. Viele Jahre lang hatte sich Catalyst größtenteils auf den Unternehmenssektor konzentriert. Doch es war offensichtlich geworden, daß wir gut beraten wären, unsere Aufmerksamkeit auch den freien Berufen zuzuwenden – und insbesondere den Wirtschaftsprüfern. An den Universitäten war ein stetiger und drastischer Anstieg für BWL mit Schwerpunkt Rechnungswesen zu verzeichnen; in Prognosen hieß es, daß Frauen bald zumindest 50 Prozent aller auf dieses Fachgebiet spezialisierten Studenten ausmachen würden.

Vor diesem demographischen Hintergrund vereinbarte ich Besuche bei einigen der acht größten US-Wirtschaftsprüfungsgesellschaften, um ihre Erfahrungen mit Frauen zu diskutieren. Anfangs war ich zum Beispiel begeistert, als Dwayne Kulberg, der damalige CEO von Arthur Andersen, mir mitteilte, daß über die Hälfte der ersten 10 Prozent der Abschlußklassen der Wirtschaftsprüfungsinstitute weiblich seien. Er hatte eindeutig eine gewisse Vorstellung, wie diese Hochschulabsoventinnen seiner Firma qualitativ, nicht nur quantitativ, nützen könnten.

Dann führte Catalyst eine Untersuchung bei einer der großen Wirtschaftsprüfungsgesellschaften durch, um deren Erfahrungen mit Frauen zu analysieren. Die Studie förderte einige der Hindernisse zutage, denen Wirtschaftsberaterinnen in diesem zeitaufwendigen, von harter Konkurrenz geprägten Umfeld gegenüberstanden. Als wir die Datenmaterialien der Firma und die Aufzeichnungen aus unseren Fokusgruppen analysierten, stießen wir auf die nahezu einhellige Meinung, daß Frauen beruflichen Erfolg nur auf Kosten der Familie erkaufen konnten. Flexibilität war für diese Gesellschaft ein Fremdwort.

Unser wichtigstes Untersuchungsergebnis überraschte uns: Bei den erfolgreichen Frauen war der Prozentsatz derer, die der Gesellschaft den Rücken kehrten, größer als bei jenen, die geringere oder mittelmäßige Leistungen erbrachten. Bei Männern war das genau umgekehrt; von den besten blieben mehr bei der Firma als von den weniger erfolgreichen. Unsere Vermutungen über den Grund für den Ausstieg der Frauen beruhten auf unserer Analyse des Arbeitsumfelds in dieser Gesellschaft. Wir hatten den Eindruck, daß diese Firma – wie möglicherweise alle größeren Wirtschaftsprüfungsbüros – den Frauen das Gefühl vermittelte, daß man sie akzeptierte und daß es Chancen für sie gab – vorausgesetzt, sie hielten sich an die von den Männern aufgestellten Regeln. Die Firma verlangte einen so absoluten und kompromißlosen zeitlichen Einsatz, daß Frauen, die eine Familie gründen und ein ausgeglicheneres Leben führen wollten, lieber zugunsten neuer flexibler Arbeitsstellen in den Konzernen absprangen.

Für die Frauen war dies eine negative Erfahrung, für die Firma dagegen eindeutig eine bedrohliche. Wenn sie ihre fähigsten Wirtschaftsprüferinnen nicht an sich binden konnte, würde das Partnerteam entweder ausschließlich aus Männern oder aus hervorragenden Männern und mittelmäßigen Frauen bestehen.

Wir unterteilten unsere Empfehlungen für diese Gesellschaft in drei Kategorien. Erstens rieten wir zu Sofortmaßnahmen – gezielte Kommunikation und Verstärkung der bestehenden Firmenpolitik. Zweitens schlugen wir Veränderungen vor, die eine gewisse Vorausplanung erforderten, zum Beispiel Kinderbetreuungsprogramme, Sammlung und Analyse weiterer Daten, Beendigung der Firmenmitgliedschaft in ausschließlich männlichen Clubs. Die dritte Kategorie bezeichneten wir als unsere »radikale« Empfehlung. Wir meinten damit die Einrichtung alternativer Karrierepfade für alle, die eine Teilzeitbeschäftigung oder Job-Sharing anstrebten, solange diese Frauen und Männer das wünschten. Nach Wiederaufnahme der Vollzeittätigkeit sollte diesen Beschäftigten dann die

Rückkehr in das Rennen um die Beförderung zum Partner ermöglicht werden.

Obwohl die Firma positiv auf unsere Vorschläge reagierte (man lud mich sogar ein, unsere Ergebnisse auf einer Konferenz der führenden Personalmanager vorzutragen), war sie letztlich nicht zu deutlichen Fortschritten bereit. Dennoch verstärkte dieser erste nähere Kontakt mit einer solchen Gesellschaft bei mir den Eindruck, daß die Unternehmen viel aus den Erfahrungen der Sozietäten lernen und sich davon anspornen lassen könnten. Catalyst blieb zur Erweiterung seiner Informationsbasis über die Jahre hinweg mit den fünf Wirtschaftsprüfungsgesellschaften in Kontakt, die wir anfangs kennengelernt hatten.

Später führte ich auch Untersuchung bei Anwaltskanzleien durch. Dabei ging ich von der Annahme aus, daß auch sie eine Vorreiterrolle für den Wandel in den Unternehmen spielen könnten. Christine Beshar, Partnerin bei Cravath, Swaine & Moore, organisierte für mich ein Essen, bei dem ich zwischen 20 und 25 Partnerinnen von großen, angesehenen New Yorker Anwaltsbüros kennenlernen konnte.

Dieses Treffen überzeugte mich davon, daß die ersten großen Veränderungen bezüglich berufstätiger Frauen bei den freien Berufen stattfinden würden. Weshalb? Erstens sind fast 50 Prozent der Absolventen von Jura- und Wirtschaftsprüfungsstudiengängen weiblich, und sie sind bei den Besten ihrer Jahrgänge gut vertreten. Nahezu die Hälfte der Berufsanfänger in den Sozietäten sind also Frauen. Sie haben sich ein Ziel gesteckt und die erforderliche Zeit und das nötige Geld investiert, um exzellent ausgebildete Spezialistinnen zu werden.

Zweitens ist der Weg zur Partnerin in diesen Firmen weitaus kürzer als der Aufstieg vom mittleren Management zur Führungsspitze in einem Unternehmen: Bei den Anwälten dauert er sieben bis zehn Jahre, bei den Wirtschaftsprüfern acht bis zwölf Jahre und in einem Unternehmen dreißig Jahre. Also wartet die große Zahl der Frauen, die Ende der 70er Jahre in die freien Berufe vorgedrungen sind, hinter den Kulissen auf ihre Beförderung zum Partner. Am wichtigsten aber ist vielleicht die Tatsache, daß die Leistungsbewertung der Mitarbeiter mit flexiblen Arbeitszeiten ihre Schrecken verliert, da die Gehaltsstruktur bei den freien Berufen auf der Produktivität der Mitarbeiter und nicht auf der im Büro zugebrachten Zeit beruht. Die berechenbaren Stunden und das Neugeschäft lassen sich objektiv und ohne Geschlechtsvorurteile quantifizieren. Darüber hinaus gibt es in den Anwaltskanzleien moderne Technologie, von hochentwickelten Computersystemen bis hin zu Telefaxgeräten, die die partielle Erledigung von Arbeitsaufgaben zu Hause möglich macht. Schließlich ist Teamarbeit bei Rechtsanwälten und Wirtschaftsprüfern bereits üblich. In diesem Bereich haben Arbeits- und Aufgabenteilung Tradition.

Solche Gesellschaften sind stärker gefährdet, wenn sie das Risiko eingehen, Frauen nach etwa fünfjähriger Tätigkeit zu verlieren. Nach dieser Zeit sind sehr viele Frauen auf dem Weg nach oben, haben ihren Wert bewiesen und stehen kurz vor der Beförderung in die Spitzenpositionen. Auch ist bei Sozietäten das Entgegenkommen den Frauen gegenüber ausgeprägter, da sie im Schnitt ihren Mitarbeitern mehr abverlangen als Unternehmen. Wenn eine Frau also ihren Wunsch nach Kindern ernst nimmt, befindet sie sich daher in einer weitaus vertrackteren Lage, und die Wahrscheinlichkeit, daß sie die Gesellschaft verläßt, ist größer.

So dringlich und leicht realisierbar dieses Entgegenkommen in den freien Berufen auch sein mag – selbst dort werden nur langsam Schritte unternommen. Dennoch verdienen die Politik und die Praktiken einzelner Gesellschaften nähere Beachtung.

Ich besuchte etliche Partner einer Anwaltskanzlei, die auf der Skala von 0 bis 5 wohl auf Rang 2 liegen würde. Diese Firma ist stolz auf ihre Errungenschaften; sie hat einen Beratungs- und Vermittlungsdienst für die Kinderbetreuung eingerichtet und bietet Müttern *oder* Vätern bis zu sechs Monate Erziehungsurlaub nach der Geburt eines Kindes. Die Partner erzählten mir, sie hätten einer weiblichen Führungskraft, die noch nicht Partnerin sei, die Möglichkeit der Viertagewoche eingeräumt und einer anderen Frau die Verkürzung der Arbeitszeit auf zwei Tage pro Woche. Sie erwarteten anerkennende Worte.

Wie reagierte ich? Ich sagte, diese Teilzeitpolitik werde sich langfristig wohl kontraproduktiv auswirken. Die Kanzlei hatte ein Programm eingeführt, das den Partnern das Gefühl gab, sie würden sich für Frauen einsetzen. Aber sie hatten keinerlei Pläne zur Nutzung ihrer weiblichen Personalressourcen. Sie hatten keine Bewertungschemata. Sie hatten lediglich diesen beiden Personen aus Gefälligkeit »erlaubt«, ihre Arbeitszeit zu reduzieren. Mir schien es offensichtlich, daß die Maßnahmen dieser Kanzlei zu nichts führen würden, da sie ohne jede Zielvorstellung ergriffen wurden. Ich war der Meinung, daß es besser sei, nichts zu tun, als Erwartungen zu wecken und völlig unzureichende Maßnahmen zu ergreifen, die keine dauerhaften Ergebnisse erbringen konnten.

Eine zweite Anwaltskanzlei wählte einen anderen Ansatz. Sie gewährte den bei ihr tätigen Müttern für die Dauer von maximal drei Jahren Teilzeitverträge. Danach konnten sie mit Überstundenausgleich wieder Partneraspiranten werden. Diese Strategie geht meiner Meinung nach in die richtige Richtung. Es ist mit Sicherheit kein berufliches Abstellgleis.

Eine weitere begrüßenswerte Initiative ist die Schaffung einer neuen »zwischengelagerten« Ebene, die Rechtsanwälten und Wirtschaftsprüfern statt der traditionellen Entweder-Oder-Option – Auf- oder Ausstieg – die Möglichkeit eines neuen »Assoziiertenstatus« einräumt. Ich betrachte das als Eingeständnis der Sozietäten, daß einige Freiberufler und Freiberuflerinnen durchaus die Fähigkeiten zum Partner mitbringen, aber dennoch bereit sind, die Verantwortung, die diese Position mit sich bringt, einzutauschen gegen eine permanent niedrigere, aber angesehene Nische, in der sie weniger unter Druck stehen. Diese Menschen (unter denen die Frauen immer noch stärker vertreten sind als die Männer) könnten trotz allem einen wertvollen Beitrag für ihr Unternehmen leisten.

Wenn diese Zwischenebene nicht mehr abschätzig beurteilt wird, haben wir einen Fortschritt erzielt. Heute halten einige Frauen den Assoziiertenstatus für einen samtenen Käfig. Ich teile diese Ansicht nicht. Für viele Angehörige der freien Berufe stellt die Zwischenebene eine maßgeschneiderte Alternative dar. Um ihr das richtige Gewicht zu verleihen, müssen wir die herrschende Meinung ändern – wir müssen diese Ebene zu einem respektablen Ziel für Männer und Frauen machen, die sich sowohl ihrem Beruf als auch ihrer Familie widmen wollen. Wir müssen aufhören, sie als zweitklassige Alternative für weibliche Beschäftigte anzusehen. Außerdem sollten wir die Tatsache nicht aus den Augen verlieren, daß sowohl Frauen als auch Männer, die zu irgendeinem Zeitpunkt das nötige Engagement einbringen wollen, ungehindert wieder Partneranwärter werden sollten.

1991 verlieh Catalyst Arthur Andersen, einer der (inzwischen) fünf größten US-Wirtschaftsprüfungsgesellschafen, einen Preis für ein neu eingeführtes Programm. Dieses Programm räumt – ähnlich wie das der soeben erwähnten Anwaltskanzlei – auf Wunsch jedem Mitarbeiter und jeder Mitarbeiterin die Möglichkeit ein, maximal drei Jahre lang Teilzeitarbeit zu leisten und mit Überstundenausgleich wieder in den Wettlauf um die Partnerpositionen einzusteigen. Ein wichtiger Fortschritt ist die Tatsache, daß die Teilzeitstelle nicht durch die Zahl der abgeleisteten Stunden definiert wird, sondern durch die Hälfte der Klientenzahl – es wird also eine produktivitätsbezogene Meßlatte statt einer rein zeitlichen angelegt.

Neueinsteigern vermittelt die Gesellschaft mit dieser Politik zwei wichtige Botschaften. Stellen Sie sich eine junge Betriebswirtin vor, die gerade ihr Studium abgeschlossen hat und sich nun überlegt, ob sie bei einem Wirtschaftsprüfungsbüro oder in einem Unternehmen anfangen soll. Das Angebot der Gesellschaft ist – trotz des mörderischen Stundenumfangs – aufgrund der dort angebotenen Schulungsmöglichkeiten und Chancen verlockend. Sie weiß, daß sie ihr Bestes geben muß, aber sie ist jung, und daher bringt sie das nicht aus der Fassung. Auf lange Sicht wird ihre Arbeit in einer Sozietät jedoch ihrem ebenfalls vorhandenen Kinderwunsch im Wege stehen. Also wird sie drei Jahre lang für das Wirtschaftsprüfungsbüro arbeiten und sich dann ein flexibleres Arbeitsumfeld in einem Unternehmen suchen.

Stellen Sie sich nun vor, daß sie von dem neuen Programm erfährt. Sie gewinnt folgenden Eindruck: »Erstens: Wir sind für Sie die Wirtschaftsprüfungsgesellschaft der Wahl, selbst wenn es nur für einige Jahre ist, denn uns liegen die Frauen am Herzen. Zweitens: Sie können sich wahrscheinlich auch vorstellen, langfristig bei uns zu arbeiten, da wir es Ihnen ermöglichen, Karriere und Familie zu vereinbaren, ohne daß Sie auf die Chance der Beförderung zum Partner verzichten müssen.« Ich bin mir zwar bewußt, daß die nervenaufreibende Belastung dem Zweck dient, dankbare Trainees an Unternehmen weiterzuleiten, die auf der Liste der potentiellen Kunden stehen, doch wenn diese Frau herausragende Leistungen erbringt, wird die Gesellschaft sie vielleicht trotz allem halten wollen.

Wie bereits gesagt, stelle ich die freien Berufe so sehr in den Vordergrund, da für sie die Zeichen der Zeit nicht zu übersehen sind. Verglichen mit Großkonzernen handelt es sich um relativ kleine Gesellschaften. In dem Maße, wie Frauen immer noch die Hauptverantwortung für den Haushalt und die Kinder tragen, stellt der von solchen Gesellschaften geforderte Zeitaufwand für sie eine überproportionale Belastung dar. Darüber hinaus gibt es nur drei oder vier Hierarchieebenen, und allein die Kategorie Partner ist die Krönung des Erfolgs. Vor allem aber stehen hier bereits viele Frauen auf der Schwelle zur Partnerposition (im Gegensatz zu den Unternehmen, wo Frauen zumeist immer noch im mittleren Management zu finden sind, da sie die für den Aufstieg in die Führungsspitze erforderlichen 30 Jahre noch nicht abgeleistet haben).

Jetzt ist es an der Zeit für die Sozietäten zu entscheiden, welches Bild die Frauen in Zukunft von ihnen haben werden – ob diese Firmen das nun erkennen oder nicht. Ihre Handlungen – oder ihre Untätigkeit – bestimmen die Qualität ihrer zukünftigen Mitarbeiterinnen, deren Fluktuationsrate und die Möglichkeit, eine beträchtliche Anzahl von Frauen zu Partnerinnen zu küren. Es lohnt sich also, verschiedene Lösungsansätze näher zu beleuchten.

Meiner Ansicht nach kann man Anwaltskanzleien und Wirtschaftsprüfungsgesellschaften in vier grundlegende Kategorien unterteilen:

1. Blitzkarrierefirmen. Diese Firmen wollen als Mitarbeiter ausschließlich dynamische Erfolgstypen mit hundertprozentigem Einsatzwillen und bieten praktisch keinerlei Unterstützung für Frauen und Männer mit Familie.
2. Firmen, bei denen sich alle Partner ganz der Karriere verschreiben müssen, die aber Programme entworfen haben und die Botschaft verbreiten, daß sie auf die Bedürfnisse der Frauen eingehen wollen (durch den Abbau von Barrieren oder flexible Arbeitszeitmodelle), um so die begabtesten Hochschulabsolventinnen anwerben zu können. In diesen Firmen werden die Hindernisse für die Produktivität der weiblichen Beschäftigten jedoch nicht angetastet; Frauen, die ihre Arbeitszeit reduzieren, landen auf dem beruflichen Abstellgleis.
3. Firmen, die eine langsamere Gangart vorlegen und grundsätzlich ihren Mitarbeitern Bewegungsfreiheit zugestehen. Sie ermöglichen ihren weiblichen und männlichen Beschäftigten, sich auch in anderen Lebensbereichen zu engagieren: in der Kindererziehung, in der Versorgung pflegebedürftiger Verwandter, politisch und gesellschaftlich.
4. Firmen, die unter ihren Senkrechtstartern weibliche Talente ernsthaft fördern wollen. Sie erkennen die Barrieren, die es für Frauen zu überwinden gilt, und ergreifen Maßnahmen zu ihrer Beseitigung. Sie machen es für Mitarbeiterinnen möglich, nach der Geburt eines Kindes zurückzukehren, wann sie das wünschen, und auf Wunsch Teilzeitarbeit zu leisten. Wer will, kann über den Überstundenausgleich am Rennen um die Partnerschaft teilnehmen. Im wesentlichen erkennen diese Firmen die Elternschaft als Bestandteil des Lebens ihrer Beschäftigten an.

Das Schicksal der Firmen in Kategorie 2 und 3 liegt eigentlich auf der Hand. Die heuchlerische Haltung der Firmen aus Gruppe 2 wird durch den Fortbestand der Hindernisse für den Aufstieg der Frauen entlarvt werden. Firmen der Kategorie 3 werden weiterhin Arbeitnehmer beiderlei Geschlechts anwerben und halten, die weniger Druck wünschen (und mit einem niedrigeren Verdienst zufrieden sind), um ein ausgewogeneres Leben führen zu können.

Ich möchte an dieser Stelle analysieren, welche Auswirkungen die Kultur der beiden anderen Kategorien (die ich hier Blitzkarrierefirmen und flexible Aufsteigerfirmen nenne) auf die Rekrutierung und Loyalität der Frauen sowie auf ihren Aufstieg zur Partnerin hat. Da diese drei Aspekte miteinander verbunden sind, wirken sich in einem dieser Bereiche durchgeführte Maßnahmen auch auf die anderen beiden aus (vgl. Abbildung 1.8). Ich möchte insbesondere herausstellen, welche positiven oder negativen Folgen die jeweilige Vorgehensweise für die betreffenden Firmen selbst hat.

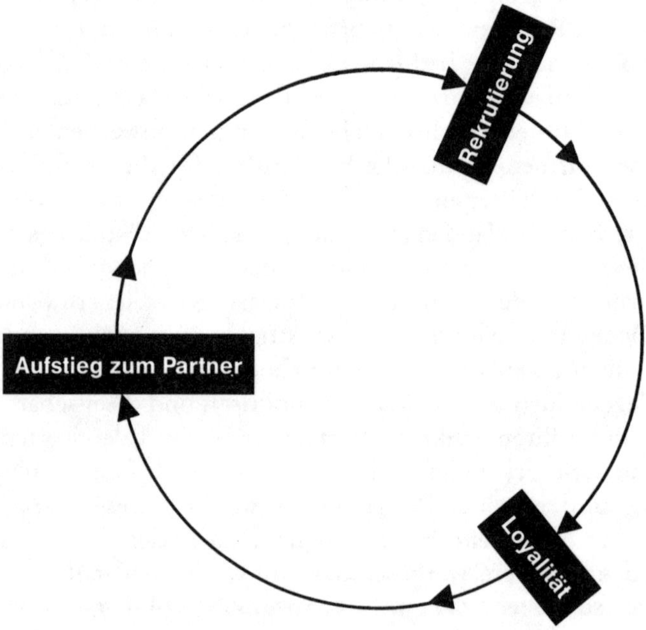

Abbildung 1.8 Zusammenwirken von Rekrutierung, Loyalität und Aufstieg zum Partner

Betrachten wir zunächst die Blitzkarrierefirmen. Bei der Einstellung wird die leistungsbetonte Unternehmenskultur und der daraus resultierende relative Mangel an Partnerinnen, die als Identifikationsfiguren für interessierte Kandidatinnen dienen könnten, sich negativ auf die Zahl und die Qualität der Bewerberinnen auswirken. Das Problem der Mitarbeiterfluktuation wird immer gravierender, vor allem im Hinblick auf Mütter, die aktiv am Leben ihrer Kinder teilhaben wollen. Bekanntermaßen haben nur wenige berufstätige Frauen Ehemänner, die in der Kindererziehung die Hauptverantwortung übernehmen; Männer hingegen überlassen diese Aufgabe weitaus häufiger ihrer Frau, ob sie nun berufstätig ist oder nicht. Auch bei den männlichen Beschäftigten wird die Fluktuation immer weiter zunehmen. Eine Vorreiterrolle werden dabei diejenigen Männer spielen, deren erste Ehe in die Brüche ging und die beim zweiten Versuch mehr Erfolg haben wollen. Auch das Fehlen einer zwischengelagerten Hierarchieebene wird die Fluktuationsrate dieser Firmen in die Höhe treiben.

Wie ist es um den Aufstieg der Frauen bestellt? Wenn dieser Schritt im Hinblick auf Verdienst und Prestigegewinn lohnend erscheint, werden sich immer genug erfolgsorientierte Menschen finden, die zu den nötigen Kompromissen bereit sind, doch werden die Frauen in dieser Gruppe stark in der Minderheit sein. Nur eine Handvoll Frauen wird daher bei einer solchen Blitzkarrierefirma zur Partnerin befördert werden. Das Verhältnis zwischen weiblichen Partnern und Neueinsteigerinnen wird viel niedriger sein als das zwischen männlichen Partnern und ihren Kollegen auf der Eintrittsebene. Frauen, die es tatsächlich bis an die Spitze schaffen, bleiben oftmals unverheiratet und noch häufiger kinderlos.

Auf lange Sicht werden Blitzkarrierefirmen unter schwerwiegenden Folgen zu leiden haben. Die wenigen Partnerinnen werden höchstens für unbeirrbare Karrierefrauen eine Vorbildfunktion haben, und daher wird ihre Zahl auch kaum zunehmen. Es wird diesen Firmen nicht gelingen, begabte Hochschulabsolventinnen anzuwerben, die auch für das Leben ihrer Kinder Zeit haben wollen. Frauen, die bereit sind, ihren beruflichen Erfolg mit dem Verzicht auf Familie zu bezahlen, werden zudem in der Arbeit einsam und isoliert sein, da sie so wenige Kolleginnen haben und ihnen in der Regel der Zugang zum »Allerheiligsten« der Männer verwehrt bleibt. Schließlich werden die Blitzkarrierefirmen einerseits wegen ihrer familienunfreundlichen Atmosphäre verschrieen sein, andererseits müssen sie wegen mangelnder Chancengleichheit mit Prozessen und Bußgeldern sowie mit Gemeinschaftsklagen von Frauen rechnen, die sich an die Regeln der Männer halten, aber dennoch nicht zur Partnerin aufsteigen. Bislang haben Mitarbeiterinnen, die eindeutig als Stars anerkannt werden, aber aufgrund ihrer vorübergehenden Teilzeitbeschäftigung (bei anteiliger Bezahlung) keine Chance im Wettlauf um die Partnerschaft haben, noch keine rechtliche Handhabe. Ich bin aber davon überzeugt, daß Rechtsanwältinnen mit ihren geistigen Fähigkeiten und Fachkenntnissen gegen diese Barriere ankämpfen und sie überwinden werden. Durch all das werden der Firma beträchtliche Kosten entstehen – finanziell und im Hinblick auf ihr Image in der Öffentlichkeit.

Welche Folgen werden sich im Vergleich dazu für diejenigen Firmen ergeben, die talentierte Frauen an sich binden wollen – die flexiblen Aufsteigerfirmen?

Die differenzierten Programme dieser flexiblen Aufsteigerfirmen werden schon von vornherein attraktiv auf Bewerberinnen wirken. Der hohe Anteil an Partnerinnen führt den Interessentinnen vor Augen, daß ihnen diese Firma eine Zukunft bietet. Die Fluktuationsrate der weiblichen Beschäftigten wird deutlich abnehmen.

Für die Mitarbeiterinnen dieser Firmen ist es kein Problem, Karriere und Familie unter einen Hut zu bringen. Einige Frauen werden nach zwei oder drei Monaten Mutterschaftsurlaub wieder Vollzeitarbeit leisten. Die meisten werden meiner Ansicht nach ab dem vierten Lebensmonat ihres Kindes von der Möglichkeit der Teilzeitbeschäftigung Gebrauch machen und allmählich ihr Engagement ausweiten. Eine kleine Minderheit wird über einen längeren Zeitraum hinweg ganz aussetzen.

Schließlich ist der Weg zur Partnerin für Frauen genauso deutlich vorgezeichnet wie für Männer, und die Anzahl der Partnerinnen wird steigen. Diese Firmen werden auch nicht in rechtliche Auseinandersetzungen verwickelt.

Flexible Aufsteigerfirmen werden positive Ergebnisse verbuchen können. Sie bieten ein angenehmes Arbeitsumfeld, in dem der Produktivität der weiblichen Beschäftigten keine Fesseln angelegt werden. Jeder Aspirant und jede Aspirantin kann individuell Laufbahn und zeitlichen Rahmen für den Aufstieg abstecken. Diese Firmen stehen bei ihren Klientinnen und in der Öffentlichkeit hoch im Kurs.

Die flexiblen Firmen wird man daran erkennen, daß sie Programme eingeführt haben, die frischgebackenen Müttern (und Vätern) eine Halbierung ihrer Arbeitszeit sowie den Wiedereinstieg in das Rennen um die Partnerschaft mit Überstundenausgleich ermöglichen. Sie werden sich an vorderster Front im Wandel befinden und das heute Unvorstellbare tun – nämlich Teilzeitpartner beschäftigen. Diese Politik, die heute noch nicht ernsthaft diskutiert, geschweige denn praktiziert wird, ist möglicherweise die kostengünstigste Alternative. Weshalb? Weil in den derzeit vorherrschenden Unternehmenskulturen von Frauen verlangt wird, daß sie im Durchschnitt von ihrem 25. bis zu ihrem 33. Lebensjahr wie die Verrückten schuften, um Partnerinnen zu werden. Wenn eine Frau ihren Kinderwunsch bis zu diesem Zeitpunkt aufschiebt, wird jede Arbeitszeitverkürzung kostspielig für ihre Firma sein. Bietet die Firma aber grundsätzlich die Option der Teilzeitbeschäftigung, dann können Frauen sie nach der Geburt jedes Kindes bei entsprechender Bezahlung in Anspruch nehmen – ob nun vor oder nach ihrer Berufung zur Partnerin.

Ich möchte an dieser Stelle einen kurzen Blick auf die Situation an den Universitäten werfen, wo es ähnliche Erfahrungen gibt wie bei den Sozietäten. Dazu habe ich ein Beispiel aus dem naturwissenschaftlichen Bereich gewählt, da dort der Bedarf an hochbegabten Forschern kritisch und die Arbeit im Labor sehr zeitaufwendig ist. Ich möchte die Situation einer jungen Frau beschreiben, die ich gut kenne. Nennen wir sie Elizabeth.

Nach dem College arbeitete sie als Assistentin in einem Forschungslabor. Nach einem Jahr wußte sie zweifelsfrei, daß sie ein Hochschulstudium absolvieren und ihr im Entstehen begriffenes Interesse an Molekularbiologie weiterverfolgen wollte.

Im Alter von 23 Jahren schrieb sich Elizabeth an einer angesehenen Universität ein; mit 29 promovierte sie. Sie wurde auf drei Jahre zum Mitglied der Society of Fellows gewählt – eine außergewöhnliche Anerkennung ihrer Begabung und ihrer Leistungen. Während des dritten Jahres wurde sie schwanger. Als ihr Sohn geboren wurde, war Elizabeth 33 und sollte wenige Monate später ihr eigenes Labor als *Assistant Professor* an der medizinischen Fakultät ihrer Universität zusammenstellen.

Vor der Geburt ihres Sohnes hatte sich Elizabeth intensiv ihrer Arbeit gewidmet. Überstunden waren die Regel, und nicht selten ging sie mitten in der Nacht ins Labor, um Reagenzien zuzusetzen oder eine Einstellung zu einem sorgsam gewählten Zeitpunkt vorzunehmen. Ihre Leistungen in den kommenden sieben Jahren würden den Ausschlag für oder gegen eine Festanstellung geben.

Jetzt verbringen sowohl sie als auch ihr Mann viel Zeit mit ihrem Sohn. Elizabeth genießt die frühen Morgenstunden mit ihm und kommt gegen 19 Uhr nach Hause. Am Wochenende steht das Familienleben im Vordergrund.

So intelligent und produktiv diese junge Wissenschaftlerin auch sein mag, sie setzt im Augenblick – ganz bewußt – ihre mögliche Festanstellung aufs Spiel. In ihrer Fakultät herrscht eine ebenso erfolgsorientierte Atmosphäre wie in einer Anwaltskanzlei oder einem Finanzdienstleistungsunternehmen. Es gibt Unterschiede: In einem typischen Forschungslabor steht nicht die Zahl der abgeleisteten Stunden im Vordergrund, sondern vielmehr die Produktivität. Auch der Wettbewerbsdruck ist ungeheuer; die Forscher konkurrieren nicht um die nächste Gehaltserhöhung oder gar langfristig um gewaltigen Reichtum, sondern um Anerkennung ihrer Leistungen. Die junge Wissenschaftlerin kann und will nicht Teilzeitarbeit leisten, da sie auf dieser Basis ihre Arbeit nicht planen, ihr Labor nicht leiten und ihren Verpflichtungen der Fakultät und der Universität gegenüber nicht nachkommen könnte. Außerdem würde ihre Universität das nicht zulassen. Elizabeth möchte vielmehr ihr Recht auf eine »normale« Vollzeitstelle durchsetzen und die Chance einer Festanstellung bei Überstundenausgleich wahren. Während dieser Zeitspanne wäre sie mit einer entsprechenden Gehaltsanpassung einverstanden.

Stanford, Dartmouth, die University of Rochester und ein paar andere Hochschulen gewähren Lehrstuhlanwärtern die Möglichkeit zur Halbierung der Stundenzahl mit nachfolgendem Zeitausgleich bei Wiederaufnahme der Vollzeittätigkeit. Die zentrale Frage lautet: Werden andere Universitäten genauso unnachgiebig bleiben wie die, an der Elizabeth tätig ist, oder werden sie hochbegabten Wissenschaftlern und Wissenschaftlerinnen entgegenkommen, wenn diese einen Lehrstuhl anstreben und gleichzeitig aktiv am Leben ihrer Kinder teilhaben wollen. Werden die meisten Institute die Festanstellung nur denjenigen vorbehalten, die entweder kinderlos oder aber bereit sind, ihre Kinder von Dritten großziehen zu lassen?

Wie bereits gesagt, lassen sich die positiven Schritte einiger Sozietäten und Universitäten nicht unmittelbar in die Welt der Unternehmen übertragen. Zwischen diesen beiden Sektoren bestehen zu viele Unterschiede. Aber die freien Berufe beweisen, daß alternative Ansätze meßbare Ergebnisse bringen. Wenn Unternehmer die Fortschritte der Rechtsanwaltskanzleien und Wirtschaftsprüfungsbüros als Beispiel nehmen, wird ihre Stärke und ihr Vertrauen durch die Beobachtung gestärkt, daß die Firmen, die echte Fortschritte durchsetzen, am produktivsten arbeiten, die besten Mitarbeiterinnen auftreiben und an sich binden, und daß die anderen eben nicht die talentiertesten Bewerber für sich gewinnen können. Dies wird die Unternehmen zu eigenen Wegen führen, auf denen sie diese Herausforderung meistern können.

Der nächste Schritt...

Nachdem ich so viel Zeit mit Feldforschung und Gesprächen mit Unternehmensleitern verbracht habe, halte ich es nicht für sehr wahrscheinlich, daß die Unternehmen plötzlich eine Kehrtwendung machen und die Frauenförderung als wirtschaftliche Notwendigkeit betrachten. Eine

Zeitlang werden wohl eher mehr und mehr Unternehmen – wie viele bereits heute – kleine Schritte nach vorne machen in dem Bestreben, richtig und gerecht zu handeln, auf die Bedürfnisse der Frauen einzugehen, sich den Forderungen der Interessengruppen zu beugen und rechtliche Auseinandersetzungen zu vermeiden. Ich möchte wiederholen, daß ich das durchaus verstehe. Ein wirklicher Wandel braucht seine Zeit.

Aber diese Politik der kleinen Schritte sollte nicht verwechselt werden mit einer Betrachtungsweise, bei der Frauen als wirtschaftliche Notwendigkeit gesehen werden. Nur mit dieser Motivation lassen sich bedeutende und dauerhafte Veränderungen durchsetzen. Die Männer an den Spitzen der Unternehmen sollten nicht versuchen, ihre Manager davon zu überzeugen, daß Frauen aus betrieblicher Sicht eine zentrale Rolle spielen, sie sollten auch nicht den Eindruck vermitteln, daß sie zu entscheidenden Schritten zum Abbau der Karriere- und Produktivitätshürden ihrer Mitarbeiterinnen bereit sind, wenn sie diese Angelegenheit als nicht sonderlich dringlich betrachten. Auf diese Weise würden sie lediglich die Vertrauensbasis zerstören.

Sie werden merken, wenn Sie die Integration der Frauen als unternehmerisches Gebot betrachten. Sie werden sich fragen, ob Sie es sich leisten können, Frauen weiterhin als Außenseiterinnen zu betrachten, deren Berufstätigkeit wir gnädigerweise zulassen und denen wir teure Zugeständnisse machen, während wir sie im Grunde lieber in der Hausfrauenrolle sähen.

Dann müssen Sie ganz von vorne anfangen. Als erstes müssen Sie einen unvoreingenommenen Blick auf die derzeitige Situation werfen. Diese Momentaufnahme darf nicht von den Mißerfolgen der Vergangenheit getrübt werden. Sie werden erkennen, daß nahezu die Hälfte Ihrer Beschäftigten Frauen sind. Das Arbeitskräftereservoir schrumpft. In bezug auf die angeborenen Fähigkeiten, die ich Grundeigenschaften genannt habe, stehen die Frauen ihren männlichen Kollegen in nichts nach, und das macht sie zu Kandidaten für Spitzenpositionen. Noch sind nicht alle Probleme gelöst, aber ihre Ursachen sind nicht unabänderliche Bedingungen.

Sie werden sich dann überlegen, wie Sie mit Frauen umgehen würden, wenn es sich hier um eine Innovation handeln würde, die Ihrem Unternehmen unvorstellbare Gewinne bringen könnte. Sie würden nicht länger einige wenige überragende Alibifrauen einsetzen, sondern wären bereit, Ihr Management aus einem doppelt so großen Talentepanel zusammenzustellen – mit doppelt so viel Intelligenz, doppelt so viel Kreativität und doppelt so viel Energie. Angesichts dieser Vorzüge würden

Sie mit Sicherheit alles in Ihrer Macht Stehende tun, um auf allen Ebenen die besten Frauen und Männer an Ihr Unternehmen zu binden.

Um dieses Ziel zu erreichen, müssen Sie jedoch eine unternehmerische Entscheidung fällen. Ungeachtet der konkreten Anforderungen – Abbau der zerstörerischen Barrieren, flexible Arbeitszeitmodelle und Unterstützung für Familienangelegenheiten – werden sich Ihre Aufwendungen lohnen.

Und jetzt kommen die guten Nachrichten. Sind Sie wirklich motiviert, werden sich drei Aussagen bewahrheiten. Erstens werden die erforderlichen Änderungen Ihre persönliche Aufmerksamkeit nicht endlos in Anspruch nehmen. Es gibt bereits eine Funktion, in der das Fachwissen zur Lösung Ihrer personellen Probleme vorhanden ist: die Personalabteilung. Die Unternehmensleitung muß nur noch ihre Angestellten inspirieren und dann die Zielvorgaben formulieren, auf der Einhaltung von Fristen bestehen und den Fortschritt ihrer qualifizierten Mitarbeiter bewerten.

Diese Veränderungen werden weder Unsummen kosten, noch viel Zeit in Anspruch nehmen. Sie müssen auch nicht mehr in jeder Phase abwägen, ob Ihr Unternehmen einen bestimmten Kurs noch weiter verfolgen sollte oder nicht. Sie könnten alle Register ziehen, so daß relativ rasch Fortschritte erzielt werden. Ihre Bemühungen werden zwar nicht sofort die maximale Rendite bringen, aber sie werden sich von Anfang an lohnen.

Dieses Buch wurde für all jene geschrieben, denen das Thema Frauen und Beruf am Herzen liegt. Die nächsten beiden Kapitel wenden sich an Unternehmen, die einen Neuanfang gewagt haben und meine Empfehlungen zu einer Neubewertung ernst nehmen. Sie wissen, daß es nicht ihre Aufgabe ist, drei von fünf Maßnahmen zu ergreifen, sondern dieser Frage insgesamt hohe Priorität einzuräumen. Wer bereit ist, ohne Ausflüchte, ohne Zögern, ohne Bedingungen und ohne Wenn und Aber diesen Weg einzuschlagen, wird bei allen begabten Frauen und auch bei allen talentierten Männern Lohn ernten.

Kapitel Zwei
Das Spielfeld ebnen

Die zwingende Notwendigkeit für Unternehmen, Gewinne zu erzielen, könnte durch die Integration der Frauen in jeder Hinsicht und in jeder Funktion kompensiert werden.

Wenn das nur so einfach wäre!

Wenn Sie Geschäftsleiter eines Unternehmens wären und ich säße Ihnen am Schreibtisch in Ihrem Büro gegenüber, dann würden Sie vielleicht einräumen, daß die im vorherigen Kapitel vorgebrachte Argumentation schlüssig sei. Sie würden allmählich einsehen, daß Sie die Fähigkeiten Ihrer weiblichen Beschäftigten nicht voll ausschöpfen, und Sie würden wahrscheinlich gerne etwas dagegen unternehmen.

Gleichzeitig wären Sie wahrscheinlich skeptisch. Sie sagen sich vielleicht, daß bisher der Wert der Mitarbeiterinnen als Ressource nur in bezug auf die Grundeigenschaften definiert wurde. Schön und gut, aber Sie machen sich doch keinen Augenblick lang etwas vor – die Begabungen und Fähigkeiten sind nur eine Variable in der Gleichung. Wer einen wirklichen Beitrag in Ihrem Unternehmen leisten will, muß noch viel mehr Voraussetzungen erfüllen. Einsatzwille ist beispielsweise ebenso gefragt wie Selbstsicherheit, politisches Geschick und Aggressivität. Und Sie sind sich nicht sicher, ob Frauen auch hier den Ansprüchen genügen.

Wenn Frauen genau wie Männer wären, denken Sie möglicherweise, wäre es absolut sinnvoll, sie zu einem integralen Bestandteil des Unternehmens zu machen. Es wäre einfach, sie voll ins Management zu integrieren. Sie würden sofort sicherstellen, daß neben allen fähigen Männern auch alle begabten Frauen als Kandidaten für Spitzenpositionen in Erwägung gezogen würden.

Aber Sie sagen: »Frauen sind anders als Männer. Ich weiß, daß ich das nicht sagen dürfte, aber die weiblichen Angestellten in meinem Unternehmen legen weiterhin eine Reihe von negativen

Eigenschaften an den Tag. Sie sind nicht hart und entschlossen genug. Für die meisten von ihnen steht die Karriere nicht an erster Stelle; heute leben sie für ihre Arbeit, und morgen bekommen sie dann Kinder und bleiben zu Hause. Der Großteil meiner Mitarbeiterinnen ist nicht aggressiv genug, und die anderen sind zu angriffslustig. Alles in allem stören sie das angenehme Arbeitsumfeld, an das ich gewohnt bin.«

Ihre Zweifel wären verständlich. Obwohl zwischen Frauen gewaltige Unterschiede bestehen (vielleicht noch größere als zwischen Männern und Frauen), kann man die Tatsache nicht abstreiten, daß Frauen als Gruppe *wirklich anders* sind als Männer. Aber das Problem einer umfassenden Integration von Frauen in Ihr Unternehmen kann nicht gelöst werden, indem man sie zwingt, »wie Männer« zu werden. Ich glaube nicht, daß viele Menschen das wirklich für erstrebenswert hielten, selbst wenn es möglich wäre. Andererseits ist es meiner Meinung nach unbestreitbar, daß Sie sich eine ungeheure geschäftliche Chance entgehen lassen würden, wenn Sie die hier angesprochenen »Unterschiede« unbesehen hinnehmen und damit die Mißachtung begabter Frauen rechtfertigen würden.

Es gibt eine Möglichkeit, dieses gewaltige Gewinnpotential zu realisieren, das Frauen Ihrem Unternehmen bieten können. Dazu müssen Sie jedoch eine Herausforderung meistern, die um einiges subtiler ist als die zwangsweise Angleichung der Frauen an das männliche Modell oder ihre Nichtbeachtung. Wenn Sie Frauen zu einem wesentlichen Bestandteil in Ihrem Unternehmen machen wollen, müssen Sie die Unterschiede zwischen berufstätigen Männern und Frauen akzeptieren, respektieren und darauf eingehen.

In diesem Kapitel geht es um die Frage, wie man das Spielfeld ebnen kann, um sicherzustellen, daß die Fähigkeiten der Frauen nicht mehr ignoriert werden. Wir werden die Unterschiede zwischen den Geschlechtern im Arbeitsumfeld eines Unternehmens erörtern und untersuchen, wie man die positiven Aspekte verstärken und die negativen Faktoren entweder eliminieren oder mildern kann. Wir werden sehen, daß diese Unterschiede die Unternehmen nicht von der Nutzung der weiblichen Beschäftigten als betriebliche Ressource abzuschrecken brauchen. Und die meisten von uns sind noch gar nicht auf den Gedanken gekommen, daß die Andersartigkeit der Frauen auch das Arbeitsumfeld verbessern könnte – daß Männer manches von Frauen lernen könnten, insbesondere auf dem Weg von der produzierenden zur Informationswirtschaft.

Ich werde zur Verdeutlichung dieser Unterschiede vier übergeordnete Handlungsbereiche abstecken, in denen Sie durch entsprechende Maßnahmen sicherstellen können, daß Ihre weiblichen Beschäftigten genauso effektive Arbeit leisten wie ihre männlichen Kollegen. Erstens muß man den grundlegenden Unterschied zwischen Mann und Frau anerkennen: die biologische Tatsache, daß Frauen Kinder bekommen. Zweitens sollte man Frauen diejenige Bewegungsfreiheit zugestehen, die sie brauchen oder wünschen. Drittens sollte man Frauen die gleichen Chancen einräumen, indem man ihnen die Ergänzungseigenschaften vermittelt – meine Bezeichnung für alle erlernten oder erworbenen Kompetenzen oder Fähigkeiten, die von der Natur bereits reichlich mit Grundeigenschaften ausgestattete Manager brauchen, um zu brillieren. Der vierte Bereich ist die Verbesserung des Arbeitsumfelds im Unternehmen durch Abbau der Hürden, die Frauen im Gegensatz zu Männern nehmen müssen.

In meinen Erörterungen werde ich Beispiele aus Unternehmen anführen, die Catalyst und andere Forschungsgruppen untersucht haben. Diese Initiativen verdeutlichen auf anschauliche Weise, daß eine aktive Inangriffnahme dieser Fragen erschwinglich und machbar sein kann. Dennoch sind meiner Ansicht nach zwei Einschränkungen nötig.

Erstens sollten Sie nicht davon ausgehen, daß eines dieser Programme direkt in Ihrem Unternehmen umsetzbar ist. Eine Maßnahme, die einen großen Industriebetrieb zum Erfolg führt, muß noch lange nicht in einer kleinen Hochtechnologiefirma funktionieren. Es gibt unzählige Variablen. Zweitens sollten Sie unbedingt der Versuchung widerstehen, willkürlich Initiativen auszuwählen und dann im Hauruckverfahren umzusetzen. Ich möchte Ihnen hier diese Bespiele an die Hand geben, um so Ihr Bewußtsein für mögliche Vorgehensweisen im Rahmen eines umfassenden, einheitlichen strategischen Plans zu wecken – im Rahmen eines Programms, das gleichzeitig alle miteinander verbundenen Probleme angehen kann, die dem Erfolg der Frauen in *Ihrem* Unternehmen entgegenstehen.

Wenn Sie sich als Unternehmensleiter mit mir unterhielten, wäre es mir am liebsten, wenn Sie mich herausfordern und alle »Tabuthemen« ansprechen würden, die Ihnen einfallen.

In diesem Kapitel möchte ich diese Situation nachstellen. Ich werde alle nur denkbaren Fragen anführen, die Ihrem Fortschritt im Wege stehen, wenn darauf keine Antwort gefunden wird. Einige dieser Fragen haben Topmanager im Gespräch mit mir zur Sprache gebracht, und es war meine Aufgabe, sie zu beantworten. Andere mögen vielleicht naiv oder sogar ein wenig unverschämt klingen, aber sie entsprechen jenen, die mir oftmals zu Ohren gekommen sind oder in vertraulichen Gesprächen implizit angedeutet wurden.

Genau diese Fragen werden in der Regel von der Verschwörung des Schweigens im Keim erstickt. Hier können wir jedoch offen über all diese Punkte sprechen. Als anonymer Leser brauchen Sie keine rechtlichen Auseinandersetzungen, keine Kundenmigration und auch nicht den Zorn der Frauen zu fürchten.

In diesem Kapitel werde ich mich nach Kräften bemühen, mit allen Werkzeugen der Logik, allen Beispielen, Anekdoten und Untersuchungen, die ich aufbieten kann, die folgende These zu beweisen: *Alle Unterschiede, die gegenwärtig den Erfolg der Frauen in den Unternehmen behindern, sind behebbar* – und die dabei entstehenden Aufwendungen fallen im Vergleich zu den Kosten der weiteren Mißachtung der Fähigkeiten der Frauen kaum ins Gewicht.

Ich werde nicht auf die Einzelheiten der Implementierung dieser Maßnahmen eingehen. Bei diesem Buch handelt es sich nicht um eine Gebrauchsanweisung. Zur detaillierteren Ausarbeitung von unternehmenspolitischen Maßnahmen und Programmen über den Rahmen dieses Buches hinaus stehen den Unternehmen zahlreiche Hilfsmittel zur Verfügung. Das bedeutet aber nicht, daß meine Vorschläge als »Luftschlösser« oder als heute noch undurchführbare Ideen zu betrachten sind.

Wenn die Arbeitgeber erkennen, daß meine Anregungen absolut realistisch sind, dann habe ich mit diesem Kapitel mein Ziel erreicht. Ich möchte bei den Entscheidungsträgern im Unternehmen eine Art Schalter im Gehirn erreichen, der ihre Zweifel ein- oder ausschaltet. Wenn ich nämlich diese Zweifel zerstreuen kann, werden die Planer alle Hebel in Bewegung setzen, um ein Programm auszuformulieren und in die Praxis umzusetzen. Gleichzeitig hoffe ich aber auch, daß die Erörterungen in diesem Kapitel berufstätigen Menschen beiderlei Geschlechts die Antworten an die Hand geben, die sie für einen konstruktiven Dialog mit ihrem Arbeitgeber benötigen.

Darüber hinaus möchte ich so gut ich kann verdeutlichen, was ich für »die richtigen Sachen« halte, denn heute befinden wir uns in einer Sackgasse, da wir die falschen Dinge richtig machen.

Die Unterschiede verstehen

Wenn ich sage »Frauen im Unternehmen sind anders als Männer«, meine ich damit eigentlich ein komplexes Zusammenwirken der Faktoren Biologie, Sozialisation, Tradition und Wahrnehmung.

Ein Unterschied ergibt sich aus einer einfachen biologischen Tatsache: Frauen bekommen Kinder, Männer dagegen nicht.

Zum anderen sind da die traditionellen geschlechtsspezifischen Unterschiede im Rollenverhalten und in der Erziehung.

Des weiteren ergeben sich Unterschiede aus der Lücke, die bei vielen Frauen zwischen Grund- und Ergänzungseigenschaften klafft. Ein gewichtiger Grund für die bisher unzureichende Integration der Frauen in die Arbeitswelt ist die Tatsache, daß wir Verhaltensweisen und Schulungsmaßnahmen nicht zulassen, verstehen und praktizieren, die Frauen aufgrund ihres Eintritts in ein von Männern geschaffenes und bevölkertes Umfeld benötigen.

Daneben sind Unterschiede festzustellen, da Frauen Neulinge in der traditionell männlichen Geschäftswelt sind. Diese Differenzen resultieren jedoch keineswegs aus irgendwelchen Eigenschaften, die Frauen nicht vorweisen könnten. Von Anfang an wollten und brauchten die Männer Frauen *nicht* am Arbeitsplatz, aber *durchaus* im Heim und am Herd. Die Männer hatten also keine Veranlassung, Frauen den Weg zu ebnen.

Wenn Sie die Talente der Frauen aufgreifen und nutzen wollen, ist die Vorbereitung und Unterstützung Ihrer weiblichen Beschäftigten Ihre unerläßliche Aufgabe. Ebenso müssen Sie ihre männlichen Mitarbeiter schulen und unterstützen – insbesondere das Topmanagement – damit sichergestellt ist, daß diese Führungskräfte ihre Kolleginnen nicht wie ihre Ehefrauen und Töchter behandeln. Sie müssen bestimmte unternehmenspolitische Richtlinien aufstellen, die Frauen alternative Pfade eröffnen. Und Sie müssen sich mit den Barrieren auseinandersetzen, auf die Frauen stoßen – im Gegensatz zu ihren männlichen Kollegen.

Wenn Sie in diese vier nachfolgend erläuterten Richtungen vorstoßen, können Sie die Veränderungen vornehmen, die es jeder Frau zu jedem Zeitpunkt ihrer Karriere ermöglichen wird, genauso effektiv zu arbeiten wie ein ihr ebenbürtiger Mann.

Doch zunächst möchte ich auf einige der grundlegenden Fragen zu den Unterschieden zwischen Mann und Frau eingehen.

Fragen nach den Unterschieden

Meine elementarste Frage lautet: Wie um Himmels willen können die Frauen alles schaffen? Ich meine, wie können sie mehrere Kinder bekommen, mitten in der Nacht für sie aufstehen, sich über schulische Fragen den Kopf zerbrechen, das Abendessen kochen – und trotzdem für mich ganze Arbeit leisten?

Die Antwort ist ganz einfach: Sie können es nicht. Die Männer können es auch nicht; der Unterschied besteht darin, daß man es selten von ihnen verlangt. Daher wollen die Männer, daß ihre Frauen zu Hause bleiben, die Kinder großziehen, sich um den Haushalt kümmern und sie bei ihren beruflichen Ambitionen unterstützen. Eine Zeitlang gaben sich die Frauen der Illusion hin, sie könnten »alles tun« oder »alles haben«, denn sie glaubten irrtümlicherweise, daß Männer »alles haben«. Jetzt haben sie diese Wunschvorstellungen abgelegt und wissen, daß auch sie Prioritäten festlegen und Kompromisse eingehen müssen – wie die Männer das immer getan haben. Wenn sie höchste berufliche Erfolge verbuchen wollen, bedeutet das wahrscheinlich, daß sie weniger Zeit mit ihren Kindern verbringen können. Wenn sie dagegen Tag für Tag eine aktive Rolle im Leben ihrer Kinder spielen wollen, sind wohl ihren Karriereambitionen – zumindest vorübergehend – Grenzen gesetzt.

Doch die Frauen werden nicht zu Heim und Herd zurückkehren. Nun könnten Sie also zum einen diejenigen Frauen, die Kinder wollen, zwingen, nach den Regeln der Männer zu spielen und zu scheitern, auf ihren Kinderwunsch zu verzichten, oder ihre Kinder in die Obhut Dritter zu geben – und dann könnten Sie zusehen, wie diese Mitarbeiterinnen kündigen, um als selbständige Geschäftsfrauen eine erfüllte Karriere bei größerer Bewegungsfreiheit zu realisieren oder um zu einfühlsameren Arbeitgebern zu wechseln. Zum anderen könnten Sie die von den Frauen gesetzten Prioritäten nach Kräften unterstützen. Dazu gehören alle Maßnahmen, die in diesem Buch beschrieben werden.

Warum sind Frauen ehrgeizig? Weshalb wollen sie sich in den Konkurrenzkampf stürzen, wenn sie als Mittelpunkt des Familienlebens verehrt und geschätzt werden?

Zunächst einmal sollten Sie sich darüber im klaren sein, daß die implizit in Ihrer Frage enthaltene Annahme für die überwiegende Mehrheit der Frauen wohl nicht mehr gültig ist. Sie wollen oder können diese Alternative, »als Mittelpunkt des Familienlebens verehrt und geschätzt zu werden«, nicht mehr wahrnehmen. Darüber hinaus läßt sich Ihre Frage zu dieser Formulierung nicht beantworten, denn es gibt nicht einen einzigen Grund für den Ehrgeiz der Frauen im allgemeinen. Frauen sind keine homogene Gruppe.

Die meisten Frauen wollen – genau wie die Mehrheit der Männer – mit einem Bein im Beruf und mit einem in der Familie stehen. Ein ausschließliches Karrierestreben würde für sie zu große Isolation bedeuten; die reine Erfüllung familiärer Pflichten würde sie der Autonomie, der Befriedigung durch fachliches Können und der Vielfalt der Lebenserfahrungen berauben, die sie sich wünschen. Die meisten Frauen müssen – ebenso wie die meisten Männer – ihren Lebensunterhalt verdienen und zum Unterhalt der Familie beitragen. Viele Frauen kommen alleine für ihre Kinder und manchmal auch für ältere Angehörige auf. Für einige Frauen steht die Karriere genauso im Mittelpunkt, und sie sind ebenso dynamische Erfolgsmenschen wie die meisten ehrgeizigen männlichen Mitarbeiter Ihres Unternehmens. Sie wollen Macht. Für sie ist es eine Freude, um die Spitzenpositionen zu konkurrieren und zu gewinnen. Sie sind begierig auf die intellektuelle Herausforderung durch komplizierte finanzielle oder technische Probleme.

Weshalb hält dieser Tatendrang bei Frauen nicht so lange an wie bei Männern?

Bei manchen Frauen ist dieser Tatendrang *durchaus* so dauerhaft wie bei vielen Männern. Bei anderen dagegen nicht, und zwar aus verschiedenen Gründen. Erstens wird die Energie der Frauen häufig von dem Mangel an Unterstützung im Unternehmensumfeld untergraben. Frauen wechseln häufig den Arbeitgeber, wenn sie sehen, daß ihnen in einem Unternehmen Fesseln angelegt werden. Vielleicht bezeichnet man das als »mangelndes Durchhaltevermögen«.

Zweitens spielt die Versorgung der Kinder in der traditionellen Rolle der Frau in unserer Gesellschaft eine zentrale Rolle. Es ist die Mutter, die während der Schwangerschaft eine innige körperliche Bindung zu ihrem Kind hat. Wenn zu dem zersetzenden Arbeitsklima die Liebe zu ihrem neugeborenen Baby hinzukommt, wird ihr schnell bewußt, daß die Kindheit irgendwann unwiderbringlich vorbei ist, und sie beschließt dann häufig, daß ihr Kind an erster Stelle für sie steht. Die Konsequenz ist dann, daß sie für ein paar Jahre aus dem Berufsleben ausscheidet, sich bei einem anderen Arbeitgeber eine Stelle sucht oder den Weg der Selbständigkeit wählt, damit sich ihre harte Arbeit lohnt und sie sich gleichzeitig um ihr Kind kümmern kann. Ihre Entscheidung wird oftmals auch von der Tatsache zementiert, daß gute, erschwingliche Kinderbetreuung schwer zu finden ist.

Wie kann ich herausfinden, welche Ziele eine Frau verfolgt?

Die Frau *selbst* weiß das unter Umständen erst nach der Niederkunft, wenn das Kind da ist und sie sich psychisch mit diesem Ereignis auseinandersetzt. Aber sie wird Sie an ihren Plänen und ihrer Bewußtseinsentwicklung teilhaben lassen – wenn Sie ihr zu verstehen gegeben haben, daß Sie ihre Entscheidung akzeptieren werden – ganz gleich, wie sie ausfällt. Dann können Sie beide ohne Scheu über die verschiedenen Möglichkeiten sprechen, anstatt sich als Gegner und möglicherweise vor Gericht gegenüberzustehen.

Ein Arbeitgeber, der mit entsprechenden Initiativen auf die Bedürfnisse der Frauen eingeht, hat bereits reale Beweise dafür erbracht, daß er sich der unterschiedlichen Realität von Frauen bewußt ist. Wenn es aber in Ihrem Unternehmen keine derartigen Programme und kein Entgegenkommen gibt, dann werden alle Fragen nach den beruflichen und familiären Plänen einer Frau falsch interpretiert, denn sie können eigentlich nur dem Zweck dienen, Frauen auszuschließen, die sich nicht ungeteilt für Ihr Unternehmen einsetzen. Wenn hinter Ihrer Frage aber der Wunsch steht, Ihre Mitarbeiterinnen zu halten und Sie dazu bereits geeignete Programme eingeführt haben – dann liegen die Dinge ganz anders.

Wenn Sie von den Wettbewerbsvorteilen sprechen, die ein Unternehmen durch sein Entgegenkommmen den Frauen gegenüber gewinnen kann, dann scheint es, als wollten Sie damit andeuten, daß Unternehmen nur deshalb Frauen einstellen, weil es nicht genügend fähige Männer gibt – es wäre also sozusagen eine Verzweiflungstat. Sie ignorieren dabei das Bestreben der Männer an den Spitzen der Unternehmen, angemessen und gerecht zu handeln – oder Sie spielen es herunter. Sehen Sie nicht, daß Sie mit Ihren Aussagen die für solche Entscheidungen zuständigen Topmanager beleidigen? Erkennen Sie nicht, daß es für Frauen erniedrigend ist, als »letzte Rettung« betrachtet zu werden und nicht als wertvolle Einzelwesen?

Erst in den letzten fünf Jahren haben sich die Unternehmen aus wirtschaftlichen Gründen bemüßigt gesehen, auf die Bedürfnisse der Frauen einzugehen. Zuvor betrachteten Arbeitgeber die Beschäftigung von Mitarbeiterinnen als überflüssig. Dennoch haben die Frauen zwischen 1962 und 1987 große Fortschritte erzielt, für die etliche Faktoren verantwortlich sind: das Bestreben der Frauen, eine berufliche Laufbahn einzuschlagen und zu verfolgen, ihre Berufstätigkeit als Notwendigkeit und als Wunsch, die Verabschiedung gesetzlicher Bestimmungen, die Sozialverantwortung der Unternehmen und die persönliche Motivation vieler Unternehmensleiter, angemessen und gerecht zu handeln.

Aber wir haben noch einen weiten Weg vor uns. Weitere gesetzliche Regelungen sind vor allem in den USA erforderlich und werden meiner Ansicht nach auch verabschiedet werden, um die Grundbedürfnisse der Frauen nach einem gesetzlichen Mutterschutz und Erziehungsurlaub (für Mütter und Väter) festzuschreiben und diskriminierende Praktiken zu beseitigen. Ich glaube jedoch nicht, daß diese anderen Faktoren einschließlich der persönlichen Motivation der Topmanager uns sehr viel weiter über die Entwicklung der vergangenen 25 Jahre hinaus bringen werden.

Ich betrachte diese Analyse nicht als Affront gegen die Männer in der Führungsetage. Schließlich steht in jedem Unternehmen das Gewinnstreben an erster Stelle. Allerdings ist richtig, daß die Integration der Frauen auf allen Ebenen der Unternehmen nur als »Verzweiflungstat« *tatsächlich* eine Erniedrigung für diese darstellt, denn sie könnten dadurch zu Mitarbeitern zweiter Klasse abgestempelt werden. Ich bin mir dessen durchaus bewußt.

Der Umgang mit der Mutterschaft

Frauen werden immer Kinder bekommen. Daß dies für die Unternehmen ein derart gravierendes Problem darstellt, ist allerdings in erster Linie auf unsere Einstellungen zurückzuführen. Mit anderen Worten, dieser einzig unabänderliche Unterschied muß sich nicht unbedingt zu einem unüberwindlichen Hindernis auswachsen. Sie können lernen, mit der Mutterschaft so umzugehen, daß die Kosten in Form von Produktivitätsverlusten und Zermürbungserscheinungen im Vergleich zur gegenwärtigen Situation erheblich zurückgehen.

Ein großer Teil der Arbeitgeber bietet Müttern inzwischen Mutterschutz zur Rekonvaleszenz nach der Niederkunft. Aber die Geburt eines Kindes kann man nicht mit einer Krankheit vergleichen. Mutterschaft ist ein längerer Prozeß, der schon vor der Geburt beginnt und dann über die Niederkunft und die Erholungsphase bis hin zu den elterlichen Pflichten reicht, zu denen auch die Suche nach guter, erschwinglicher Kinderbetreuung gehört.

Zum wirksamen Umgang mit dem Phänomen der Mutterschaft muß man diese stetige Entwicklung unbedingt in ihre verschiedenen Phasen unterteilen. Da tickt eine biologische Uhr. Heutzutage entscheiden sich viele berufstätige Frauen erst in relativ fortgeschrittenem Alter für ein

Kind, und sie durchleben gewisse Ängste, da ihre Gebärfähigkeit von biologischen Faktoren begrenzt wird. Neben der Frage, ob eine Frau Kinder haben möchte, steht auch die Wahl des *Zeitpunkts*. »Wie lange kann ich dieses Ereignis hinauszögern, um meine Karriere aufzubauen, ohne dabei Gefahr zu laufen, daß es zu spät für ein Kind ist?« Natürlich lassen sich Schwangerschaften nicht immer planen; bei den Studien berufstätiger Mütter, die Catalyst in verschiedenen Unternehmen durchführte, stießen wir auf etliche Frauen, die ungewollt schwanger geworden waren.

Die nächste Phase ist die eigentliche Schwangerschaft. Ihre emotionalen und körperlichen Auswirkungen lassen sich nicht leugnen. Für die meisten Frauen ist diese Periode allerdings geprägt von glücklicher Vorfreude und verstärkter Energie. In den letzten Jahrzehnten haben berufstätige Frauen im Schnitt ihre Gewohnheiten umgestellt und gehen nicht mehr nach dem ersten Schwangerschaftsdrittel in Mutterschutz, sondern arbeiten bis zum letzten Monat, wenn nicht sogar bis zur Woche oder zum Tag des Geburtstermins.

Schwangere Frauen entmutigt am Arbeitsplatz vor allem die Haltung von Kollegen und Kolleginnen ebenso wie von Vorgesetzten. Diese sehen die Schwangerschaft als Nachteil, und nicht als Vorteil an (doch für Eltern sind Kinder eine Lebensaufgabe, für Arbeitgeber die Mitarbeiter von morgen). Im günstigsten Fall wird der Zustand einer schwangeren Arbeitnehmerin heute ignoriert.

Die meisten Ihrer Mitarbeiterinnen werden irgendwann einmal schwanger sein. Aus praktischen Überlegungen heraus sollten Sie ihnen ermöglichen, diesen natürlichen Prozeß unbeeinträchtigt zu erleben.

Warum verlassen so viele Frauen nach der Geburt ihres Kindes mein Unternehmen?

Bei vielen Frauen wird die Entscheidung, nach dem Mutterschaftsurlaub nicht mehr zu ihrem alten Arbeitgeber zurückzukehren, bestimmt von ihren früheren Erfahrungen mit dem betreffenden Unternehmen und von ihrem Wunsch, dem Baby eine möglichst schöne Kindheit zu bieten. Sie sagen sich: »Es war unerträglich dort, und die ersten Jahre meines Kindes erlebe ich nur einmal.« Wenn diese Frauen in Mutterschutz gehen, sind sie vielleicht nach außen hin davon überzeugt, daß sie danach wieder arbeiten werden, aber tief in ihrem Inneren hegen sie Zweifel. In den Vereinigten Staaten machen die meisten Unternehmen ihre Leistungen während des Mutterschaftsurlaubs von dem definitiven Versprechen der Frau abhängig, ihre

Arbeit wiederaufzunehmen. Wenn also amerikanische Frauen nicht unabhängig von ihrem Unternehmen krankenversichert sind, sehen sie sich zu dieser Zusage gezwungen. Scheiden sie dann doch aus dem Beruf aus, fühlt sich ihr Arbeitgeber betrogen, und damit wird Öl auf das Feuer der Ressentiments, des Mißtrauens und der Verzweiflung gegossen.

Viele Frauen nehmen auch ihre Erfahrungen während der Schwangerschaft als Maßstab für die Sensibilität ihres Arbeitgebers in bezug auf berufstätige Eltern. Wenn eine werdende Mutter die Monate vor der Geburt als problembeladene Zeit erlebt, nimmt sie zu Recht an, daß man in diesem Unternehmen nur schwer berufliche und familiäre Pflichten ins Gleichgewicht bringen kann.

Des weiteren spielen bei der Kündigungsentscheidung der jungen Mütter auch die Probleme der Wiedereingliederung in das Unternehmen nach dem Mutterschaftsurlaub eine Rolle. Viele Frauen verlassen ihr Unternehmen sechs bis zwölf Monate nach ihrer Rückkehr an den Arbeitsplatz. Weshalb? Ihre Vorgesetzten und Kollegen hatten sie während ihrer Abwesenheit abgeschrieben, und niemand machte sich die Mühe, sie bei ihrer Rückkehr wieder zu integrieren.

Wenn Schwangerschaft und Mutterschaftsurlaub als positive Erfahrungen im Unternehmen erlebt würden und die Vorgesetzten und das allgemeine betriebliche Umfeld die Frauen unterstützten, würden mit Sicherheit mehr Frauen an ihren Arbeitsplatz zurückkehren.

Wenn ich mich zur Förderung einer Frau oder zu ihrer Versetzung mit der Möglichkeit der späteren Beförderung entschlossen habe, sollte ich dann im Falle einer Schwangerschaft trotzdem meine Pläne umsetzen? Wenn bei den Vorstellungsgesprächen die beste Bewerberin schwanger ist, sollte ich sie dann einstellen?

Diese beiden Fragen möchte ich getrennt beantworten. Im Falle der Beförderung oder Versetzung wäre es aus unternehmerischer Sicht nur sinnvoll, wie geplant vorzugehen. Bei einer Einstellung einer neuen Mitarbeiterin ist die Sachlage nicht so einfach, da Sie noch keine Ressourcen in die Kandidatin investiert haben und auch noch nicht die Möglichkeit hatten, ihre Leistungen zu beurteilen. Dennoch lautet die Antwort, daß Sie gut beraten wären, sie einzustellen, da sie Ihre beste Anwärterin zu einer Zeit ist, in der Personalengpässe unmittelbar bevorstehen. Außerdem gewinnen Sie mit diesem Schritt die dauerhafte Loyalität der Angestellten und vermitteln Ihren weiblichen (und vielen Ihrer männlichen) Beschäftigten eine nachhaltig positive Botschaft.

Und was dann? Manchmal ist die Folgezeit für Unternehmen und Arbeitnehmerin eine Katastrophe. Doch sollte kein Arbeitgeber eine negative Wendung als gottgegeben betrachten. Im Gegensatz zu Herz-Kreislauf-Krankheiten oder den lähmenden Folgen des Alkoholismus können die mit einer Schwangerschaft verbundenen körperlichen Gegebenheiten im voraus eingeplant und in den Griff gebracht werden. Voraussetzung dafür ist allerdings ein partnerschaftliches Verhältnis zwischen der Frau und ihrem Vorgesetzten. Zudem muß der Arbeitgeber durch seine Personalpolitik die ganze Bandbreite der Leistungen abstekken, zu denen er bereit ist, und er muß seine weiblichen Beschäftigten auch von seinen Leistungserwartungen während und nach dem Mutterschaftsurlaub in Kenntnis setzen.

Ich kenne höchstens ein Dutzend amerikanische Unternehmen, in denen Manager und schwangere Frauen Fragen wie die folgenden beantworten konnten: Wann beginnt der Mutterschutz, und wann endet er? Wieviel Lohn wird vom Unternehmen fortbezahlt, und welche Sozialleistungen werden weiterhin gewährt? Wie lange gewährt der Arbeitgeber bezahlten oder unbezahlten Erziehungsurlaub für Väter und Mütter; besteht Anspruch auf Wiederbeschäftigung in der gleichen oder einer ähnlichen Position? Wer plant die Vertretung der jungen Mutter während ihrer Abwesenheit, und wer übernimmt tatsächlich ihre Arbeit? Welche Aufgaben erfüllt sie gegebenenfalls außerhalb ihres Arbeitsplatzes, und in welchem Umfang sollte man sie dafür bezahlen?

Die Formulierung von Richtlinien und Verfahrensweisen ist eine komplexe Aufgabe. Sie erfordert eine sorgfältige Analyse, die im Rahmen eines strategischen Gesamtplans durchgeführt werden sollte. Der Einsatz der Manager für die verabschiedeten Reglements und deren eindeutige Bekanntgabe im gesamten Unternehmen spielen ebenfalls eine maßgebliche Rolle. Als institutionalisierter Prozeß wird aus diesen Maßnahmen ein Standardverfahren, das an die Stelle einer ununterbrochenen Kette von Dilemmas, Zweifeln und Krisen tritt.

Unternehmen, die wirksam mit der Mutterschaft umgehen, erobern sich zwei zusätzliche Vorteile. Erstens bietet sich ihnen die Gelegenheit zur Wahrung der Kontinuität am Arbeitsplatz. Die junge Mutter kann den Aufbau einer Beziehung zu ihrem Kind und die Trennungsphase im voraus planen und sicherstellen, daß ihre Schwangerschaft möglichst wenig Störungen in bezug auf ihr berufliches Fortkommen einerseits und die Produktivitätsziele ihres Arbeitgebers andererseits hervorruft. Der zweite Vorteil betrifft die Einstellungspolitik, denn hochbegabte junge Hochschulabgängerinnen werden bei der Wahl ihres Arbeitgebers immer anspruchsvoller und suchen sich diejenigen Unternehmen aus, die auf ihre zukünftigen familiären Bedürfnisse eingehen.

Sie schlagen vor, daß ich eine schwangere Frau einstellen und befördern soll. Warum um Himmels willen sollte ich das tun, wenn ich die Wahl zwischen ihr und einer anderen, nicht schwangeren Frau habe?

Weil die meisten Frauen irgendwann Kinder bekommen. Wenn Sie bei der Einstellung eine werdende Mutter zugunsten einer anderen Bewerberin übergehen, dann ist die Wahrscheinlichkeit groß, daß auch diese zu irgendeinem Zeitpunkt einmal schwanger wird – es sei denn, sie ist über das gebärfähige Alter hinaus. Im Falle der Beförderung oder Versetzung haben Sie bereits in die Ausbildung der nunmehr schwangeren Mitarbeiterin investiert, und sie hat bereits unschätzbare Erfahrungen und unternehmensspezifisches Know-how gesammelt. Sie bringt offenbar Spitzenleistungen, denn andernfalls würden Sie sie ja nicht für eine Beförderung in Erwägung ziehen. Sie hegen vielleicht Zweifel, ob sie wirklich nach dem Mutterschaftsurlaub zurückkommt. Wenn Ihre Vorgehensweise auf die Bedürfnisse dieser Frau abgestimmt sind, wird sie zumindest auf Teilzeitbasis weiterarbeiten. Noch wichtiger ist, daß Sie Ihre weiblichen Angestellten in eine Gegnerrolle drängen und der Unehrlichkeit Vorschub leisten, wenn Sie sich von solchen Vorurteilen leiten lassen. Wahrscheinlich wird die betreffende Frau ihre Schwangerschaft so lange wie möglich verheimlichen, und da sie ehrgeizig ist, wird sie die Beförderung oder Versetzung annehmen. Wenn sie dann nach der Geburt ihres Kindes wenig Entgegenkommen bezüglich der Flexibilität erlebt, kann sie durchaus zu dem Schluß gelangen, daß sich eine weitere Tätigkeit für Ihr Unternehmen nicht lohnt. Sie werden sich betrogen fühlen, und sie hat ihre Integrität ins Wanken gebracht – keine gute Basis für eine weitere Zusammenarbeit.

Die einzige Möglichkeit, wie Sie durch Vermeidung der durch die Mutterschaft Ihrer Arbeitnehmerinnen entstehenden Kosten einen Vorsprung gegenüber der Konkurrenz erzielen könnten, bestünde darin, nur Frauen einzustellen, die keine Kinder wollen, ledig bleiben, die Wechseljahre hinter sich oder erwachsene Kinder haben. Doch selbst dann werden viele der kinderlosen Frauen für die Pflege älterer Angehöriger zuständig sein. Wenn Sie Bewerberinnen mit familiären Verpflichtungen unberücksichtigt lassen, werden Sie die Fähigkeiten der Mehrheit der Frauen nicht nutzen können.

Flexibilisierung und familiengerechte Unterstützung

Angesichts der Berufstätigkeit der Frauen müssen Kinder jetzt in den Unternehmen eine Rolle spielen. Sie müssen heute die Elternschaft als betriebliche Kosten akzeptieren. Diese Kosten können Sie nur dann verringern, wenn Sie bewußt die tradierten Rollen von Mann und Frau ignorieren und allen Mitarbeitern, gleich welchen Geschlechts, erlauben, ihre Prioritäten festzulegen und das zu tun, was sie am meisten wünschen und wohl auch am besten können. Für Sie als Arbeitgeber hätte das zur Folge, daß Sie die besten und einsatzwilligsten Männer und Frauen für sich gewinnen würden, und die Kinder bekämen dann die besten und engagiertesten Eltern.

Nur ein geringer Prozentsatz der Männer und Frauen sind reine Karrieremenschen, wie ich sie nenne, und eine ähnlich kleine Gruppe würde sich nur der Familie widmen. Aber die überwältigende Mehrheit würde Beruf und Familie in Einklang bringen und den Schwerpunkt im Laufe ihres Lebens von Zeit zu Zeit verlagern wollen. Damit sind wir am *Kern der Sache* angelangt: Diese Menschen *brauchen* Flexibilität, um am Arbeitsplatz ein Maximum an Produktivität liefern zu können und *gleichzeitig* im Leben ihrer Kinder eine aktive, verantwortungsvolle Rolle zu spielen.

Beim gegenwärtigen Stand der Dinge müssen die Unternehmen ihre Infrastruktur erweitern, um den familiären Bedürfnissen ihrer Beschäftigten entgegenzukommen. Das muß ein selbstverständlicher Teil Ihrer Unternehmenspolitik sein. Dann werden Sie von den Menschen profitieren, die arbeiten wollen, die in ihrem Beruf brillieren – ob es sich nun um Männer oder Frauen handelt. Denken Sie für einen Augenblick an eine Frau, die Sie kennen und die wirkliche Spitzenleistungen vollbringt, während ihr Mann bekanntermaßen weniger Fähigkeiten vorweisen kann. Und dann denken Sie an die Männer, von denen Sie wissen, daß sie fürsorglicher mit ihren Kindern umgehen können als ihre Ehefrauen.

Wie kann ich mit dieser Situation umgehen?

- Akzeptieren Sie die Tatsache, daß Sie Flexibilität und familiengerechte Unterstützung bieten müssen. Andernfalls müßten Sie unannehmbare Fluktuationsraten oder entsetzliche Produktivitätsverluste in Kauf nehmen oder hätten keinen Zugriff auf das Reservoir der weiblichen (und der wachsenden Zahl der männlichen) Führungskräfte, die aufgrund ihrer Fähigkeiten Glanzleistungen erbringen können, die aber auch am Leben ihrer Kinder teilhaben wollen.

- Bieten Sie Frauen im Mutterschutz und Mutterschaftsurlaub sowie Mitarbeiterinnen, die danach auf Teilzeitbasis arbeiten wollen, die ganze Palette laufender Leistungen.
- Räumen Sie jungen Müttern die Möglichkeit ein, an den Arbeitsplatz zurückzukehren, wenn sie dazu bereit sind. Damit meine ich ihre psychische und physische »Bereitschaft«, d.h. wenn sie genug Schlaf bekommen, um tagsüber effektiv arbeiten zu können, wenn sie eine Bindung zu ihrem Kind geknüpft haben und wenn sie eine für sie zufriedenstellende Möglichkeit der Kinderbetreuung ausfindig gemacht und überprüft haben.
- Bieten Sie Ihren Mitarbeiterinnen nach dem Mutterschaftsurlaub Arbeitszeitreduzierung oder andere Alternativen wie Teilzeit, Job-Sharing oder vernetzte Heimarbeitsplätze an, so lange die Frauen dies wünschen.
- Erlauben Sie jungen Vätern, sich beim Erziehungsurlaub mit ihren Ehefrauen abzuwechseln.
- Führen Sie für Eltern generell die Möglichkeit ein, Teilzeitarbeit (bei entsprechender Bezahlung) zu leisten und später wieder für leitende Führungspostionen, die Beförderung zum Partner oder Lehrstühle zu kandidieren, wenn sie dies wünschen. (Im Klartext: Schieben Sie diese Beschäftigten nicht auf ein berufliches Abstellgleis.)
- Wenn eine Frau (oder ein Mann) über einen längeren Zeitraum hinweg Erziehungsurlaub oder Teilzeitbeschäftigung in Anspruch nimmt, sollten Sie die zur Erledigung der Arbeit erforderlichen zusätzlichen Mitarbeiter bereitstellen.
- Übernehmen Sie – zusammen mit den Eltern, Kommunen und der Regierung – die Verantwortung für gute, erschwingliche Kinderbetreuung für jedes Kind.
- Schöpfen Sie alle Möglichkeiten aus, damit Eltern (und andere Führungskräfte, die ungestört nachdenken und arbeiten müssen) zu Hause arbeiten können.
- Vergeben Sie möglichst viele Arbeiten an freie Mitarbeiter.
- Und schließlich noch die unerläßliche Voraussetzung für sämtliche oben angeführten Maßnahmen: Lernen Sie, Ihre Mitarbeiter aufgrund ihrer Produktivität und nicht anhand der am Arbeitsplatz verbrachten Zeit zu beurteilen, und führen Sie entsprechende Systeme ein.

Ich glaube, ich verstehe, was Sie mit Flexibilität im allgemeinen ausdrücken wollen, aber was genau heißt das in der Praxis?

Unter »Flexibilität« verstehe ich gleitende Arbeitszeit, Flexibilität in bezug auf den Standort des Arbeitsplatzes (zu Hause oder im Büro), die Möglichkeit, unbefristet Teilzeitarbeit zu leisten oder ganz auszusetzen. Die Unternehmen haben bereits bemerkt, daß Eltern manchmal zu spät zur Arbeit kommen, früher gehen müssen oder in der Mittagspause aus dem Büro eilen. Einige Firmen machen sogar Zugeständnisse bei Produktivitätsverlusten in Zeiten besonderer Belastung oder Krankheit oder gewähren ihren weiblichen Beschäftigten nach dem Mutterschaftsurlaub zwei oder drei Monate lang Teilzeitverträge. All das sind natürliche, menschliche Reaktionen auf menschliche Bedürfnisse. Als Gegenleistung kann der Arbeitgeber erwarten, daß seine Angestellten bei Nachfragespitzen bereitwillig zur Verfügung stehen und das die (und der) einzelne ihre persönlichen Bedürfnisse und Vorlieben zurückstellt, wenn dies für das Unternehmen wichtig ist.

Meiner Ansicht nach ist auf Arbeitgeberseite ein weitreichenderes, radikaleres Umdenken, eine Neudefinition des Begriffs Flexibilität erforderlich. Ich schlage vor, über eine großzügige Auslegung der Flexibilitätsparameter hinaus unmittelbarer auf die individuellen Bedürfnisse einzugehen. Der Grundsatz dieser Politik würde lauten: »Wenn Sie sich für Ihre Karriere einsetzen, werden wir Ihre Produktivität und Ihre Ergebnisse messen und Ihnen die Flexibilität einräumen, die Sie zur Erreichung der von uns erwarteten Resultate benötigen.« Eine karriereorientierte Person kann ihre Arbeitszeit für einen von ihr selbst festzulegenden Zeitraum auf die Hälfte verkürzen. Dies aber würde bedeuten, daß sie die Hälfte der Arbeit erledigt, so daß ihr Zeitplan in einem erfolgsbetonten Unternehmen mehr oder weniger einer »normalen« Vollzeittätigkeit entsprechen würde. Darüber hinaus würde man von diesem Karrieremenschen erwarten, daß er oder sie sich aus eigener Initiative um Vorkehrungen für die Erledigung der anderen Hälfte der Aufgabenlast kümmert.

Ein weiterer Grundsatz meiner Politik hieße, daß man von einem Mitarbeiter oder einer Mitarbeiterin, die sich in erster Linie der Familie verpflichtet hat (zumindest in diesem Lebensabschnitt) eine 35-Stunden-Woche erwarten würde, wobei die zeitlichen und örtlichen Vereinbarungen individuell zwischen Arbeitnehmer und Vorgesetztem auszuhandeln sind.

Aber wenn ich all diese Vorschläge aufgreife, verliere ich dann nicht die Jahre, in denen meine Mitarbeiterinnen berufliche Höchstleistungen erbringen können?

Ich meine, daß Sie die beiden Rollen – Führungskraft im Unternehmen und Mutter (oder Vater) – nicht mehr für so unvereinbar halten werden, wenn Sie aus höherer Warte den langfristigen Nutzen betrachten, den Sie durch die Besetzung von Spitzenpositionen mit weiblichen Managern erzielen können.

Meiner Meinung nach sollten wir nicht länger auf 35 Jahren intensivster, ununterbrochener beruflicher Tätigkeit zwischen 25 und 60 beharren. Die Unternehmen müssen die Kosten akzeptieren, die ihnen bei einer zu 50 Prozent weiblichen Belegschaft entstehen, und auch den vorübergehenden Produktivitätsrückgang bei einem oder beiden Elternteilen. Wenn Sie Beschäftigten beiderlei Geschlechts die Möglichkeit geben, selbst zu entscheiden, ob der Vater oder die Mutter – oder auch beide – während dieser Zeitspanne die familiären Aufgaben über das berufliche Fortkommen stellt, dann wird die Situation akzeptabler für Arbeitgeber, Arbeitnehmer und Kinder.

Wenn Sie darüber nachdenken, werden Sie feststellen, daß dieser Gedanke eigentlich gar nicht so seltsam ist. Ich kenne sogar Anwaltskanzleien, in denen sich die Vergütung der Partner letztlich auf einem bestimmten Niveau einpendelt, wenn sie auf das Rentenalter zugehen. Damit wird dem Wunsch des Partners nach einer geringeren Arbeitsbelastung Rechnung getragen. Zudem halten diese Partner es nur für recht und billig und, was noch wichtiger ist, für eine vernünftige Geschäftspolitik, ihren Verdienst zu begrenzen und dieses Geld in jüngere Partner zu investieren, um so ihre Motivation zur Gewinnung von Kunden und zu härterer Arbeit zu steigern. Diese Entscheidung wird in der Regel von der Unternehmenskultur akzeptiert in Anerkennung der Tatsache, daß es unrealistisch wäre, von jemandem zu erwarten, während seiner dreiundvierzigjährigen beruflichen Laufbahn ständig unter Aufbietung aller Kräfte zu arbeiten.

Es gibt kein ehernes Gesetz, das besagt, welche Jahre der beruflichen Tätigkeit eines Menschen durch höchste Arbeitsintensität geprägt sein müssen. Vor 20 Jahren war es üblich, daß Männer weit über ihr sechzigstes Lebensjahr hinaus arbeiteten. Heutzutage heiraten die Leute später, und die Ehepartner stehen sich häufiger im Alter näher. Daher hat sich dieses Verhaltensmuster geändert. Ein Mann arbeitet jetzt vielleicht im Alter zwischen 25 und 60 mit der gleichen Intensität wie sein Vater. Während der letzten fünf Jahre seiner beruflichen Tätigkeit möchte er aber unter Umständen sein Arbeitspensum zurückschrauben.

Die meisten verheirateten Frauen haben heute ernstzunehmende Karriereambitionen und setzen sich zwischen 22 und 31 und zwischen 36 und 65 mit ganzer Kraft für ihre Arbeit ein. Auch sie kommen auf insgesamt 35 Jahre intensivster beruflicher Tätigkeit. Dennoch betrachten wir ihren Wunsch nach einer Reduzierung der Arbeit nicht als natürlichen oder unabänderlichen Bestandteil ihrer beruflichen Laufbahn. Wir sehen Beruf und Familie häufig als Gegensätze, als ein Entweder-Oder.

Betrachten Sie die Situation einmal aus folgendem Blickwinkel: Wer dem beruflichen Aufstieg bereits in jungen Jahren höchste Priorität einräumt, wird sich intensiv und ohne Unterbrechungen zwischen 25 und 60 für seine Karriere einsetzen und dann mit 65 in Pension gehen. Wem aber neben seinen beruflichen Ambitionen auch die Elternrolle wichtig ist, wird zwischen 25 und 35 seine Karriere an erste Stelle setzen, dann fünf Jahre lang das Tempo zurückfahren und schließlich wieder zwischen 40 und 65 seine Energie auf den Beruf konzentrieren. Wenn Sie in diesen fünf Jahren berufstätigen Eltern die nötige Flexibilität zugestehen, ist die Wahrscheinlichkeit viel größer, daß sie Ihrem Unternehmen später erhalten bleiben.

Meiner Ansicht nach wird es zunehmend zu einer vernünftigen Geschäftspraktik, denjenigen, die fünf Jahre lang ihre Arbeitszeit verkürzen möchten, dennoch den Wiedereinstieg in das Rennen um die Plätze in die obere Hälfte der Pyramide oder um die Partnerschaft in einer Rechtsanwaltskanzlei oder einem Wirtschaftsprüfungsbüro oder einem Finanzdienstleistungsunternehmen zu ermöglichen.

In einem Satz sprechen Sie von Gleichberechtigung bei der Wahrnehmung elterlicher Pflichten, und im nächsten sagen Sie dann, daß Frauen die Verantwortung für die Kinder tragen. Welchen Standpunkt vertreten Sie eigentlich?

Ganz gleich, wie wichtig einer Frau ihre Karriere auch sein mag, bei Doppelverdienern ist immer noch in den meisten Fällen die Frau für die Kinder zuständig. Selbst dynamische Erfolgsmänner wünschen sich Kinder. Es ist zwar nicht unbedingt ihr Wunsch oder ihre Erwartung, sich für die Kindererziehung Zeit zu nehmen, aber sie rechnen dennoch mit Nachwuchs. Für Frauen bedeutet das im Grunde, daß sie Beruf *und* Familie verbinden müssen, denn man erwartet von ihnen, das sie die häusliche Last tragen (und manche Frauen wollen das auch mehr oder weniger). Daher stimmt es, daß die Produktivität der Frauen gegenwärtig häufiger eine Zeitlang stagniert als die der Männer. Es ist wahrscheinlicher, daß Frauen ihre Arbeitszeit reduzieren wollen, die Stelle wechseln oder eine Weile aussetzen.

Dennoch spielen die Väter eine maßgebliche Rolle. Die Geburt eines Kindes schränkt die Frau vorübergehend in ihren Möglichkeiten ein;

Elternschaft dagegen ist eine lebenslange Aufgabe für Mütter und Väter. Vom Zeitpunkt der Geburt an – bei der die Anwesenheit der Väter mittlerweile zur Norm geworden ist – haben Väter eine engere Bindung zu ihren Kindern als je zuvor. Eine wachsende Zahl von Männern will mehr Zeit mit ihrer Familie verbringen, und wenn Sie ihnen das ermöglichen, dienen Sie Ihren Unternehmensinteressen. Sie tragen dazu bei, daß die traditionell männliche Sozialisation nicht weiter verstärkt wird und daß familiäres Engagement deutlich an Akzeptanz gewinnt, bis hin zur Erkenntnis, daß man die Frauen lähmt, wenn man die Männer nicht zu einer umfassenderen Beteiligung an Haus- und Familienarbeit ermutigt.

Einige Unternehmen gehen bereits in diese Richtung. Auf einer Konferenz im vergangenen Herbst erzählte Ted Childs, bei IBM zuständig für aktive Förderungsmaßnahmen für Minderheiten (Affirmative Action) und Programme zur Weiterbildung der Belegschaft, die Geschichte eines Managers mit hohem Beförderungspotential, der nach der Geburt seines ersten Kindes drei Monate Urlaub nehmen wollte. Er informierte seinen Vorgesetzten im voraus von diesen Wunsch, als ihm dieser eine Aufstiegschance anbot. Er sagte, daß sich ihm wohl noch viele Chancen im Laufe seiner Karriere bei IBM bieten würden, daß aber die Erfahrung als Vater seines erstgeborenen Kindes einmalig sei und er möglichst viel daraus machen wolle.

Sein Chef war sich offenbar nicht ganz im klaren darüber, wie er diese ungewöhnliche Situation handhaben sollte. Als Childs davon hörte, sprach er mit dem betreffenden Vorgesetzten und versicherte ihm, daß der hochbegabte junge Vater nach seiner Rückkehr an den Arbeitsplatz eine phantastische Chance erhalten werde, da IBM ihn als Rollenvorbild für andere Männer herausstellen wollte, um diesen die Entscheidung zugunsten des Erziehungsurlaubs zu erleichtern.

IBM nimmt natürlich mit seiner außergewöhnlichen Arbeits- und Familienpolitik bei diesen Fragen eine Vorreiterstellung ein. Meiner Ansicht nach werden andere Unternehmen bestimmt bald diesem Beispiel folgen.

Aber was gewinne ich, wenn ich hier Pionierarbeit leiste?

Nur ganz wenige Unternehmen wollen sich von der Masse abheben. Sie sind von vornherein nicht überzeugt, daß sie wirklich etwas für ihre weiblichen Beschäftigten tun wollen, und daher möchten sie mit Sicherheit nicht die Führung übernehmen. Sie müssen bereits mit genug Risiken kämpfen und wollen erst dann Schritte einleiten, wenn diese zwingend notwendig werden. Aber sie werden bereits nach kürzerster Zeit Nutzen aus ihrem Vorgehen ziehen. Als Beispiel möchte ich hier zwei Unternehmen anführen, die gegensätzliche Vorgehensweisen zur Lösung dieses Problems gewählt haben.

Vor kurzem unterhielt ich mich mit dem Chef einer kleinen Papierfabrik über seine Familienpolitik. »Kinder gehen uns nichts an«, sagte er zu mir.

Wie lautete seine Argumentation? Seine Aufgabe sei es, Papier herzustellen und Geld zu verdienen. Sein Unternehmen sei klein und die Kapitalbindung hoch, und bei seiner Personalpolitik stünden die Menschen im Vordergrund, die die Produkte herstellten und verkauften. Im Laufe unserer Diskussion erzählte er, daß man ihn einmal gebeten habe, sich einer Vereinigung örtlicher Arbeitgeber anzuschließen, deren Ziel der Aufbau einer Kindertagesstätte war. Seine Antwort lautete: »Unsere Sekretärinnen sollen die Betreuung ihrer Kinder selbst organisieren.« Bei Verlassen seines Büros ertappte ich mich dabei, wie ich in einer Mischung aus Entsetzen, Unbehagen und Erleichterung den Kopf schüttelte. Seit Jahren hatte ich kein Gespräch mehr geführt, in dem jemand mit einer solchen Überzeugung Frauen als unwichtig für sein Unternehmen abgetan hatte.

Dann gibt es da die Intermedic Company im Südosten des Bundesstaates Texas, direkt neben einem riesigen Werk von Dow Chemical. Intermedic konnte nur schwer mit diesem Giganten im Rennen um hochkarätige Mitarbeiter mithalten – bis das Unternehmen einen Betriebskindergarten einrichtete. Plötzlich galt Intermedic als Firma, der das Wohl der Familie am Herzen lag, und die Einstellungssituation änderte sich grundlegend.

Welche Kosten entstehen, wenn man die Kinderbetreuung als Problem der Arbeitnehmer betrachtet und nicht als gemeinsame Aufgabe? Wie wir wissen, tragen immer noch die Frauen die Hauptverantwortung für die Versorgung ihrer Kinder. Gute Betreuungsstätten sind noch dünn gesät. Daher werden Frauen, die andernfalls weiterarbeiten würden und möglichweise zu Ihren besten Mitarbeitern zählen, eine Teilzeitbeschäftigung vorziehen oder ihren Beruf an den Nagel hängen, da sich ihnen keine realistische Alternative bietet. Ihr Unternehmen würde damit nicht nur jene Frauen, die keine guten, zufriedenstellenden Babysitter und Tagesmütter finden können, zu fortgesetzter Ruhelosigkeit verdammen, sondern auch in den natürlichen Selektionsprozeß der wahrhaft engagierten, hochbegabten Mitarbeiter eingreifen.

Diese Situation betrifft nicht nur Sekretärinnen, wie der Chef der oben zitierten Papierfabrik mir einreden wollte. Er deutete damit an, daß seine leicht ersetzbaren Kräfte mit Problemen zu kämpfen hätten, daß aber seine weiblichen Führungskräfte die Frage der Kinderbetreuung zufriedenstellend gelöst hätten. Diese Einstellung ergab vielleicht mehr Sinn, als er noch sagen konnte, daß Frauen in seiner Belegschaft eine Randgruppe und keinen wesentlichen Bestandteil des Unternehmens darstellten. Angesichts der mittlerweile veränderten Situation muß er aber alles in seiner Macht Stehende tun, um seine weiblichen Beschäftigten zu halten.

Unternehmen können es sich nicht leisten zu behaupten, daß diejenigen Frauen, die ihnen den Rücken kehren, einen besonders niedrigen Einsatzwillen besäßen. Diese Frauen sind vielmehr mit ihrer Kinderbetreuung nicht zufrieden. Wenn sie keine Alternative finden, werden sie ihre Kündigung einreichen.

In der Vergangenheit waren berufstätige Frauen überflüssig. Sie müssen erkennen, daß sich das nun ändert. Früher gingen Sie mit der Beschäftigung von Frauen ein Risiko ein; heute wenden Sie damit eine Gefahr ab. Wenn Sie sich nicht um familienunterstützende Maßnahmen und Kinderbetreuung für Ihre Manager kümmern, müssen Sie die – nicht unerheblichen – Kosten tragen, die entstehen, da einige Beschäftigte aufgrund ihrer familiären Verpflichtungen es nicht so weit bringen, wie es ihren Fähigkeiten entspräche. Zu dieser Gruppe gehören natürlich auch jene wirklich intelligenten und talentierten Führungspersönlichkeiten, die in Ihrem Unternehmen Spitzenleistungen erbringen könnten.

Das heißt also, ich muß einen teuren Betriebskindergarten einrichten?

Nicht unbedingt. Für viele Unternehmen ist ein Betriebskindergarten keine geeignete Lösung, und sei es auch nur, weil viele Eltern ihn nicht wollen. Aus diesem Grund sind möglicherweise viele dieser firmeneigenen Kindertagesstätten trotz ihrer sehr geringen Kapazität nicht ausgelastet. Dennoch sollte man diese Option nicht von vornherein ausschließen, da sie sich für bestimmte Standorte hervorragend eignet, optimal für stillende Mütter ist und das Image bezüglich der Familienfreundlichkeit des Unternehmens enorm fördert. Ich meine, daß Betriebskindergärten und -krippen eine von mehreren Alternativen sein werden, die in Zukunft alle Unternehmen anbieten werden.

Es gibt viele andere Initiativen, die entweder unabhängig oder in Zusammenarbeit mit anderen Firmen, Eltern, Gemeinden oder staatlichen Stellen ergriffen werden können.

Unternehmensintern oder in einer Arbeitsgemeinschaft mit anderen Firmen können Arbeitgeber Pädagogen und Erzieherinnen anwerben, die Betreuer suchen, ausbilden und überwachen, die zur Versorgung von Kleinkindern ins Haus kommen. Für immer mehr junge Eltern ist dies die beliebteste Form der Kinderbetreuung. Diese preiswerte Alternative zur Verbesserung des Kinderbetreuungangebots wurde erstmals von einem Firmenkonsortium in Hartford ins Leben gerufen und später von anderen Arbeitsgemeinschaften in Atlanta und vielen anderen Städten kopiert. Auch Dayton Hudson bietet ein ausgezeichnetes Ausbildungsprogramm für Tagesmütter und -väter.

Elternseminare, eine freizügige Handhabung des Erziehungsurlaubs und Flexibilität in bezug auf den Zeitpunkt und die Modalitäten der Rückkehr an den Arbeitsplatz sind weitere Elemente einer einfühlsamen Familienpolitik. Ebenso zählen Beratungs- und Vermittlungsdienste dazu. Solche kostenlosen Informationszentren auf lokaler Ebene sind wie die Pilze aus dem Boden geschossen, da sie eine wichtige Funktion erfüllen. Aber sie haben auch ihre Grenzen, denn der Zugriff auf die Vermittlung von Betreuern aus einer relativ statischen Angebotspalette kann eine wichtige Aufgabe nicht erfüllen: die Schaffungen neuer Betreuungsressourcen. IBM geht bei seinem Beratungs- und Vermittlungsdienst noch einen Schritt weiter; das Unternehmen fördert und bietet Schulungen für die Betreuer in neuen Kindertagesstätten.

Ist es denn gerecht, wenn ich einigen Mitarbeitern etwas offeriere, das ich anderen nicht biete?

Meiner Meinung nach müssen Sie diese Frage nach der Fairneß bei der Familienpolitik beiseite lassen. Kurzfristig verursachen Ihnen Kinder Kosten, da das Problem einer schlechten, unzureichenden Kinderbetreuung Ihre berufstätigen Mütter und Väter von der Arbeit ablenkt. Die Auswirkungen der Abwesenheit der Eltern von zu Hause werden verstärkt durch den Mangel an guter, erschwinglicher Kinderbetreuung und der Verschlechterung des öffentlichen Schulsystems. Die Generation der jetzigen Schulabgänger ist nur halb so zahlreich, wie wir in der Mitte des Baby-Booms erwartet hatten. Der wachsende Anteil der funktionalen Analphabeten vermindert das Arbeitskräftereservoir noch weiter. Die Unternehmen erleben bereits jetzt Engpässe bei fachkundigen männlichen und weiblichen Büroangestellten und Arbeitern. Es liegt eindeutig in Ihrem Interesse, Ihren Mitarbeitern Zugang zu qualitativ hochwertigen, preiswerten Kinderbetreuungsmöglichkeiten zu verschaffen, um die Kompetenz der nächsten Generation zu sichern. Vor allem aber hängt unsere Zukunft von der Gesundheit, dem Wohlbefinden und der Bildung der heutigen Kinder ab.

Weshalb sollte ich Zugeständnisse wie flexible Arbeitszeitmodelle machen, wenn ich mehr haben kann – lauter dynamische Vollzeitmitarbeiter?

Weil die Zeit, in der Sie wählen konnten, zu Ende geht. In den kommenden Jahren werden Sie Ihren Personalbedarf nicht mehr mit männlichen Bewerbern decken können, weil es nicht mehr für alle offenen Stellen genügend qualifizierte Männer geben wird. Die Diversifikation der Erwerbsbevölkerung resultiert aus der Tatsache, daß die Wirtschaft schneller wuchs als die Bevölkerung. Wenn die Frauen heute ihren Beruf an den Nagel hingen, würde Ihr Unternehmen zusammenbrechen. Frauen, die sich früher rund um die Uhr um Heim und Herd kümmerten, arbeiten jetzt für Sie. Diese Frauen brauchen Bewegungsfreiheit, um Beruf und Familie ausbalancieren zu können, um sowohl verantwortungsvolle Arbeitnehmerinnen als auch engagierte Mütter sein zu können.

In einigen Bereichen sind Arbeitskräfte bereits so rar, daß zum Beispiel eine Krankenschwester ihren Arbeitsplan selbst bestimmen kann. Wenn sie am Dienstagvormittag und am Freitagnachmittag arbeiten möchte, wird das akzeptiert. Wenn sie Kinder hat, wird ihr das Krankenhaus bereitwillig einen Platz in seiner Kindertagesstätte zur Verfügung stellen. Weshalb? Weil als Alternative nur die Schließung einer Station bliebe.

Meiner Ansicht nach wird die Zahl der Teilzeitstellen in Zukunft exponentiell zunehmen, und zwar schlicht und einfach wegen des wachsenden Bewußtseins der Arbeitgeber, daß Flexibilität der Schlüssel zur Bindung fähiger Mitarbeiter ist, die mehr Zeit mit der Familie verbringen wollen und müssen.

Das Job-Sharing-Programm der Firma Steelcase ist ein gutes Beispiel. Dieser in Grand Rapids, Michigan, ansässige weltgrößte Hersteller von Büromöbeln und Geschäftseinrichtungen bietet seit 1982 in begrenztem Umfang die Möglichkeit des Job-Sharing. Im vergangenen Jahr führte Steelcase offiziell eine unternehmensweit gültige Politik ein, daß jedes beliebige Team sich mit der Zustimmung des Managements eine Stelle teile könne. 1989 nahmen 70 Beschäftigte diese Möglichkeit in Anspruch – fast doppelt so viel wie vor der allgemeinen Einführung dieser Politik. Zwar geben die Angestellten unterschiedliche Gründe für das Job-Sharing an, aber bei über 85 Prozent steht die Versorgung der Kinder im Vordergrund. Meistens soll also das Job-Sharing einer Frau nach einer Geburt die erneute Eingewöhnung in das Arbeitsleben erleichtern oder einem Elternteil die Möglichkeit geben, mehr Zeit bei den Kindern zu verbringen. Dem Unternehmen bereiten zwar gewisse Probleme bei Arbeitsplätzen in der Fertigung noch etwas Kopfzerbrechen (obwohl es auch dort bereits Job-Sharing gibt), aber das Management erwartet eine geringere Fluktuationsrate und eine Zunahme bei dem Anteil der Frauen, die nach dem Mutterschaftsurlaub wieder an ihren Arbeitsplatz zurückkehren.

Warum sollte ich mich um das Privatleben meiner Mitarbeiter kümmern – wann wird das zur Einmischung und zur Verletzung der Privatsphäre?

Die Frage war in der Vergangenheit bedeutsamer als heute, da sich nunmehr die Trennlinie zwischen Beruf und Privatleben verwischt hat. In Wirklichkeit sind diese beiden Bereiche heute effektiv zu einer Welt verschmolzen, in der zwei Aufgabenbereiche abzudecken sind. Angenommen, Sie beschäftigten früher 500 Männer, deren 500 Ehefrauen daheim saßen. Insgesamt stehen diesen Menschen jährlich vier Millionen Stunden zur Verfügung (wenn man davon ausgeht, daß sie acht von 24 Stunden täglich schlafen). In der Vergangenheit wurden die Energien dieser Menschen weitgehend nach dem Geschlecht aufgeteilt. Die Männer widmeten sich acht dieser 16 verfügbaren Stunden ausschließlich der Arbeit und verwendeten auch einen Großteil der restlichen, frei verfügbaren acht Stunden auf ihre berufliche Tätigkeit. Die Frauen kümmerten sich acht ihrer 16 verfügbaren Stunden ausschließlich um Heim und Herd und verwendeten den Löwenanteil der verbleibenden acht Stunden ebenfalls auf diese Aufgabe.

Inzwischen hat sich zwar nicht die Anzahl der Stunden geändert, aber die Zeiteinteilung. *Sowohl* Männer *als auch* Frauen verbringen acht der 16 Stunden am Arbeitsplatz. Trotzdem wird immer noch die Hälfte der frei verfügbaren Stunden Ihrer Belegschaft mit beruflichen Tätigkeiten und die andere Hälfte mit familiären Aufgaben gefüllt. Eine Million dieser Stunden wird immer noch in erster Linie mit den Kindern verbracht, und eine weitere Million entfällt nach wie vor auf die Produktion von Gütern und Dienstleistungen.

Heute beschäftigen Sie also 500 Männer und 500 Frauen, denen jährlich insgesamt vier Millionen Stunden zur Verfügung stehen. Beide Geschlechter widmen sich täglich acht Stunden lang ausschließlich der Arbeit. Der Schwerpunkt für die übrigen Stunden muß jedoch von den Vorlieben und Fähigkeiten des einzelnen bestimmt werden, nicht vom Geschlecht. Die beiden Extremfälle sind eine Frau, die sich während ihrer gesamten verbleibenden Zeit in ihre Arbeit stürzt, und ein Mann, der sich acht Stunden täglich um die Familie kümmert.

Wenn Sie die Familie nicht zu einem wesentlichen Bestandteil Ihres Unternehmens machen, werden familiäre Bedürfnisse Ihre geschäftlichen Interessen untergraben. Sie müssen sich dann mit ausgelaugten, zerstreuten Mitarbeitern herumschlagen sowie mit einem Unternehmen in einer Gesellschaft, in der die Kinder – die Mitarbeiter von morgen – nicht die nötige Anleitung und Pflege erhalten.

Anderseits sollten Sie sich kein Urteil darüber erlauben, wer von Ihren Beschäftigten sich der Familie und wer dem Beruf widmen sollte. Sie sollten nicht denken: »Alle meine weiblichen Beschäftigten werden ihre Freizeit mit ihren Kindern verbringen, und daher können sie in meinen Unternehmen keine Spitzenpositionen erhalten.« Statt dessen sollten Sie die Neuverteilung der Aufgaben den Familien überlassen, damit Mann und Frau selbst für sich entscheiden können, welche Rolle sie bevorzugen und welche ihnen besser liegt.

Wie kann ich meinen Betrieb in Ordnung halten, wenn meine Führungskräfte kommen und gehen können, wann sie wollen?

Sie können in diesem Fall Ihren Betrieb besser in Ordnung halten und das Produktivitätsniveau steigern – vorausgesetzt, Sie nehmen die tatsächlichen Leistungen als Produktivitätsmaßstab und nicht die am Arbeitsplatz zugebrachte Zeit. Das ist eine echte Herausforderung, denn Sie müssen Zielvorgaben aufstellen und die Leistungen mit diesen vergleichen. Ich vermute, daß dies der eigentliche Grund für den Widerstand gegen den Wandel ist. Viele der Mitarbeiter, die zwölf oder vierzehn Stunden am Arbeitsplatz verbringen, vergeuden viel Zeit am Kaffeeautomaten – mit persönlichen Angelegenheiten, mit Unterhaltungen, in denen sie Spannungen und Ermüdung abbauen. (Ich kenne einige Menschen, die als Arbeitstiere gelten, morgens und abends Überstunden machen und sich um die Mittagszeit um ihre persönlichen Belange kümmern.) Doch durch effektive Arbeit läßt sich viel mehr erledigen, indem man seiner inneren Motivation folgt, seine Arbeit hinter sich zu bringen und heim zu den Kindern zu gehen, und indem man unproduktive Sitzungen und ausgedehnte Mittagessen vermeidet. Stellen Sie sich nur vor, zu welchen Leistungen wir alle fähig sind, wenn der Urlaub vor der Tür steht.

Es leuchtet mir ein, daß mehr Flexibilität für mein Unternehmen von Vorteil sein kann, aber das alles – die Überprüfung der Machbarkeit, die Suche nach einem Partner für das Job-Sharing etc. – ist so zeitaufwendig. Gibt es denn da keine andere Möglichkeit?

Es läßt sich nicht bestreiten, daß eine neue Politik oder Verfahrensweise in der Anfangsphase immer aufwendig ist. Als TRW und American Can als erste flexible Leistungen einführen, entstanden ihnen enorme Kosten; heute haben viele Unternehmen derartige Erfahrungen gesammelt, und die Implementierungkosten liegen viel niedriger. Sobald diese Vorgehensweise einmal institutionalisiert ist, erfordert sie nur noch einen minimalen Zeitaufwand.

Firmen, die sich mit ganzer Kraft für die Flexibilität einsetzen, werden diese Praxis letztlich unternehmensweit zur Norm machen. In einer Vielzahl von Bereichen werden sie ihre Mitarbeiter davon in Kenntnis setzen, daß ein gewisser Prozentsatz der Stellen sich für Teilzeit, Job-Sharing und Heimarbeitsplätze eignet. (Eine kritische Masse an Vollzeitbeschäftigten ist notwendig.) Meiner Meinung nach könnte man ein Rotationsprinzip einführen. Es wird beispielsweise verkündet, daß ein Viertel der Positionen in einem bestimmten Bereich mit Mitarbeitern besetzt werden kann, die alternative Beschäftigungsvereinbarungen wünschen. Die Arbeitnehmer werden sich in diesen Stellen abwechseln – sie werden für verschiedene Zeitspannen ganz aussetzen oder ihre Arbeitszeit reduzieren, dafür werden andere an den Arbeitsplatz zurückkehren und diese Positionen füllen. Und nach ihrer Rückkehr wird für einige weiterhin die Familie oberste Priorität haben, aber für andere wird die Karriere an erster Stelle rangieren.

Wie kann ich sicherstellen, daß die Arbeit erledigt wird, wenn ich mich nicht auf die Anwesenheit meiner Mitarbeiter verlassen kann?

Sie können sich *sehr wohl* darauf verlassen, wenn Sie die Arbeitspläne sorgfältig strukturieren. Ihre Vorstellung entspringt möglicherweise dem Wunsch, daß Ihre Mitarbeiter Ihnen den ganzen Tag oder die ganze Woche über voll und ganz zur Verfügung stehen. Versuchen Sie, alle zu besprechenden Angelegenheiten zu notieren und die Mitglieder Ihres Teams ein- oder zweimal täglich zu sich zu rufen und nicht jedesmal, wenn Ihnen etwas einfällt. Daneben sollten Sie natürlich sicherstellen, daß Ihre Mitarbeiter in Notfällen auch jederzeit greifbar sind.

Das gilt sicher nicht für hochrangige Führungskräfte, oder?

Gerade Ihren hochrangigen Managern können Sie einen größeren Ermessenspielraum gewähren – und das tun Sie in der Regel auch –, denn diese Führungskräfte wissen, daß sie für ihren Bereich Rechenschaft ablegen müssen. Sie haben ihre verantwortungsvolle Position erhalten, weil sie konsequent das erwartete Engagement an den Tag legten. Sie sollten ihnen diesen Tatbestand unter Umständen ganz explizit darlegen, damit sie sich nicht gezwungen sehen, Entschuldigungen zu erfinden, weil sie einen Nachmittag mit ihrem Kind verbringen wollen oder eine Schulveranstaltung besuchen möchten.

Da mögen Sie schon recht haben, aber ich kann doch mit Sicherheit meinen Topmanagerinnen keinen langen Mutterschaftsurlaub und Teilzeitverträge bei ihrer Rückkehr zugestehen!

Eine von Catalyst durchgeführte Untersuchung erbrachte, daß zwei Gruppen von Mitarbeiterinnen nach der Geburt eines Kindes zum frühestmöglichen Zeitpunkt die Arbeit wiederaufnahmen. Zum einen waren das die Frauen, deren Lebensunterhalt absolut von einem ganzjährigen Vollzeitverdienst abhing. Zum anderen waren es dynamische Aufsteigerinnen, die befürchteten, daß ihr Fortkommmen verlangsamt werden oder daß man ihnen ihren hundertprozentigen Einsatzwillen absprechen könnte. Diese letzte Gruppe kann Ihnen sehr teuer zu stehen kommen. Es handelt sich hier um Frauen, auf deren Urteil Sie angewiesen sind bei gravierenden Unternehmensentscheidungen mit ökonomischen Folgen.

Sicher *gibt es* Frauen, die nach sechs oder acht Wochen mit der gleichen Intensität und im gleichen Umfang ihre Arbeit fortsetzen, weil sie ihre Arbeit lieben und brauchen und zu Hause gelangweilt und frustriert sind. Die meisten Frauen benötigen jedoch mehr Zeit, um mit allen der bisher angesprochenen Faktoren ins Reine zu kommen. Wenn Sie ihnen nicht einräumen, zu dem für sie richtigen Zeitpunkt auf der Basis des von ihnen gewählten Beschäftigungsvolumens zurückzukehren, laufen Sie Gefahr, diese Frauen zu verlieren – weil sie einfach zu erschöpft sind oder weil sie sich danach sehnen, eine Beziehung zu ihrem Kind aufzubauen.

Selbst wenn diese Frauen *tatsächlich* zum vereinbarten Zeitpunkt an ihren Arbeitsplatz zurückkehren, werden viele irgendwann auf der Strecke bleiben. Es ist doch weitaus besser *für Ihr Unternehmen*, wenn diese Frauen sich frisch gestärkt, ohne Schuldgefühle, zufrieden mit der Kinderbetreuung und voller Enthusiasmus wieder an die Arbeit machen können. Sie werden das nur tun, wenn sie erkennen, daß eine solche Vereinbarung vom Unternehmen voll unterstützt wird, und Sie das Ihren Mitarbeiterinnen gegenüber auch deutlich zum Ausdruck bringen. Die Untersuchungen von Catalyst haben bestätigt, daß die meisten Frauen weitaus eher die Arbeit wiederaufnehmen würden, wenn ihnen die Möglichkeit der Teilzeitbeschäftigung offenstünde.[1] Kluge Arbeitgeber werden dafür sorgen, daß die besonderen Fähigkeiten dieser Teilzeitbeschäftigten genutzt werden und daß weniger wichtige Aufgaben anderen übertragen werden.

Da mögen Sie schon recht haben, aber was ist mit den Frauen auf den unteren Ebenen – meistens Alleinerziehende –, die sich eine Teilzeitbeschäftigung nicht leisten können?

Wenn ich Ihnen jetzt vorschlage, diesen Frauen ein volles Gehalt für Teilzeitarbeit zu zahlen, dann lachen Sie wahrscheinlich und sagen, Sie seien doch kein Wohlfahrtsverband. Aber denken Sie einmal einen Augenblick darüber nach: Ohne Zweifel wird die Forderung nach längerem, bezahlten Elternschaftssurlaub immer lauter werden. (In Schweden können beispielsweise der Vater oder die Mutter 18 Monate Erziehungsurlaub nehmen und beziehen während dieser Zeit 90 Prozent ihres Gehalts.) Sie können diesem Problem aus dem Weg gehen, wenn Ihr Unternehmen höher qualifizierten Mitarbeiterinnen Teilzeitbeschäftigung mit anteilsmäßigem Gehalt und abgestuften Sozialleistungen bietet. Es ist wirtschaftlich vernünftig, mit den auf diese Weise erzielten Einsparungen die Teilzeitbeschäftigung von Frauen mit niedrigerem Einkommen zu subventionieren – nicht nur aus Gründen der Fairneß, sondern auch, um den Kindern dieser Frauen – Ihren zukünftigen Mitarbeitern – eine Starthilfe zu geben.

Ich kann mir vorstellen, daß Job-Sharing bei weniger verantwortungsvollen Jobs machbar ist. Auf auf den höheren Ebenen – insbesondere wenn es um Kundenkontakte geht – ist das sicher unmöglich, oder?

Eine vor kurzem von Catalyst durchgeführte Studie über flexible Vereinbarungen im Management und bei den gehobenen Berufen zeigte, daß solchen Maßnahmen zwar im Vorfeld noch mit Skepsis begegnet wird, daß jedoch dieser Widerstand verschwindet, sobald der Kunde das Job-Sharing in der Praxis erlebt.

Eine Voraussetzung für den Erfolg ist, daß die zwei, die sich den Job teilen, täglich alle neuen Entwicklungen miteinander besprechen (außerhalb der Arbeitszeit). Job-Sharing gewährleistet sogar kontinuierlichere Kundenkontakte als die Betreuung durch einen Vollzeitmitarbeiter, denn reise-, urlaubs- oder krankheitsbedingte Unterbrechungen entfallen.

Was ist mit den zusätzlichen Kosten für mehr Büroraum, höhere Sozialleistungen und der für die Koordination benötigten Zeit?

Daß flexible Vereinbarungen höhere Kosten verursachen, ist – wie Forschungsergebnisse von Catalyst belegen – mehr Mythos als Realität. Auf den unteren Ebenen (und manchmal auch in höheren Positionen) kann man sich Büros teilen, was die Kommunikation fördert, denn die Job-Sharing-Partner haben dann ein gemeinsames Ablagesystem, können leichter telefonisch miteinander Verbindung aufnehmen und sind für Kunden und Kollegen besser erreichbar.

Auf allen Ebenen werden die Sozialleistungen anteilsmäßig aufgeteilt. Im Vergleich zu den Kosten des Mitarbeiterverschleißes oder des Produktivitätsabfalls überlasteter Angestellter verblassen die übrigen Kosten. Zudem mehren sich die Beweise, daß zwei Mitarbeiter, die Job-Sharing praktizieren, erheblich produktiver arbeiten können als ein Vollzeitbeschäftigter.

Ich akzeptiere die Tatsache, daß Frauen häufiger ihre Karriere unterbrechen, um Kinder zu bekommen, und daß sie dann aufgrund ihrer häuslichen und familiären Verpflichtungen nicht mehr so viel Zeit und Energie in ihre Arbeit stecken können. Wie können Sie den Vorschlag machen, daß ich Männern erlaube – oder sie gar dazu ermutige –, diese Verantwortung mit den Frauen zu teilen? Wenn ich das täte, dann könnte ich mich bei niemandem – außer bei kinderlosen Beschäftigten – darauf verlassen, daß er oder sie sich in allererster Linie für mein Unternehmen einsetzt.

Richtig. Aber solange Frauen die Hauptverantwortung in bezug auf Haushalt und Familie tragen, wird ihre Karriere (und ihr Beitrag zum Gewinn Ihres Unternehmens) verkümmern. Sie werden später ins Büro kommen, früher gehen, weniger reisebereit sein als ihre männlichen Kollegen, und sie können ohne vorherige Benachrichtigung nicht an Besprechungen außerhalb der Bürostunden teilnehmen. Würden Sie den Männern erlauben, sich die elterlichen Aufgaben mit ihren Ehefrauen oder Lebengefährtinnen zu teilen, könnte der Elternteil, der früher mit der Arbeit beginnt, abends Überstunden machen oder reisen muß, den anderen anrufen, damit dieser die häuslichen Aufgaben übernimmt. Sie würden zwar etwas Zeit und Engagement bei Ihren männlichen Beschäftigten opfern müssen, aber *unter dem Strich* würden Sie gewinnen, da sie beiden Ehepartnern eine verantwortungsvolle Topmanagementkarriere ermöglichen.

Sie sprechen so viel von Führungspersönlichkeiten. Was ist mit all den anderen?

Unternehmen neigen dazu, alle Neulinge als potentielle Führungspersönlichkeiten zu betrachten und dabei praktisch die große Mehrheit derer zu ignorieren, die nicht die Fähigkeit oder den Willen zum Aufstieg in Spitzenpositionen mitbringen. Daher freue ich mich über Ihre Frage. Aufgrund der geringeren Stellen im oberen Teil der Pyramide sind Sie gezwungen, neben stetigen Beförderungen und Gehaltserhöhungen auch alternative Auszeichnungen zu finden. Die einzige hochgeschätzte Gegenleistung, bei der Ihnen keine Kosten entstehen, ist die Flexibilität.

Was halten Sie davon, wenn Mitarbeiter bei Problemen mit der Kinderbetreuung ihre Babys mit zur Arbeit bringen?

Ich glaube, daß dies die Mutter ablenkt und die anderen Mitarbeiter im Büro stört. Eine gute Alternative ist die Einrichtung eines Kinderbetreuungszentrums für Notfälle. Die Anwaltskanzlei Wilmer, Cutler & Pickering führte 1986 als erste ein umfassendes derartiges Programm ein. Das Zentrum ist an sieben Tagen in der Woche geöffnet, an Werktagen von 9.30 Uhr bis 17.30 Uhr, und nimmt Kinder zwischen sechs Monaten und zwölf Jahren auf. Diese Einrichtung kostete 45 000 Dollar.

Die Kanzlei schätzt, daß sich die Investition bereits mehrfach amortisiert hat. Schon bald machte sich dieses Zentrum bezahlt; es standen 1400 Anwaltsstunden mehr als zuvor zur Verfügung. Als nächstes trat die Kanzlei Cravath in die Fußstapfen von Wilmer, Cutler & Pickering, und ich bin davon überzeugt, daß viele andere bald diesem Beispiel folgen werden.

Warum ist die Gleitzeit zunächst in Europa und jetzt auch in den Vereinigten Staaten so auf dem Vormarsch? Entstehen den Firmen nicht hohe Kosten, wenn die Mitarbeiter kommen und gehen, wann sie wollen, und während eines Großteils des Tages abwesend sind?

Die Menschen lernen den Umgang mit der Gleitzeit, indem sie sich Listen mit Themen machen, die sie mit ihren Kollegen besprechen müssen, und dann alle Punkte auf einmal in der »Kernzeit« abhandeln, die sich normalerweise von 10.00 Uhr bis 15.00 Uhr erstreckt. Gleitzeit bietet dazu zahllose Vorteile. Erstens können Sie auf diese Weise den Mitarbeitern Flexibilität ohne eine Arbeitszeitverkürzung einräumen. Die Beschäftigten benötigen zweitens weniger Zeit für den Arbeitsweg, da sie die Hauptverkehrszeiten vermeiden können. Drittens stehen den Kunden zu früheren und späteren Tageszeiten Repräsentanten des Unternehmens zur Verfügung. Der größte Vorteil aber ist, daß Eltern, die beide Gleitzeit in Anspruch nehmen können, sich so absprechen können, daß einer früh nach Hause geht und der andere vormittags später aufbricht und dann bis in den Abend hinein arbeitet. Auf diese Weise wird der Bedarf an Babysittern und die Zeit, die das Kind in einer Tagesstätte verbringt, auf ein Mindestmaß gesenkt, und das Familienleben beschränkt sich nicht auf die Abendstunden, in denen alle müde sind.

Vermittlung der Ergänzungseigenschaften

Trotz ihrer angeborenen Fähigkeiten wird das Potential der Frauen nicht vollständig ausgeschöpft, denn sie genießen nicht die optimale Förderung. Sie werden nicht in der gleichen Weise wie Männer vorbereitet und geschult; sie dürfen nicht die gleiche reiche Berufserfahrung sammeln; sie werden nicht, wie bei Männern von jeher üblich, von höherrangigen Führungskräften entdeckt, im Auge behalten und unter die Fittiche genommen. Um das Potential Ihrer weiblichen Beschäftigten effektiv zu nutzen, müssen Sie alles in Ihrer Macht Stehende tun, um sicherzustellen, daß Ihre weiblichen Beschäftigten die (von mir im vorherigen Kapitel *Ergänzungseigenschaften* genannten) Wesenszüge erwerben, die sie für den höchstmöglichen Aufstieg benötigen.

Ein Beispiel: Aus historischer Sicht werden Frauen besonders bezüglich ihrer Fürsorglichkeit sozialisiert, einer Eigenschaft, die ihnen in der Welt der Unternehmen weniger gute Dienste geleistet hat als die Aggresivität und Risikobereitschaft der Männer. Wir brauchen allerdings keine umfangreiche Untersuchung um herauszufinden, ob Frauen aggressiver oder weniger kampfeslustig als Männer sind. Sie müssen Ihren Mitarbeiterinnen nur zeigen, warum mehr Angriffslust nötig ist und wie sie aggressiver handeln können, wenn davon der Erfolg in Ihrem Unternehmen abhängt. Darüber hinaus müssen Sie natürlich Ihre Manager anweisen, Frauen, die diese Eigenschaft oder andere gemeinhin als »maskulin« geltende Wesenszüge bereits besitzen, nicht mit Mißfallen zu betrachten. Schließlich können Sie die ungleiche Sozialisation der Geschlechter überwinden, indem Sie der Versuchung widerstehen, die herkömmlichen Verhaltensmuster zu untermauern.

Wenn Sie in Ihrem Unternehmen oder in Ihrer Branche eine Eigenschaft sehen, die den Frauen anscheinend fehlt, dann identifizieren Sie sie und ergreifen Sie Abhilfemaßnahmen. Gehen Sie nicht davon aus, daß es sich um einen grundsätzlichen Unterschied zwischen Mann und Frau handelt, der nicht überbrückt werden kann.

Des weiteren befinden wir uns auf dem Weg von der Industriegesellschaft, in der Anweisungen und Kontrolle am besten funktionieren und Autorität und Aggression unerläßlich sind, zur Informationsgesellschaft, die von Kooperation und Entgegenkommen geprägt ist und in der Eigenschaften wie Sensibilität und Kommunikationsfähigkeit gefragt sein werden. Der Prozentsatz der Frauen, die auf den Arbeitsmarkt drängen, steigt sogar just zu dem Zeitpunkt, zu dem die traditionell weiblichen Eigenschaften und Fähigkeiten an Bedeutung gewinnen. Sie müssen vielleicht jetzt allmählich Ihre männlichen Angestellten darauf vorbereiten, daß eine Mäßigung des aggressiven, militärischen Modells der Vergangenheit ins Haus steht. Während Sie also Ihren Mitarbeiterinnen die Spielregeln und die Taktiken vermitteln, können Sie gleichzeitig die männlichen Beschäftigten zu Verhaltensänderungen anregen.

Manchmal kommt es im Rahmen einer Sitzung vor, daß weibliche Mitarbeiter in einer unpassenden Situation ihre Meinung äußern. Wie kann ich ihnen zu verstehen geben, wie sie sich zu benehmen haben?

Halten Sie sich vor Augen, wie lange es dauern würde, wenn Sie in die traditionelle Welt der Frauen vorstoßen wollten. Wie lange würden Sie brauchen, um ein Bett zu machen oder eine Mahlzeit zuzubereiten? Ich brauche nur meinem Mann zusehen, wie er sich abmüht, um alles fürs Abendessen bereitzustellen – sein vor kurzem vollzogener Schritt in diese komplizierte Welt der Frauen. Die Situation ist noch komplexer bei den Aufgaben der Frauen, die schwerer verständlich und nicht so leicht erlernbar sind. So sind es die Frauen, die in der Familie für eine breite Erfahrungsvielfalt ihrer Kinder sorgen, sie unterstützen und die Bindungen zwischen den Familienmitgliedern aufrechterhalten. Ist es Zufall, wenn Familien zusammenbleiben? Daß Leute eingeladen und angerufen werden? Wer schreibt die Geburtstagskarten? Diese wichtigen gesellschaftlichen Aufgaben, die zur Bewahrung einer sehr lohnenden Bereicherung des Lebens dienen (Bindung zur Familie und zu Freunden), werden von Frauen wahrgenommen. Männer dagegen halten sie für schwierig oder sogar kaum erfüllbar. Die Hilfestellung, die Männer beim Eintritt in die Welt der Frauen erhalten sollten, ist das Gegenstück zu der Unterstützung, die Sie den Frauen beim Vorstoß in die Männerwelt bieten sollten.

Auch die Männer kommen nicht in Ihr Unternehmen und wissen automatisch, wie sie sich benehmen sollen. Jeder muß das lernen – angefangen von der richtigen Kleidung bis hin zum geeigneten Zeitpunkt für eine Meinungsäußerung. Aber die Männer sind ihren weiblichen Kollegen gegenüber im Vorteil. Auf informeller Basis wurde ihnen stets eine Sonderbehandlung zuteil – die Arbeitswelt ist sogar eigens auf ihre Bedürfnisse zugeschnitten.

Männer fühlen sich als Vorbilder für jüngere Kollegen gleichen Geschlechts wohl. Sie schulen sie, unterrichten sie, setzen sie den Anforderungen der Unternehmenskultur aus. Sie geleiten ihre Kollegen auf dem Weg zu immer größerer politischer Raffinesse. Sie bewerten ihre Leistungen und fördern sie durch offene, konstruktive Kritik.

Einige Unternehmen bieten formelle Programme zur besseren Vorbereitung der weiblichen Führungskräfte auf Spitzenpositionen. Die in St. Louis beheimatete Monsanto Agricultural Company rief beispielsweise im Oktober 1988 einen elfwöchigen Schulungskurs für Führungskräfte ins Leben. Die Teilnehmerinnen werden von den Vizepräsidenten der Geschäftsbereiche ausgewählt und dann in Seminare eingeschrieben, deren Themen von der Geschäftsplanung bis hin zur Etikette am Arbeitsplatz reichen. Es werden ihnen auch Projekte zur Erweiterung ihrer Kenntnisse zugewiesen. Eine Mitarbeiterin aus der Fertigungskontrolle, die eine Position in der Werksleitung anstrebte, erwarb ihr Marketingwissen im Rahmen eines Projekts, das ein »Trainer« aus der Marketingabteilung überwachte. Die Absolvierung einer solchen Weiterbildung stellt zwar keine Beförderungsgarantie dar, doch fast ein Drittel der 31 Teilnehmerinnen kletterte auf der Karriereleiter nach oben.

Übrigens ist dieses Programm so erfolgreich, daß es inzwischen auch auf Männer ausgeweitet wurde.

Ich kann einer Frau nicht offen und ehrlich die Meinung sagen! Das würde sie doch aus der Fassung bringen.

Das ist nicht das Problem. Niemand hört gerne Negatives über sich (selbst wenn es treffend in konstruktive Worte verpackt wird – als Wachstumschance). Bei Frauen spielt jedoch noch ein weiterer Faktor eine Rolle: Sie selbst haben Angst, ihnen Feedback zu geben. Wenn Sie Frauen kritisieren sollen, sind Sie eingeschüchtert und fühlen sich unbehaglich.

Sie müssen erkennen, daß Ihre Mitarbeiterinnen eine ehrliche Einschätzung wollen und brauchen. Eine Leistungsbeurteilung könnte zum Beispiel ergeben, daß eine bestimmte Angestellte bei Sitzungen auf einer bestimmten Ebene sich nicht angemessen verhält, und zwar deswegen, weil sie nicht erkennt, daß es auf dieser Ebene um die konzeptionellen

Fragen und bei Sitzungen auf einer anderen Ebene um die praktische Umsetzung geht. Wenn die Leistungsbeurteilung ordnungsgemäß vorgenommen wird, wie dies auch bei einem Mann der Fall sein sollte, dann wird sie sich nicht darüber aufregen.

Anfang 1990 führte Pratt & Whitney im Rahmen eines strengen Geschäftsplans zur Qualitätsverbesserung ein überarbeitetes System zur Leistungssteuerung ein. Die Beurteilung gewährleistet eine objektive Leistungsmessung auf der Grundlage etlicher »Kompetenzen«, die sich aus der Zielsetzung und der Unternehmenskultur von Pratt & Whitney ableiten. Zu den Führungskompetenzen gehören die Fähigkeit, eine gemeinsame Vision zu gestalten, die Bevollmächtigung und Förderung von Mitarbeitern und die Auszeichnung von Verdiensten. Die persönlichen Kompetenzen beinhalten unter anderem technische Fachkenntnisse, Eigeninitiative oder die Fähigkeit, Kunden zufrieden zu stimmen. Die Leistung der Beschäftigten wird für jede einzelne Kompetenz anhand von Fallbeispielen gemessen; es gibt drei Bewertungsstufen: herausragend, voll zufriedenstellend und verbesserungsfähig.

Ein weiterer wichtiger Bestandteil dieses Verfahrens ist die Selbsteinschätzung der Mitarbeiter, in der diese die eigene Wahrnehmung ihrer Leistungen, Fertigkeiten, Bedürfnisse und Ziele für ihre Vorgesetzten zu Papier bringen. Auf diese Weise wird der offene Dialog zwischen Vorgesetzten und Mitarbeitern gefördert und ein Aktionsplan für Verbesserungen aufgestellt.

In diesem Zusammenhang spielt noch ein weiterer Aspekt eine Rolle, der sich auf meine Erörterungen zu den Unterschieden zwischen Mann und Frau bezieht. Viele Frauen machen ihrer Enttäuschung in Form von Tränen Luft; Männer hingegen drücken solche Gefühle häufig in Zornesausbrüchen aus. In der Welt der Unternehmen gilt letzteres als akzeptabel – zumindest für die männlichen Beschäftigten. Wenn Frauen wütend werden, können Männer damit auch nicht besser umgehen als mit Tränen. Meiner Ansicht nach wäre es hilfreich zu erkennen, daß es nicht das Ende der Welt bedeutet, wenn Frauen weinen. Es wäre auch keine Katastrophe, wenn auch die Männer ab und zu mal ein paar Tränen vergießen würden.

Ich weiß, daß Männer viel durch die Identifikation mit ihren Mentoren lernen können. In meinem Unternehmen gibt es aber auf diesen Ebenen keine Frauen, die als Vorbild dienen können. Wie kann ich da Abhilfe schaffen?

Mentorenprogramme lassen sich nur schwer institutionalisieren, doch einigen Unternehmen ist dies gelungen. Corning hat – wie auch einige andere Firmen – festgestellt, daß Mentoren eine positive Wirkung auf die Förderung und Bindung weiblicher Mitarbeiter haben. Mit einem höherrangigen Förderer oder Fürsprecher steigen Mitarbeiter und Mitarbeiterinnen tatsächlich oftmals schneller auf. Bei Corning gibt es pro Jahr für 16 Mitarbeiterinnen Weiterbildung; diese werden auf der Grundlage ihres Führungspotentials und ihres Interesses ausgewählt. Die Mentoren helfen ihren Schützlingen, fachliche Kompetenz und Karriereziele auszufeilen und ein Beziehungsgeflecht im Unternehmen aufzubauen.

Meine Beobachtungen haben ergeben, daß Männer dann am besten die Aufgabe des Mentors für Frauen übernehmen können, wenn sie erkennen, welche Vorteile es dem Unternehmen und damit auch ihnen selbst bringt, eine Frau mit einem hohen Maß an noch nicht entwickeltem Talent auszuwählen und ihr bei ihrer beruflichen Entwicklung unter die Arme zu greifen. Sie sollten den Aufstieg von immer mehr Frauen fördern, denn eine Frau kann einer Kollegin wohl am besten als Vorbild dienen.

Das Thema »Quotierung« bzw. gleichmäßige Zusammensetzung der Belegschaft mit Männern und Frauen ist heute in aller Munde. Die Leute in meiner Personalabteilung verwenden darauf viel Zeit, holen Berater ins Haus, verteilen Videos, veranstalten Klausurtagungen und endlose Diskussionen. Und es ist eine Verlagerung vom Management der Heterogenität hin zu ihrer Wertschätzung festzustellen. Worum geht es da eigentlich?

Wie Sie wissen, ist diese Heterogenität *tatsächlich* ein echtes Thema für die Wirtschaft. Wir sind nicht etwa plötzlich sensibler und mitfühlender »den anderen« gegenüber geworden (obwohl ich glaube, daß die Heterogenität der Belegschaft *wirklich* die Sensibilität und das Einfühlungsvermögen verbessern wird). Wir brauchen diese unterschiedlichen Gruppen, da unsere Wirtschaft weiter wächst, während die Bevölkerung seit 17 Jahren insgesamt zurückgeht.

Vor 25 Jahren zwangen Gesetze zur Gleichstellung und aktive Förderungsmaßnahmen zugunsten von Minderheiten (Affirmative Action) die amerikanischen Arbeitgeber, den Frauen Möglichkeiten zu eröffnen. Meist geschah dies in Form von Quotenregelungen. Aber diese Initiativen stellen keine der Konventionen am Arbeitsplatz in Frage, die das Fortkommen der Frauen lähmen können. Langfristig wirkt sich das in gewisser Weise negativ auf den Aufstieg der Frauen aus. Es gab bei den Unternehmen eine widerwillige Vogel-Friß-oder-Stirb-Reaktion, ähnlich der Haltung, mit der »weiße« Colleges in den 40er und 50er

Jahren ohne vorherigen Bildungsausgleich Schwarze aufnahmen, die getrennte, *un*gleichwertige High Schools besucht hatten. Aufgrund dieser Politik scheiterten in beiden Fällen viele völlig oder überlebten mit knapper Not dank ihrer Hartnäckigkeit und oft infolge verringerter Leistungsstandards, die zur weiteren Unterminierung der beruflichen Glaubwürdigkeit von Frauen und Minderheiten beitrugen.

Vor allem aber ignorierte die Gesetzgebung zur Chancengleichheit die Unterschiede zwischen den Geschlechtern. Man ging davon aus, daß Mann und Frau gleich seien und daß die Integration nur durch entsprechenden Druck erzwungen werden könne. Das war jedoch nicht der Fall. Es war vielleicht nicht gerade der Weg ins Verderben, doch war diese Vorgehensweise zum Scheitern verurteilt. Zu jener Zeit lautete die Botschaft an die Frauen, sie sollten sich genauso wie Männer verhalten und das männliche Vorbild nachahmen – es war die Ära der Kostüme im Anzugschnitt und der seidenen Halsschleifen. Als der Anteil der Frauen, Minderheiten und Einwanderer am Arbeitsmarkt stieg, entstanden neue Bedürfnisse, die nicht mehr von betrieblichen Maßnahmen erfüllt werden konnten, die die Unterschiede zwischen den einzelnen Gruppen ignorierten. Die Folge: Die »Heterogenität« trat auf den Plan.

Der erste Impuls war das »Management« dieser verschiedenen Gruppen – Frauen, Farbige, Asiaten und Hispanics –, wie auch die weißen Männer immer »gemanagt« worden waren. Aber die amerikanische Tradition des Schmelztiegels funktioniert nicht mehr. Wir leben im Zeitalter der Individualität. Die Unternehmen erkennen jetzt, daß man bei Menschen unterschiedlicher ethnischer Abstammung und verschiedenen Geschlechts große Talente ernten kann, weil sie alle neue Perspektiven in die Arbeitswelt einführen können. Aufgrund ihrer Traditionen, Lebenserfahrungen und Werte und ihrer Sozialisation und Kultur kann jede Gruppe auf einzigartige Weise einen Beitrag leisten und die Arbeit bereichern und vertiefen. Dies wiederum führt zur Erkenntnis, daß nicht nur die Belegschaft, sondern auch der Kunden- und Klientenstamm und der Kreis der Aktionäre immer heterogener wird. Daher müssen im Topmanagement unbedingt Menschen mit verschiedenem Hindergrund sitzen, die die Bedürfnisse, Werte und Konsumgewohnheiten all dieser Gruppen widerspiegeln. Das ist nicht nur recht und billig, sondern auch aus wirtschaftlicher Sicht vernünftig.

Sie haben auf den vorangegangenen Seiten beschrieben, wie man Frauen die richtige Unterstützung geben kann, wie man ihnen die Ergänzungseigenschaften – wie Sie es nennen – vermitteln kann. Das leuchtet mir ein. Sie haben erwähnt, daß Frauen Neulinge in einer traditionellen Männerwelt sind. Wie Sie bereits sagten, gibt es viele Dinge, die Frauen nicht wissen, und es ist ganz vernünftig, wenn die Unternehmen diese Lücken füllen. Aber ich frage mich, weshalb das nicht in der Diskussion über die Heterogenität angesprochen wird!

Weil erstens die Arbeitgeber gerichtliche Auseinandersetzungen befürchten und zweitens die Frauen Angst haben, daß man sie für anders als Männer halten könnte. Dennoch müssen die Frauen die Möglichkeit erhalten, mit den gleichen Aufstiegschancen an den Start zu gehen. Der Begriff der Heterogenität hat den Boden bereitet für die Identifizierung von Schwächen (und auch Stärken) und Bedürfnissen, die oftmals den Mitgliedern einer Gruppe gemeinsam sind, und wenn diese Fragen für die gesamte Gruppe gelöst werden, gilt das Gesetz der Größendegression. Der nächste logische Schritt sind Abhilfemaßnahmen – Vermittlung von Kenntnissen und Fähigkeiten zur Förderung der nötigen Weiterentwicklung. Es wurden zögernd Angebote wie zum Beispiel Selbstbehauptungsschulungen eingeführt, aber sie sind ins Stocken geraten. Den ersten Schritt müssen Sie gehen. Sie müssen Ihren Glauben an den Wert der Frauen in Ihrem Unternehmen vermitteln, weil Sie die betriebliche Notwendigkeit anerkennen. Sie müssen Ihre Entschlossenheit zum Ausdruck bringen, diesen Wert auszuschöpfen, indem Sie Ihren weiblichen Beschäftigten besondere Schulungsmaßnahmen zuteil werden lassen, die Frauen als Gruppe häufig benötigen. Übrigens ist es ebenso wichtig, die Männer in den Bereichen zu schulen, wo die traditionell weiblichen Stärken liegen.

Das Incentive-Programm für Führungskräfte der Firma Tenneco unterstreicht die Ziele des Unternehmens in bezug auf die Förderung von Frauen und Minderheiten, indem es einen beträchtlichen Anteil der für die einzelnen Geschäftsbereiche zur Verfügung stehenden Prämien davon abhängig macht, ob die jeweilige Sparte bei der Einstellung und Beförderung dieser Gruppen sämtliche erklärten Ziele erreicht.

Ich stimme Ihren Aussagen über die Vorteile einer heterogenen Belegschaft zu, aber irgend etwas verursacht mir Unbehagen. Ich kann nicht genau sagen, was es ist. Wissen Sie vielleicht, was ich meine?

Immer wenn von Heterogenität die Rede ist, spricht man in der dritten Person Plural. Weiße Männer sprechen über andere; »wir« und »sie« stehen einander gegenüber – die Mächtigen und die Schwachen. All das verstärkt die traditionelle Einstellung, daß es eine breite Mitte und Außenseiter gibt. Es wird beispielsweise die Frage gestellt, was Männer *für* Frauen tun können, und nicht, was Männer und Frauen gemeinsam erreichen können. Diese Betrachtungsweise verstärkt auch Stereotype, da hier die Unterschiede zwischen den Gruppen im Vordergrund stehen. Dies wiederum führt zu einem anderen Problem – man neigt.dazu, die Stärken jeder einzelnen Gruppe zu betrachten (zum Beispiel Kommunikationsfähigkeit der Frauen) oder nicht nach neuen Stärken zu suchen (wie zum Beispiel Einsatzwillen und Kampfbereitschaft), die einige Frauen durchaus mitbringen.

Es ist eine Gratwanderung: Heterogenität muß begeistert begrüßt, darf aber nicht überstrapaziert werden. Es ist ähnlich wie bei meinem Hinweis, daß wir jetzt über den Flexibilitätsbedarf der *Frauen* sprechen müssen, weil die Topmanager jetzt erkennen, daß Frauen bei der Kindererziehung die Hauptlast tragen, und sie bereits auf diese Bedürfnisse einzugehen beginnen. Wenn man aber über die Bedürfnisse der Frauen spricht, unterstreicht man damit die Vorstellung, daß Kinder Frauensache sind und nicht Sache der Eltern oder der Unternehmen. Wenn Sie also berufstätigen Müttern Flexibilität bieten, dann müssen Sie auch an die Ausweitung dieser Politik auf berufstätige Väter denken.

Es besteht noch eine weitere Gefahr. In unserer überschwenglichen Freude über die Entdeckung des wertschöpfenden Potentials verschiedener Gruppen am Arbeitsplatz – aufgrund ihrer unterschiedlichen ethnischen Herkunft, Sozialisation, Traditionen und geschichtlichen Erfahrungen – haben wir in gewisser Hinsicht unsere Ziele zu hoch gesteckt. Bedauerlicherweise können wir meiner Ansicht nach nicht mit einem Federstrich die Stereotype und vorgefaßten Meinungen aus dem Weg räumen, die Männer gegenüber berufstätigen Frauen hegen, und sie durch Begeisterung über die Anwesenheit von weiblichen Beschäftigten ersetzen. Schließlich beruhen Vorurteile einfach auf einem Mangel an Kenntnis, Erfahrung und Wissen – und ihr Abbau braucht Zeit. Denken Sie nur an den Widerstand gegen die Zulassung von Frauen in Männerclubs, gegen eine Störung des Ambientes. Ich sehe mich leider zu dem Vorschlag gezwungen, daß wir zunächst ein bescheideneres Ziel anstreben sollten: Gewöhnung an und Akzeptanz von berufstätigen Frauen. Begeisterung über die Heterogenität ist in dieser Hinsicht ein zu ehrgeiziges Ziel, das die Glaubwürdigkeit belastet und viele Männer dazu reizt, darüber zu spotten oder es als kurzfristiges Streben zu mißachten. Ich will damit keinen Augenblick lang behaupten, daß ich dieses Ziel nicht auf lange Sicht für realistisch halte. Aber ich glaube, daß wir einen Schritt nach dem anderen gehen müssen. In diesem Jahrzehnt wäre ich mit der Akzeptanz von Frauen im Berufsleben und möglicherweise mit einem gewissen Wohlwollen diesen gegenüber zufrieden.

Das Arbeitsumfeld verbessern

Wir haben davon gesprochen, was Frauen insgesamt brauchen, wenn sie sich an eine im Grunde homogene Männerwelt anpassen wollen. Die Männer wurden durch ihre Sozialisation auf das Berufsleben vorbereitet. Sie haben das Arbeitsleben auf ihre eigenen Bedürfnisse zugeschnitten. Sie lernten, wie man sich am Arbeitsplatz zu verhalten hat. Sie haben andere eingestellt, die genauso waren wie sie.

Jetzt wird diese Umgebung durch die Integration der Frauen einem weiteren Wandel unterzogen. Man muß auf verschiedenartige Bedürfnisse eingehen.

Zunächst einmal müssen Männer die Tatsache akzeptieren, daß Frauen Bestandteil der erwerbstätigen Bevölkerung sind. Sie müssen ihre vorgefaßten Meinungen und Stereotype über Bord werfen, um somit Frauen in jeder Hinsicht am Berufsleben teilhaben zu lassen – auf formeller wie auf informeller Ebene. Die Männer müssen die Frauen in ihrer Entwicklung unterstützen, ihnen zuhören, ihren Fortschritt begrüßen. Kurz gesagt, sie müssen erkennen, daß die Leistung der Frauen eine tiefgreifende Wirkung auf den Erfolg ihres Unternehmens hat, und sie müssen ihre Einstellungen und Verhaltensweisen entsprechend ändern.

Ich glaube nicht, daß Frauen wirklich mit so vielen Problemen zu kämpfen haben. Bei mir beschweren sie sich nicht.

Natürlich werden Sie nicht von vielen Problemen hören – es spricht ja niemand darüber! Warum sollten Ihre Mitarbeiterinnen zum Chef laufen, um sich zu beschweren? Sie haben ohnehin genug Angst, ohne daß man sie als Klageweiber und Petzen hinstellt oder ihre Loyalität dem Unternehmen gegenüber in Zweifel zieht. Zu Ihrem eigenen Wohl sollten Sie sich auf die Verschwörung des Schweigens einstellen, die Frauen daran hindert, über ihre Schwierigkeiten zu sprechen. Gehen Sie davon aus, daß das Arbeitsumfeld zersetzender ist, als man auf den ersten Blick meint.

Ihr wichtigster Schritt besteht in der Verbreitung der Botschaft, daß weibliche Beschäftigte für Sie eine wichtige betriebliche Ressource darstellen. Lassen Sie Ihre Mitarbeiter wissen, daß durch die Probleme der Frauen Ihrem Unternehmen Kosten entstehen – und daß Sie davon erfahren wollen, damit Sie die Hindernisse aus dem Weg räumen und die Kosten vermeiden können.

Wenn eine Frau sich zur Kündigung gezwungen sieht, müssen Sie den Grund dafür kennen, bevor sie das Unternehmen verläßt, damit Sie sich der Sache annehmen können. Sie müssen sie dazu ermutigen, über die von ihr erlebten Barrieren zu sprechen, denn wenn Sie diese Hürden nicht kennen, können Sie nichts dagegen tun. Die Frau aber ist der Ansicht, daß man sie für anders als einen Mann hält, wenn sie über ihre Probleme spricht, und »anders« bedeutet zweitklassig. Sie müssen also diesen Eindruck berichtigen, indem Sie zugeben, daß Frauen mehr Barrieren als Männer zu überwinden haben, und indem Sie diese Hindernisse als legitimes Thema in die Diskussion der betrieblichen Belange einführen. Gehen Sie noch einen Schritt weiter – zeigen Sie Ihren Mitarbeiterinnen, daß ihre Probleme Ihnen Kosten verursachen.

Ich sehe voll und ganz ein, daß ich einige Frauen in das Management befördern muß. Aber ich weiß wirklich nicht, wie ich das bewerkstelligen soll.

Bei unserer Untersuchung zum Thema Frauen im Management befragten wir von Catalyst die Führungsspitzen nach den Eigenschaften, die sie für besonders wichtig für einen Aufstieg ins Management hielten. Es bestand deutliche Übereinstimmung, daß Linienerfahrung ein Muß sei. Dennoch lautete die Antwort dieser leitenden Führungskräfte auf eine andere Frage, daß es ein zu großes Risiko sei, Managerinnen Linienverantwortung anzuvertrauen. Die Frauen befinden sich also in einer ausweglosen Situation. Sie müssen reichere Berufserfahrung sammeln, aber die Konzernleitung setzt sie nur ungern in den Bereichen ein, wo sie diese erwerben können.

Es trifft zu, daß Frauen häufig von Stabspositionen angezogen werden. Sie können ihnen auf dem Weg in die Linienfunktionen behilflich sein, die eine Voraussetzung für den Aufstieg in die höheren Führungsebenen sind. Damit beugen Sie auch dem Problem der Konzentration weiblicher Führungskräfte in den Stabspositionen und der daraus resultierenden Konkurrenz untereinander vor. (Frauen können sich statt dessen gegenseitig weiterhelfen – ein entscheidender Punkt.) Da uns eine Zeit der Personalknappheit ins Haus steht, können Sie es sich nicht leisten, alle Ihre Starmanagerinnen von dem Pfad fernzuhalten, der zum Topmanagement führt.

Meiner Ansicht nach müssen Sie zunächst bestimmen, welche Kriterien für das Erklimmen der höchsten Managementsprossen in Ihrem Unternehmen erfüllt werden müssen. Catalyst hat vor kurzem eine Untersuchung durchgeführt in einem Unternehmen, in dem die Beförderung der Frauen ein großes Problem war. Wir stellten fest, daß die Führungsspitze nicht zu einer Auflistung der genauen Anforderungen für Topmanagementaspiranten fähig war. Weibliche Führungskräfte können sich nicht einarbeiten, wenn sie diese Anforderungen nicht kennen. Und falls eine solche Definition nicht möglich ist, ist es dann vielleicht möglich, daß neben den angeborenen Begabungen auch andere Qualifikationen für die Beförderung eine Rolle spielen?

Ein weiterer wichtiger Faktor ist die Suche nach Talenten und Fähigkeiten bei den weiblichen Beschäftigten. Es war bisher nicht üblich, unter den Frauen nach Führungspersönlichkeiten zu suchen, aber jetzt müssen wir eine bewußte Anstrengung unternehmen. Dazu müssen wir bei Frauen Verhaltensweisen akzeptieren, die man traditionell mit erfolgreichen Männern verbindet, damit wir bei der Suche nach begabten Managern in der Anfangsphase der Karriere den Frauen die gleiche Aufmerksamkeit zuteil werden lassen wie ihren männlichen Kollegen.

Schließlich aber müssen Sie in bezug auf Ihre weiblichen Mitarbeiter einfach größere Risikobereitschaft zeigen. Bei den Frauen ist der Zermürbungsgrad höher, dennoch müssen Sie auf alle begabten Managerinnen setzen. Lassen Sie die Ergänzungseigenschaften beiseite – konzentrieren Sie sich vielmehr auf die Grundeigenschaften und bringen Sie Ihren Mitarbeiterinnen die erforderlichen Ergänzungseigenschaften bei. Jeder Mensch ist entwicklungsfähig. Unterstützen Sie Ihre weiblichen Beschäftigten in gleichem Maße wie Ihre männlichen Kandidaten, anstatt das zersetzende Umfeld aufrechtzuerhalten, daß heute so viele Frauen zur Kündigung zwingt.

Ehrlich gesagt steigen in unserem Unternehmen die Frauen nicht so auf, wie unsere Bemühungen erwarten ließen. Ist an diesem Gerede über eine unsichtbare Barriere etwas Wahres dran?

Ja, aber die Situation ist anders, als sie gemeinhin dargestellt wird. Ich glaube nicht, daß die Unternehmensleitung absichtlich eine Barriere aufbaut, um den Aufstieg der Frauen zu bremsen. Um ehrlich zu sein, ich kenne keinen einzigen Unternehmenschef, der nicht gerne eine oder zwei wirklich talentierte Frauen in hohen Führungspositionen sähe. Aber vom ersten Tag an muß eine Frau im Management mit den Hindernissen kämpfen, von denen ich gesprochen habe – Stereotype und vorgefaßte Meinungen, negatives männliches Verhalten etc. Ihre männlichen Kollegen kennen solche Barrieren nicht. Je weiter eine Managerin aufsteigt, desto isolierter wird sie. Die kumulative Wirkung dieser Erfahrung verhindert ihren Erfolg und bewirkt, daß ihre Karriere stagniert oder sie das Unternehmen verläßt. Das Schlimmste an diesem Gerede über unsichtbare Barrieren ist die Tatasche, daß es dazu verführt, dem Problem mehr Aufmerksamkeit als möglichen Lösungen zu schenken.

Ich sehe, wie Frauen über die Bildung von Arbeitsgruppen sprechen, und ich glaube, daß dies die negative Einstellung verstärkt. Auf jeden Fall sollten sich die weiblichen Mitarbeiter meiner Ansicht nach nicht während der Arbeitszeit über Frauenprobleme unterhalten; sie sollten sich mit Männern zusammensetzen und über geschäftliche Probleme diskutieren.

Legen Sie diese Meinung ab. »Frauenprobleme« *sind* geschäftliche Probleme. Ermutigen Sie Ihre hochrangigen Managerinnen zur Zusammenarbeit, zur gegenseitigen Unterstützung. Es wird schwer genug sein, sie zur Partizipation anzuspornen, denn gegenwärtig befürchten diese Frauen, daß man sie als »engstirnig« und »illoyal« abstempelt. Sie wissen, daß Engagement für »Frauenangelegenheiten« oftmals dazu führt, daß man von der Beförderungsliste gestrichen wird. Sie sollten genau umgekehrt verfahren.

Eine hergebrachte Aufstiegsmöglichkeit für Männer war die Beziehung zu einem Mentor und informelle berufliche Beziehungsnetze. Catalyst hat im Rahmen eines dreijährigen Projekts Frauengruppen in Unternehmen untersucht und unterstützt. Diese Studie erbrachte, daß viele Frauen es nicht wagen, sich solchen Gruppen anzuschließen, weil sie das mißtrauische Auge des Managements und Strafaktionen für die Gruppenmitglieder fürchten. Doch die Mitgliedschaft in einer solchen Gruppe hat für die einzelne und das Unternehmen eine konstruktive Wirkung. Da Frauen in leitenden Führungspositionen immer noch dünn gesät sind, können sie die dringend erforderlichen Mentorfunktionen nicht übernehmen. Frauengruppen im Unternehmen können hier als Ersatz dienen. Die Mitglieder tauschen ihre Erfahrungen aus, lernen voneinander und unterstützen einander. Sie helfen ihren Unternehmen, indem sie die Bedürfnisse der Frauen ansprechen und die Entscheidungsträger aufklären. (Sie ermutigen auch Topmanagerinnen und dienen als Informationskanal für Frauen in der Vorstandsebene.)

Ich denke mit Schrecken an Geschäftsreisen mit Frauen. Die Katastrophe scheint mir vorprogrammiert. Meine Ehefrau fragt sich, was da wohl abläuft. Auch für mich ist es schwer, mit Kundinnen zu reisen oder sie zu bewirten, ohne auf dumme Gedanken zu kommen. Bei diesen gesellschaftlichen Interaktionen bin ich sehr verkrampft. Wird sich das jemals ändern?

Wenn Sie mit einer Frau reisen, macht sich Ihre Gemahlin Sorgen. Auch Ihnen selbst bereitet das Kopfzerbrechen. Ihre Kollegin ist vielleicht attraktiv. Das alles ist aber größtenteils Einstellungssache. Sie haben eine Arbeitsbeziehung. Die Anerkennung dieses Problems ist bereits ein großer Schritt in Richtung auf den Umgang mit der Situation, da Männer und Frauen dann erkennen, daß sie sich beide Sorgen machen. Ob die beiden Geschlechter gesellschaftlich oder geschäftlich miteinander zu tun haben, die körperliche Anziehung ist immer gegeben. Im gesellschaftlichen Leben sind Sie daran gewöhnt, mit dem anderen Geschlecht umzugehen, aber Sie müssen erkennen, daß es auch im Berufsleben Frauen gibt.

Wissen Sie, viele Punkte, über die wir sprechen, lassen sich einfach auf meine Unbehaglichkeit Frauen gegenüber zurückführen. Ich fühle mich einfach nicht wohl, wenn ich mit Frauen zusammenarbeite.

Ich weiß. Das kommt daher, daß Sie traditionell andere Erfahrungen mit Frauen machten. Eine Reihe der im Geschäftsleben für Frauen angebrachten Verhaltensweisen sind für die Angehörigen einer älteren Generation fremd. Wenn eine Frau so aggressiv agiert wie ein Mann, gilt sie als zu karrieresüchtig. Wenn sie sich nicht kampfbereit gibt, wird sie nicht ernstgenommen. Aber Sie müssen sich von diesen überkommenen Vorstellungen lösen, da das im geschäftlichen Umfeld verlangte Verhalten sich von Ihren Erfahrungen im persönlichen Bereich unterscheiden kann.

Niemand verlangt von Ihnen, eine Frau zu heiraten, die für Sie ungewohnte Verhaltensweisen an den Tag legt – Sie sollen ihr lediglich alle Möglichkeiten zum Erfolg in Ihrem Unternehmen bieten, damit sie Ihren Gewinn steigern kann. Ich kenne einen Manager, dessen Töchter selbständige Karrierefrauen sind, dessen Gattin jedoch dem traditionellen Bild einer klassischen Ehe- und Hausfrau entspricht. Damit ist er zufrieden. Er sagte in meinem Beisein: »Warum sollte ein Mann eine Frau heiraten wollen, die so ist wie meine Töchter? Sie sind phantastisch, aber ich möchte eine solche Frau nicht als Gattin. Ich müßte ständig mit ihr herumstreiten.« Das ist in Ordnung, solange Sie diese Erwartungshaltung nicht auf das Berufsleben übertragen.

Meiner Ansicht nach ist diese Frage nach dem unbehaglichen Gefühl heute ein gravierendes Problem, das aber unweigerlich an Bedeutung verlieren wird. Lassen Sie mich das mit dem Gefühl vergleichen, das einen beschleicht, wenn man während eines Interviews auf Tonband aufgezeichnet wird. Anfangs ist man sehr befangen, aber bald gewöhnt man sich so sehr daran, daß man das Aufnahmegerät gar nicht mehr bemerkt. Bei den Berufsanfängern wirkt die Präsenz von Kolleginnen nicht mehr störend, da beide Geschlechter miteinander die Schulbank gedrückt, sich im College Schlafsäale und gesellschaftliche Erfahrungen geteilt haben, miteinander studiert und gemeinsam Karrierepläne und -träume gesponnen haben.

Wie können Sie diesen bereits begonnenen Prozeß erleichtern? Zum einen können Sie dafür sorgen, daß Ihren männlichen Beschäftigten eigene negative Verhaltensweisen bewußt werden. Das Verhalten kann man vor seiner Einstellung ändern, vor allem, wenn Sie auf die Bedeutung dieser Änderung für Ihren Geschäftserfolg hinweisen. Das klingt jetzt vielleicht recht theoretisch, aber stellen Sie sich einmal vor, Sie würden im Kopf Ihrer männlichen Mitarbeiter eine Art Schalter installieren, mit dem man zwei unterschiedliche Sichtweisen der Frau einstellen kann. In einer Schalterstellung sehen sie Frauen aus persönlicher, emotionaler Warte, wie sie sich aus ihren gesellschaftlichen, gefühlsmäßigen und sexuellen Beziehungen zum anderen Geschlecht ergibt. Die zweite Betrachtungsweise stellt die Rentabilität des Unternehmens obenan und beschäftigt sich auf faire Weise mit den beruflichen Fähigkeiten der Frauen. Eine gewisse Kohärenz zwischen diesen beiden Sichtweisen sollte wohl angestrebt werden. Bis dahin aber müssen jedoch die männlichen Mitarbeiter unter Umständen darin geschult werden, erfolgreiches Verhalten im Beruf zu akzeptieren, auch wenn sie im Privatleben niemals damit einverstanden wären.

Um diesen Übergang zu beschleunigen, können Sie gemischte Teams zusammenstellen. Bei einem Besuch an der Kellogg School of Management überraschte mich die ungewöhlich große Anzahl männlicher Studenten im Publikum bei meinem Vortrag. Ich sprach darüber mit einer der Organisatorinnen. Diese Studentin meinte, daß dies auf die ungewöhnliche Methode der Gruppenarbeit an der Kellogg-Hochschule zurückzuführen sei – alle Arbeiten werden von Männern und Frauen gemeinsam erledigt. Dies hat zur Folge, daß die Männer ihre Kommilitoninnen besser als Arbeitskolleginnen verstehen und Sensibilität für ihre eigene Rolle Frauen gegenüber entwickeln. Bei Corning erzielen Klausurtage für das Management eine ganz ähnliche Wirkung.

Ich bin überzeugt, daß sexuelle Belästigungen manchmal wirklich vorkommen. Aber ich kann einfach nicht glauben, daß meine männlichen Beschäftigten einer Frau in den Po kneifen würden.

Sie sollten das lieber glauben. Es passiert immer wieder. Sie können davon ausgehen, daß sexuelle Belästigungen in Ihrem Unternehmen genauso häufig vorkommen wie in der gesamten arbeitenden

Bevölkerung, es sei denn, Sie unternehmen etwas gegen ein solches Benehmen.

Das Spektrum ist natürlich breit gefächert und reicht von wirklich harmlosen, aber mißverstandenen Bemerkungen über unerwünschte Aufmerksamkeiten bis hin zur Belästigungen der übelsten Art, wie zum Beispiel die Forderung einer sexuellen Gegenleistung als Bedingung für die Anstellung oder Beförderung. Eine fast ebenso zersetzende Wirkung haben demoralisierende Anspielungen, vom Pin-up-Girl bis hin zur leichtbekleideten Aerobic-Trainerin, die in einer Konferenzpause auftaucht, wenn die nächste Sitzung von einer Frau geleitet wird.

Es handelt sich hier um ein schwieriges Problem – und es wird zusätzlich verkompliziert durch die Tatsache, daß Frauen dazu konditioniert werden, sexuell anziehend zu wirken, und daß die Männer auch Attraktivität erwarten und Frauen andernfalls bestrafen. Eine Wirtschaftsprüferin gewann vor kurzem einen Prozeß gegen ihren Arbeitgeber, der ihr die Beförderung zur Partnerin verweigerte mit der Begründung, sie eigne sich nicht für diese Position, da man ihr nahegelegt habe, mehr Make-up zu tragen und sich eine femininere Frisur zuzulegen. Andererseits ging es bei einem weiteren Prozeß der jüngsten Zeit um eine Frau, deren Rechtsanwaltskanzlei ihr gekündigt hatte, weil sie darauf bestand, vor Gericht sehr knappe Miniröcke zu tragen.

Die Frauen befinden sich also in einer schwierigen Lage. Eine der größten und renommiertesten Consultingfirmen hatte in ihrer Niederlassung in Los Angeles keine einzige Partnerin. Die Firmenleitung erkannte, daß diese Tatsache ihr enorme Kosten verursachen würde, und daher untersuchte sie die Angelegenheit. Es stellte sich heraus, daß der geschäftsführende Partner in diesem Büro Frauen sexuell belästigte. Er wurde auf der Stelle gefeuert.

Das ist die Realität. Und bis zu einem gewissen Grad ist unsere Verwirrung auch verständlich. Männer und Frauen begegneten einander entweder in gesellschaftlichen oder erotischen Situationen. Jetzt muß sich das ändern. Und die Arbeitgeber müssen bei diesem Wandel einen Part übernehmen.

Bei Du Pont wurde beispielsweise unternehmensweit ein Programm namens »A Matter of Respect« (Eine Frage des Respekts) eingeführt, dessen Ziel die Schaffung eines verantwortungsbewußten und respektvollen Arbeitsklimas ohne sexuelle Belästigungen und Diskriminierung ist. Zu dem Programm gehört ein vierstündiger Workshop, in dem Lehrvideos vorgeführt und diskutiert werden. Einige dieser Videos enthalten Sequenzen, in denen unverschämtes Verhalten an einem authentischen

Schauplatz gezeigt wird; auf einem anderen Band verleiht Du-Pont-Chef Ed Woolard seiner Mißbilligung sexueller Belästigungen Ausdruck. Im Rahmen von »A Matter of Respect« erhalten die Beschäftigten auch ein Handbuch, in dem die Unternehmenspolitik in punkto Belästigungen dargelegt wird; es gibt auch einen vertraulichen »heißen Draht«, der rund um die Uhr zur Verfügung steht.

Ganz gleich, ob Sie Frauen in Positionen befördern, in denen sie zum Erfolg Ihres Unternehmens beitragen können, oder ob Sie Ihre weiblichen Beschäftigten integrieren wollen, Sie müssen sich mit diesem Problem auseinandersetzen, da der Anteil der weiblichen Manager in Ihrem Unternehmen in Zukunft steigen wird.

Muß ich die Tatsache akzeptieren, daß Frauen viel schwerer an andere Standorte zu versetzen sind als Männer?

Die neueren Untersuchungen von Catalyst deuten ausnahmslos darauf hin, daß sich dieser Trend wandelt. Früher verdienten Frauen einen Bruchteil des Gehalts der Männer, und daher war es unwahrscheinlich, daß eine Familie zum Umzug bereit war, um die Karriere der Frau zu fördern. Heute jedoch beziehen bei Doppelverdienern 18 Prozent der Frauen ein höheres Einkommen als ihre Männer. Mindestens weitere 18 Prozent verdienen ebenso viel wie der Partner.[2] Wenn die Frauen sich die Verantwortung für den Lebensunterhalt der Familie mit ihren Ehemännern teilen, werden ihre Karrieren bei Umzugsentscheidungen eine genauso wichtige Rolle spielen wie die berufliche Laufbahn des Mannes.

Außerdem lehnen jüngere Angestellte beiderlei Geschlechts Versetzungen an einen anderen Ort ab. In Fokusgruppen von Catalyst betonen Frauen und Männer gleichermaßen, daß ein Standortwechsel auch für männliche Arbeitnehmer ein großes Problem sei.

Der schlimmste Fehler, den Sie in dieser Hinsicht begehen können, ist, eine Vermutung über die wahrscheinlichen Wünsche einer bestimmten Person aufzustellen, ohne dem oder der Betroffenen die Möglichkeit zur Entscheidung zu geben. Machen Sie sich auf eine Überraschung gefaßt. Sie meinen vielleicht, ein junges Paar wolle keine Wochenendehe führen, aber für viele Menschen ist dies ein lohnender Kompromiß. Einige Paare stellen sogar fest, daß sich diese Lebensform sehr gut für sie eignet. Sie arbeiten intensiv während der Woche und können dann am Wochenende ihre Freizeit miteinander genießen.

Wenn Sie noch die höheren Kosten hinzurechnen, die dem Arbeitgeber durch eine Versetzung an einen anderen Ort entstehen, dann haben

Sie allen Grund, andere Möglichkeiten zu finden, wie Ihre Angestellten die nötigen Erfahrungen erwerben und ihre persönlichen Bedürfnisse ausbalancieren können.

Ich möchte das Richtige tun, und wir sind bereit, entsprechende Programme einzuführen. Welche Voraussetzungen müssen darüber hinaus noch erfüllt sein?

Sensibilisieren Sie Ihre Manager. Als erstes müssen Sie im Rahmen von Schulungsprogrammen allen hochrangigen Mitarbeitern die neuen demographischen Realitäten und ihre Auswirkungen vermitteln. Nur dann werden die Führungskräfte die daraus resultierenden Folgen für Ihr Unternehmen verstehen. Schließlich sind es ja die Manager, die jetzt mit Frauen umgehen müssen, die Talente und Fähigkeiten in mannigfaltiger Gestalt erkennen müssen und denen die gewaltige Aufgabe zufällt, neue familiäre Bedürfnisse von Frauen und Männern zu erfüllen, während sie gleichzeitig dem alltäglichen Druck ihrer eigenen Position ausgesetzt sind.

Wollen Sie andeuten, daß ich die weibliche Kandidatin ernsthaft in Betracht ziehen sollte, wenn ich bei der Besetzung einer leitenden Linienposition die Wahl zwischen einem begabten und qualifizierten Mann und einer ihm ebenbürtigen Frau habe?

Es wäre naiv zu sagen: »Ich weiß nicht, beide sind gleich gut.«

Aber es wäre vollkommen verkehrt, wenn Sie unreflektiert den Mann auswählen würden.

Ich schlage vor, daß Sie beide Kandidaten in Betracht ziehen und Ihre Entscheidung sorgfältig abwägen. Die explizite Vorliebe, die in Ihrer Frage zum Ausdruck kommt, ist auf zwei Faktoren zurückzuführen: Babys und Barrieren. Wir haben diese beiden Themen bereits ausführlich erörtert. Wie Sie wissen, lautet mein Argument, daß die Hälfte Ihrer Manager unweigerlich eines Tages weiblich sein wird und daß die meisten dieser Frauen Kinder bekommen werden. Der klügste Kurs, den Sie als Unternehmer einschlagen können, besteht also darin, Kinder als Rekrutierungs- und Beförderungsfaktor beiseite zu lassen und sicherzustellen, daß Sie alle Aspekte der Mutterschaft möglichst effektiv handhaben. Wenn Frauen in Ihrem Unternehmen im Gegensatz zu ihren männlichen Kollegen Barrieren zu überwinden haben, sollten Sie diese Hindernisse tunlichst analysieren, angreifen und so bald wie möglich aus dem Weg räumen. Sie fordern jeden Tag große Produktivitäts- und Fluktuationsopfer.

Wenn Sie bei diesen beiden Punkten wirkliche Fortschritte in Richtung auf eine Gleichstellung anstreben, dann würde ich sagen: »Nehmen Sie die Frau.« Zunächst einmal mußte sie ganz andere Hürden überspringen als Ihre männlichen Beschäftigten. Ihre Ausdauer und Hartnäckigkeit wurden stärker auf die Probe gestellt als die des männlichen Kandidaten. Und sie mußte besser sein als er, um ihre derzeitige Position zu erreichen und als ebenso qualifiziert zu gelten wie er. Aber der entscheidende Faktor zugunsten der Bewerberin ist Ihr dringender Bedarf an weiblichen Identifikationsfiguren und Mentorinnen für jüngere Frauen, an Leitsternen auf den oberen Führungsebenen für die besten und begabtesten Berufsanfängerinnen.

Lassen Sie mich ein Bespiel anführen, daß sich vor kurzem in einer mittelständischen PR-Firma ereignet hat. Es handelt sich hier um einen Extremfall, den ich gewählt habe, weil er die möglichen Probleme von Unternehmen aufzeigt, die eine große Anzahl von Frauen im gebärfähigen Alter beschäftigen, sowie auch einen möglichen Lösungsansatz. Jonathan Rinehart ist der Chef von Adams & Rinehart, eine in weiten Kreisen anerkannte, erfolgreiche PR-Firma mit hohem Qualitätsniveau, die Konzerne und die Finanzbranche bedient. Diese Firma beschäftigt etwas über 60 Fachleute, von denen die Hälfte Frauen sind. 14 der weiblichen PR-Kräfte sind verheiratet. Im März 1991 hatten 9 dieser 14 Mitarbeiterinnen gerade ein Kind bekommen oder waren schwanger.

Adams & Rinehart bietet frischgebackenen Müttern sechs bis acht Wochen Mutterschutz bei voller Bezahlung; danach können die Beschäftigten drei Monate unbezahlten Erziehungsurlaub in Anspruch nehmen – was bisher noch kein Mann getan hat. Auf individueller Basis ermöglicht Adams & Rinehart ein gewisses Maß an Arbeitszeitflexibilität über diese Zeitspanne hinaus. Sie denken jetzt vielleicht, daß sich Rinehart in einer ziemlich mißlichen Lage befindet. Wenn alle dieser neun Spezialistinnen, wie ich vermute, ihre vollen drei Monate in Anspruch nehmen, wird er etwa 200 berechenbare Wochen verlieren (was vier Mitarbeiterjahren entspricht). Außerdem könnte man argumentieren, daß diese Frauen ja genug verdienten, um etwas auf die hohe Kante zu legen, und daß alle verheiratet sind, so daß ihr verfügbares Einkommen ausreichen würde, um ein paar Jahre lang auszusetzen oder auch den Beruf ganz aufzugeben.

Hat Jonathan Rinehart daraus gelernt? Wird er bei seiner Einstellungspolitik den Prozentsatz der männlichen Experten drastisch in die Höhe schrauben? Ich glaube nicht, und zwar aus folgenden Gründen:

Öffentlichkeitsarbeit ist eine frauenfreundliche Branche. Jeder Topmanger einer PR-Firma kann Ihnen bestätigen, daß viele der besten Kandidaten auf der Einstiegsebene College-Absolventinnen sind, daß diese Bewerberinnen unwiderstehlich gut sind und daß es schwierig ist, Männer mit vergleichbarem Talent aufzutreiben und anzuwerben. Tatsache ist also, daß Rinehart wahrscheinlich auch weiterhin über 50% Frauen unter seinen Neueinstellungen haben wird. Wenn nun das Durchschnittsalter der Erstgeburt bei Frauen in hochqualifizierten Berufen bei 31 liegt, werden sie im Schnitt sechs Jahre bei der Firma beschäftigt sein, bis sie eine Familie gründen. (Bei Adams & Rinehart waren die Frauen, die jetzt den Mutterschaftsurlaub in Anspruch nehmen, im Durchschnitt vier Jahre dabei.) Bis dahin wird die Firma beträchtlich in die Schulung und Erfahrung der leistungsfähigsten Mitarbeiterinnen investiert haben.

Das ist der erste Grund. Zweitens hat aber Rinehart bereits Anstrengungen unternommen, um ein phantastisches Arbeitsumfeld für seine weiblichen Beschäftigten zu schaffen. Die Frauen, die in Mutterschutz gehen, wissen, wie sehr man sie schätzt, und ihrer Produktivität stehen nicht mehr Hindernisse im Weg als ihren männlichen Kollegen. Sie identifizieren sich mit der Firma und werden sorgfältig planen, damit ihre Arbeit auch während ihrer Abwesenheit erledigt wird.

Drittens hat die Firma Adams & Rinehart Praktiken eingeführt, die Frauen die Zeit zugestehen, die sie benötigen, um nach dieser gewaltigen Veränderung in ihrem Leben wieder ins Gleichgewicht zu kommen, sich nach einer guten Kinderbetreuung umzusehen und dann frisch und voller Elan wieder an die Arbeit zu gehen. Sie können dazu Mutterschutz, Erziehungsurlaub und die Rückkehr auf Teilzeitbasis miteinander kombinieren. (Die außerordentlich wichtigen kreativen grauen Zellen dieser Frauen schalten sich nicht aus, wenn sie beispielsweise um die Mittagsstunde nach Hause gehen).

Viertens ist es äußerst unwahrscheinlich, daß nach dem Mutterschaftsurlaub Zermürbungserscheinungen auftreten. Frauen, die in dieser anspruchsvollen Umgebung aufblühen, bringen von Natur aus Einsatzwillen mit und brauchen die Stimulation, Herausforderung und Autonomie, die ihnen ihr Beruf bietet. Ihre Karriere spielt eine zentrale Rolle in ihrem Leben. Es würde mich keineswegs überraschen, wenn sie alle wieder an den Arbeitsplatz zurückkehren würden – wenn auch mit ganz unterschiedlichen Zeitplänen.

Schließlich wird es sich herumsprechen, welche Leistungen Adams & Rinehart für junge Mütter bietet, und demzufolge wird die Firma noch mehr der besten und begabtesten Bewerberinnen einstellen können als bisher.

Ich sehe nur zwei Probleme für diese Firma. Zum einen sind da die vier verlorenen Mitarbeiterjahre. Dies ist natürlich eine erhebliche Aufwendung, die jedoch mit der Zeit an Bedeutung verlieren wird, wenn immer mehr Unternehmen sie als unvermeidliche Kosten der Geschäftstätigkeit mit einer gleichmäßig aus Frauen und Männern bestehenden Belegschaft anerkennen. Halten Sie sich einen ähnlichen Fall vor Augen: Die meisten amerikanischen Unternehmen betrachteten die Krankenversicherung für ihre Beschäftigten als unzumutbare Ausgabe, als diese Idee erstmals aufkam. Heute bieten sie die meisten US-Großunternehmen standardmäßig an.

Das zweite Problem ist die Tatsache, daß Frauen immer noch die Hauptverantwortung für Haushalt und Familie tragen. Dieses Phänomen spielt bei Adams & Rinehart möglicherweise eine untergeordnetere Rolle, da viele dieser jungen Mütter wohl genauso viel oder auch mehr als ihre Lebenspartner verdienen, die wiederum möglicherweise mehr Aufgaben zu Hause übernehmen als der Durchschnittsmann. Wenn die Arbeitgeber dieser frischgebackenen Väter ihnen mehr Spielraum zur Beteiligung an der Kinderversorgung ließen, hätten die Frauen von Adams & Rinehart die Freiheit, einen größeren Beitrag in ihrer Firma zu leisten.

Wenn mein Unternehmen eine Führungsrolle in bezug auf Beruf und Familie übernimmt, wenn wir wirklich auf die familiären Bedürfnisse unserer weiblichen und männlichen Beschäftigten eingehen, welche Botschaft vermitteln wir dann unseren karrierebewußteren Arbeitnehmern? Werden sie uns alle verlassen?

Ich glaube, daß Sie in diesem Fall auf *nichts verzichten* müssen. Ihr Ziel ist es, die allerbesten Frauen (und Männer) einzustellen und an sich zu binden, ob sie nun Kinder haben oder nicht. Ein Eingehen auf die familiären Bedürfnisse beider Geschlechter ist eine Lösung. Wenn Ihre Familienpolitik allgemein bekannt wird, dient sie als Anreiz für Frauen und Männer, die Kinder oder einen Kinderwunsch haben. Aber Sie werden Ihren weiblichen Beschäftigten – wie auch Ihren Klienten und Kunden, Ihren Aktionären und männlichen Angestellten – auch eine weiterführendere Botschaft vermitteln. Sie werden verstehen, daß Sie die talentiertesten Frauen rekrutieren und halten wollen und daß dieser Wunsch so stark ist, daß Sie so weit wie möglich auf die familiären Bedürfnisse der Frauen mit Kindern eingehen *und* die Barrieren für die Produktivität aller Frauen aus dem Weg räumen.

Wie kann ich ein Interesse an einer Veränderung des betrieblichen Umfelds zugunsten der weiblichen Beschäftigten bekunden, ohne dabei gleich alle möglichen Erwartungen zu wecken?

Sie müssen Erwartungen wecken, denn andernfalls zweifeln Ihre Mitarbeiterinnen, daß sich am Status quo jemals etwas ändern wird.

Der Arbeitgeber unternimmt den ersten erleichternden und vertrauensbildenen Schritt. Die Frauen können das nicht; das wäre immer noch zu riskant für sie. Und ganz ehrlich gesagt wäre es auch für die Arbeitgeber selbst schwierig – wenn sie nicht gleichzeitig weitreichende Maßnahmen ergreifen. Sie müssen Ihrer Überzeugung Ausdruck verleihen, daß fähige Frauen in Ihrem Unternehmen erwünscht sind und gebraucht werden, daß Mitarbeiterinnen, die gute Leistungen erbringen, bei Ihnen hoch im Kurs stehen, und daß Sie alles Erdenkliche tun werden, um die Produktivität Ihrer weiblichen Beschäftigen zu steigern und sie zu halten. Selbst wenn der Zustand der Vollkommenheit noch nicht erreicht ist – wenn noch nicht alle Programme eingeführt sind, wenn die Unterstützung noch nicht ausreicht und wenn noch immer Barrieren existieren – können Sie das Thema zur Sprache bringen. Bei Ihnen herrscht vielleicht noch nicht ein ideales betriebliches Umfeld, aber Sie können Ihre Vorhaben genau erläutern und die Frauen einbeziehen – zum Beispiel, indem Sie sie in Arbeitsgruppen zur Problemerkennung und Formulierung von Lösungsempfehlungen berufen.

Sie können sagen: »So sieht unser Erziehungsurlaub aus. Hier sind unsere flexiblen Beschäftigungsangebote. Wir haben eine Reihe von Barrieren erkannt und Maßnahmen ergriffen, um sie zu beseitigen. Bisher ist nur eine begrenzte Anzahl von Frauen auf den höheren Führungsebenen zu finden. Die Lösung der Probleme dauert ihre Zeit. Das kann nicht über Nacht geschehen. Aber wir tun, was wir können, denn unsere Triebfeder ist der Unternehmenserfolg. Wir haben die Situation in unserem Unternehmen aus objektiver Warte betrachtet und haben beschlossen, diese Probleme ganz anders anzupacken als in der Vergangenheit. Wir wollen Frauen fördern. Wenn Sie also Talent mitbringen, werden wir alles tun, um Ihnen zu Wachstum und Aufstieg zu verhelfen.«

Dann können Ihre Mitarbeiterinnen ganz aufrichtig mit Ihnen über ihre Pläne sprechen. Sie wissen, daß Sie ein offenes Ohr haben werden. Sie haben erstmals die Verschwörung des Schweigens durchbrochen.

Und das ist großartig. Sie haben dann einen Vorsprung gegenüber jenen Unternehmen, von denen ich sagte, daß sie sich auf dem Weg in eine Sackgasse befinden, weil sie die falschen Dinge richtig machen. Sie lassen Unternehmen, die planlos handeln, um Längen hinter sich. Sie bewegen sich in die richtige Richtung.

Aber eine Aufholjagd allein ist nicht genug. Wenn Sie diesen Fehler begehen, werden Sie zwar heute vorn liegen, aber morgen aufwachen und feststellen, daß Sie ins Hintertreffen geraten sind. Und das wollen Sie mit Sicherheit vermeiden.

Sie haben bereits alle wichtigen Veränderungen vorgenommen. Sie haben das Spielfeld für Frauen *als Gruppe* geebnet. Der letzte Schritt besteht in einem Umdenken, insbesondere in bezug auf den Einsatz der Human Ressources in einem erfolgreichen Unternehmen. Heute steht Ihnen zur Erfüllung Ihrer Bedürfnisse insgesamt das gleiche Talent und der gleiche Elan zur Verfügung wie früher – nur sind diese Eigenschaften in Ihrer Belegschaft anders verteilt. Die Kunst besteht darin, zu lernen, wie man dieses Potential nutzen kann. Sie müssen einen Weg finden, wie Sie die begabtesten *Menschen* in Ihrem Unternehmen aufspüren können und ihnen dann den Weg ebnen. Im nächsten Kapitel werde ich beschreiben, wie Sie dabei vorgehen können.

Kapitel Drei

Das Spielfeld anheben

Im vorherigen Kapitel habe ich erläutert, wie man Frauen als wirtschaftliche Notwendigkeit begreifen kann. Ich habe Unterstützungsmaßnahmen vorgeschlagen, die allen Frauen zugute kommen, und den Beitrag angesprochen, den Frauen im Betrieb als Gruppe leisten können. Ich habe die Unterschiede zwischen den Geschlechtern erörtert, die Arbeitgeber erkennen müssen, wenn sie ihren weiblichen Beschäftigten den Weg ebnen wollen.

Ein Spielfeld ohne Hürden, auf dem Frauen mit den gleichen Voraussetzungen an den Start gehen können, ist nur der erste Schritt. Im zweiten Schritt müssen Sie Ausschau halten nach den Stärken jedes einzelnen Mitarbeiters, ungeachtet seines Geschlechts. Nach der Gleichstellung aller Beschäftigten werden Sie eine Palette von Fähigkeiten erkennen. Dann können Sie sich auf die Suche nach den jeweils besten Kandidaten auf jeder Ebene machen.

Dazu darf man nicht mehr nur den Bedürfnissen ganzer Gruppen entgegenkommen. Man muß ein Arbeitsumfeld schaffen, das allen fähigen Individuen zu jedem Zeitpunkt ihres Lebens Attraktivität, Motivation, Herausforderung und Vorzüge bieten kann.

Meiner Meinung nach müssen wir gründlich nachdenken über einen Punkt, der über die Fähigkeiten einer Person hinausgeht: über ihre Motivation nämlich. Wir müssen weiterhin fragen, wie qualifiziert einzelne Menschen für bestimmte Aufgaben sind, aber wir müssen auch die Frage stellen, welches *Ziel* diese Menschen erreichen wollen.

Absolventinnen des hochangesehenen MBA-Programms der Wharton School of Business haben mir erzählt, daß sie ihren Ehering abnehmen, wenn sie zu einem Bewerbungsgespräch gehen. Diese Frauen gingen davon aus, daß sie von vornherein als suspekt galten, weil man annahm, daß ihr familiäres Engagement ihre Einsatzbereitschaft im Beruf untergraben könne. Jetzt sind eigentlich *alle* suspekt. Weshalb?

Weil die Geschlechtszugehörigkeit nicht mehr die Karriereziele des einzelnen diktiert. Heutzutage können Sie sich nicht mehr auf eine Führungsmannschaft aus männlichen Alleinverdienern verlassen, die ihr Leben lang intensiv ihrem beruflichen Ergeiz frönen. Aber dieser Verlust wird ohne weiteres wettgemacht von der Verfügbarkeit einer ganzen Heerschar von Frauen, die – wie ihre männlichen Kollegen – unterschiedliche Ambitionen und Talente besitzen.

Die Unterrichtsmethode einer Kunstlehrerin eines meiner Söhne dokumentiert jene Lektion, die wir lernen müssen. Sie geht davon aus, daß die meisten Menschen keine realistischen Zeichnungen anfertigen können, weil sie in die zu zeichnenden Menschen und Gegenstände ihre vorgefaßten Meinungen einfließen lassen, die ihnen schon in der Kindheit vermittelt wurden. Wir können nur dann ein genaues Bild von einem Gegenstand oder einer Person wiedergeben, wenn wir diese visuellen Vorurteile – das »Wissen«, das uns im Weg steht – beiseite schieben und sehen, wie unser Objekt wirklich aussieht. Betty Edwards, die Kunstlehrerin, bringt das ihren Schülern bei, indem sie die zu zeichnenden Gegenstände »unkenntlich« macht, sie auf den Kopf stellt oder den von einem Objekt erzeugten Raum und nicht den Gegenstand selbst in den Vordergrund stellt. Ihre Schüler zeichnen nach fünf oder sechs Tagen statt Strichmännlein wunderbar abwechslungsreiche Selbstporträts. Dem ist wohl nichts hinzuzufügen.

Wenn Sie Ihre vorgefaßten Meinungen über Bord werfen und sich statt dessen überlegen, was eine bestimmte Person – ob Mann oder Frau – kann oder gerne tut, dann werden Sie die einzigartigen Fähigkeiten dieser Person in ungeahnter Weise zu schätzen lernen. Sie werden die aggressive, risikofreudige Frau mit angeborenem Geschäftssinn ebenso entdecken wie den fürsorglichen Mann, der gerne kocht und mit dem Alltag seiner Kinder vertraut sein möchte. Sie werden lernen, wie Sie den Beitrag vieler Menschen schätzen und nutzen können, die heute zu wenig akzeptiert werden, da sie nicht in unsere typischen Geschlechterrollenklischees passen.

Der einzige Nachteil, den die Arbeitgeber bei der Aufgabe ihrer vorgefaßten Meinungen hinnehmen müssen, ist eine anfängliche Verwirrung. Entscheidungsträger sind an gewisse Strukturen gewöhnt, die den Rahmen für die wahrscheinliche Entscheidung von Männern und Frauen in bezug auf ihr berufliches Engagement abstecken. Ich halte eine strukturierte Betrachtung der Bedürfnisse des einzelnen für nützlich, selbst wenn wir erkennen, daß kein Mensch dem anderen gleicht.

Die Glockenkurve der individuellen Entscheidung

In Abbildung 3.1 finden Sie die einfachste Darstellung der individuellen Berufsentscheidungen, die ich mir vorstellen kann. Einige Menschen arbeiten, um zu leben. Ich möchte sie »familien- (und freizeit-)orientiert« nennen. Andere leben, um zu arbeiten; sie sind »Karrieremenschen«. Die Glockenkurve zeigt auf der horizontalen Achse die Bandbreite der individuellen Optionen. In der Mitte der Kurve befinden sich diejenigen Menschen, die sich gleichermaßen für Beruf und Familie einsetzen.

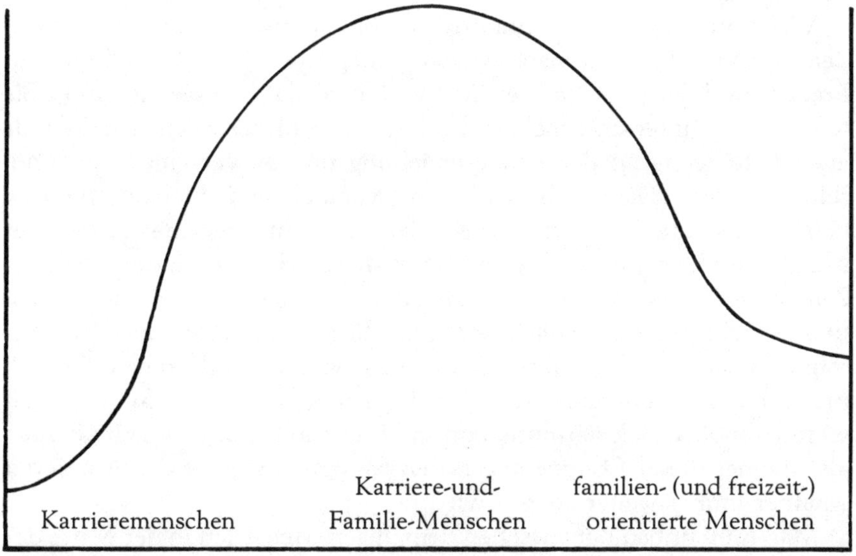

Abbildung 3.1 Die Glockenkurve der individuellen Entscheidung

Alle Menschen, gleich welchen Geschlechts, ordnen sich an verschiedenen Stellen entlang der Glockenkurve ein. Sie mögen ihre Positionen im Laufe ihres Lebens wechseln, aber zu jedem Zeitpunkt befindet sich jeder Mensch an irgendeiner Stelle des Spektrums.

Ich bin bereits einmal wegen einer groben Verallgemeinerung in Schwierigkeiten geraten, aber ich bin fest davon überzeugt, daß es nicht nötig ist, die vielen tausend Varianten einzeln aufzuführen, wenn man den Arbeitgebern die individuellen Berufs- und Familienmuster begreiflich machen möchte. Sie unterscheiden sich mit Sicherheit so stark voneinander wie Schneeflocken und ändern sich kontinuierlich.

Wenn man jedoch das ganze Spektrum betrachtet, ergibt sich dennoch das folgende Bild: Am einen Ende der Skala findet man die relativ geringe Anzahl von Menschen, die sich ausschließlich ihrer Karriere widmen. In der Mitte befinden sich diejenigen, die sowohl im Beruf als auch in der Familie erstklassige Leistungen erbringen wollen. Am anderen Ende der Glockenkurve stehen diejenigen Menschen, die sich mit der Arbeit lediglich den Lebensunterhalt verdienen, weil ihnen andere Dinge, wie zum Beispiel ein intensives Engagement in der Familie oder ein besonderes Hobby, wichtiger sind. In der Realität ist heute keine dieser Zielsetzungen ausschließlich Männern oder Frauen vorbehalten.

Wenn man eine Momentaufnahme der Kurve zu einem beliebigen Zeitpunkt macht, wird man wahrscheinlich feststellen, daß die meisten Frauen und Männer in der Mitte der Skala angesiedelt sind. Sie wollen – in unterschiedlichem Maße – sowohl beruflichen Erfolg als auch Beteiligung an der Kindererziehung und an verschiedenen Freizeitaktivitäten. Dann gibt es einige Männer und Frauen, die sich nahezu ausschließlich auf ihre Karriere konzentrieren; der Anteil der Männer ist hier größer, aber selbst in dieser Hinsicht ändern sich die Zahlen, je mehr Männer sich ein vielschichtigeres Leben wünschen und je mehr Frauen verstärkt ihre beruflichen Ambitionen in den Mittelpunkt rücken. Und dann gibt es einige Männer und Frauen, die sich praktisch ausschließlich der Kindererziehung und dem Haushalt widmen wollen. Ich vermute, daß in absehbarer Zukunft mehr Frauen als Männer dieser Gruppe angehören werden, daß aber der Anteil der Männer immer weiter steigen wird.

Man muß unbedingt zwischen denjenigen Menschen in der Mitte des Spektrums – ich nenne sie »Karriere-und-Familie-Menschen« – und den »Karrieremenschen« unterscheiden, wenn man verstehen möchte, welche beruflichen Erwartungen man in die jeweiligen Gruppen setzen kann.

Für einen Karriere-und-Familie-Menschen ist die berufliche Laufbahn zwar ein wichtiges, aber nicht das einzige Ziel. Diese Männer und Frauen sehen die Herausforderungen und Belohnungen ihrer beruflichen Leistungen als wesentlich an, messen aber auch anderen Aspekten ihres Lebens eine zentrale Bedeutung bei. Selbst innerhalb dieser Gruppe gibt es Unterschiede in bezug auf die Priorität von Beruf und Familie und – was genauso wichtig ist – in der Bandbreite der außerfamiliären Interessen. Einige Menschen widmen sich in gleichem Umfang, aber ausschließlich, ihrem Beruf und ihrer Familie und opfern dafür

Freundschaften, Freizeit, soziales Engagement oder andere externe Interessen. Anderen konzentrieren sich mehr auf Familie als auf den Beruf, unter Ausschluß aller anderen Aktivitäten.

Obwohl ein Karriere-und-Familie-Mensch sich nicht das Letzte für seinen Beruf abringt, kann sich sein Arbeitgeber darauf verlassen, daß er seine Pflichten erfüllt und bei Bedarf zur Verfügung steht. Und dieser Mensch ordnet in der Mitte seines Lebens möglicherweise sogar seine Prioritäten neu und setzt sich verstärkt für seine Arbeit ein. Auf jeder Sprosse der Leiter muß der Arbeitgeber bereit sein, seine Beschäftigten zu beurteilen, und der Arbeitnehmer muß seine Bereitschaft zur Änderung seiner Karriereorientierung einschätzen.

Karrieremenschen hingegen werden von einer inneren Kraft in eine bestimmte Richtung getrieben. Diese Kraft reicht von einer starken Fokussierung auf den Beruf bis hin zu einer ausgesprochenen Obsession. Hinter diesem Trieb muß nicht unbedingt ein wirtschaftliches Ziel stehen; die Zielsetzung kann am entgegengesetzten Ende meiner Glockenkurve angesiedelt sein – beispielsweise eine soziale Mission, ein familiäres Ziel oder eine politische, philantropische oder sportliche Leistung. Ein ebenso vielfältiges Bild bieten die Motivationen der Karrieremenschen; es finden sich Machthunger, Streben nach Sicherheit oder Wohlstand, Profilierungswünsche oder das Streben nach Ruhm, Anerkennung und Autonomie. Manchmal steht dahinter einfach nur die Liebe zum gewählten Beruf.

Eine Kombination aus vielen Faktoren ermöglicht den Aufstieg in Führungspositionen in den Unternehmen und in freien Berufen. Zumindest in der Vergangenheit entstammten die meisten Führungskräfte dem karriereorientierten Bereich der Glockenkurve – obwohl es immer in jedem Beruf möglich war, durch außergewöhnliche Fähigkeiten und nur ein kleines Quentchen Fleiß oder durch überdurchschnittlich hohe Intelligenz oder Kreativität oder aufgrund von Kompetenz und politischer Klugheit die Spitze zu erklimmen.

Intensives Streben ist unweigerlich mit einer Begleiterscheinung verbunden. Das Leben eines zielstrebigen Menschen kreist um sein Ziel. Karrieremenschen machen beispielsweise ihren Beruf zum Mittelpunkt ihres Lebens. Familienorientierte Menschen bauen ihr Leben um die Familie herum auf. Aber meiner Ansicht nach steht bei Karrieremenschen und karrierebetonteren Karriere-und-Familie-Menschen immer das Hauptziel im Vordergrund – selbst in der Freizeit. Im Hinterkopf denken sie immer daran. Die Synapsen sind offen und empfänglich. Das nennen wir gewöhnlich ein intuitives Bewußtsein, das Ideen entwickelt und die Sensibilität fördert für Probleme und Chancen in bezug auf das angestrebte Ziel.

Viele Menschen spüren diesen Antrieb schon vom Tag ihrer Geburt an. Bei anderen entsteht er durch eine neue Erfahrung oder eine Chance. Für manche steht dieses Ziel einmal während einer begrenzten Zeitspanne im Vordergrund; bei anderen treten solche Phasen immer wieder in unterschiedlichen Abständen auf. Je mehr sich ein Mensch auf ein bestimmtes Ziel konzentriert, desto wahrscheinlicher ist es meiner Ansicht nach, daß die »Initiierung« in jungen Jahren erfolgte und auf unbegrenzte Dauer anhalten wird.

Meines Wissen gibt es keinen Beweis dafür, daß dieser Antrieb geschlechtsbezogen ist. Die Zielsetzung – ob sie nun im weitesten Sinne auf den Beruf oder die Familie ausgerichtet ist – wird jedoch stark von Traditionen und der Sozialisation beeinflußt. Vielleicht wird sie zum Teil sogar von genetisch programmierten Reaktionen bestimmt. Wichtig in diesem Zusammenhang ist jedoch, daß Frauen und Männer in gleichem Maße einen solchen Antrieb besitzen können.

Arbeitgeber müssen unbedingt verstehen, daß Frauen sich in ihrem Beruf genauso einsetzen können wie Männer. Zwei Faktoren führen in bezug auf das weibliche Karrierestreben zur Verwirrung.

Erstens neigen die Männer in den Führungsetagen der Unternehmen dazu, Frauen als homogene Gruppe zu betrachten. Frauen werden gerne in einer groben Verallgemeinerung für weniger engagiert gehalten. Dabei entsteht die Gefahr, daß begabte Frauen, für die ausschließlich ihr Beruf zählt oder für die der Beruf eine größere Rolle als die Familie spielt, nicht rechtzeitig entdeckt werden, so daß sie nicht jene umfangreiche Berufserfahrung sammeln können, die Voraussetzung für den Aufstieg in die Spitzenpositionen ist. Tag für Tag entdecken die Arbeitgeber Männer, die das Zeug zum Topmanager haben; selbstverständlich gibt es auch Frauen mit solchen Begabungen.

Der zweite Faktor, der, oberflächlich betrachtet, der Fähigkeit der Karriereorientierung der Frauen entgegensteht, ist eine Kombination »objektiver« Kriterien: die im allgemeinen kürzere Erwerbstätigkeit, Karriereunterbrechungen, das Ausmaß der Teilzeitbeschäftigung. Diese Tendenzen spiegeln zwar den Sittenkodex unserer Gesellschaft wider, bedeuten aber nicht, daß einzelne Frauen ihrem beruflichen Fortkommen weniger Bedeutung beimessen.

Zukunftsorientierte Arbeitgeber müssen vor allem erkennen, daß sie das Talent der Karriere-und-Familie-Menschen und der reinen Karrieremenschen weitaus wirkungsvoller ausschöpfen können, als sie das gegenwärtig tun. Wenn man den Beitrag verschiedenartiger Einzelwesen erkennen und nutzen möchte, ist eine Änderung einiger Grundprinzipien erforderlich, die von den unternehmenspolitischen Entscheidungsträgern zur Beantwortung der Frage herangezogen werden, wer sich wohl am besten für die Führung und das Management ihrer Organisationen eignet.

Die breite, sich verjüngende Straße zur Spitze

Eine der erforderlichen, grundlegenden Änderungen betrifft den Wert, den Unternehmen Karrieremenschen und Karriere-und-Familie-Menschen in ihrer Organisation beimessen.

Traditionell konzentrierte man sich bei der Suche nach Topmanagern ausschließlich auf Karrieremenschen, da man so auf bequeme Weise diejenigen Personen identifizieren konnte, die über die für Spitzenpositionen erforderlichen Fähigkeiten verfügten. Die Frage nach den Anwärtern für Positionen im oberen Viertel (oder vielleicht nur im oberen Achtel) der Managementpyramide liegt notwendigerweise jedem Unternehmensleiter am Herzen. Er sieht sich selbst vielleicht als denjenigen, der den Kurs vorgibt, neue Produkte und Märkte ausfindig macht und Vermögenswerte zukauft und abstößt. Den drei führenden Spitzenmanagern in seinem Unternehmen überträgt er die Verantwortung für Koordination, Planung, Finanzmanagement und Verkauf. Aber er weiß, daß das Qualitätsniveau der obersten neun oder dreißig oder vierzig Manager – je nach Unternehmensgröße – erfolgsentscheidend für seine Firma wie auch für ihn persönlich ist. Er arbeitet tagtäglich mit diesem Menschen und verläßt sich auf sie; das Ausscheiden einer dieser Führungskräfte hinterläßt eine deutlich spürbare Lücke. Ich kann mich gut an das unbehagliche Gefühl erinnern, das einen Unternehmensleiter beschlich, als er sich auf ein Treffen mit einem anderen CEO vorbereitete, dessen Personalleiter er abgeworben hatte.

Natürlich möchte jeder Unternehmensleiter sicherstellen, daß ihm jederzeit eine ausgezeichnete Reserveriege für die Spitzenpositionen im Management zur Verfügung steht. Dafür gibt es in jedem Unternehmen in irgendeiner Form einen »Erbfolgeplan«, der in der Regel bis zu den Managern auf der Einstiegsebene herabreicht. Bei Federal Express beispielsweise ist dieser Plan genau ausgearbeitet und voll computerisiert. Führungstalente müssen frühzeitig erkannt werden, damit garantiert genügend Anwärter für höhere Positionen greifbar sind und zukünftige Topmanager den reichen Erfahrungsschatz sammeln können, den sie als Vorbereitung auf ihre allgemeinen Führungsaufgaben benötigen.

Diese legitime Betonung der Suche nach Kandidaten für das oberste Viertel der Pyramide geht weiter, bis der Chef nur noch diese Mitarbeiter im Unternehmen kennt und versteht. In diesem Fall behandelt das Unternehmen nur die Aufsteiger auf dem steilen Karrierepfad als Individuen. Nach ihnen richten sich die Erwartungen und die Kultur des Unternehmens – und vor allem auch seine Reaktionen.

Diese Konzentration auf die Suche, Prüfung und Ausbildung einer äußerst geringen, aber wesentlichen Anzahl zukünftiger Topmanager führte zu dem Bild einer Managementpyramide, die von einer breiten, zentralen, sich verjüngenden Straße zur Spitze beherrscht wird. Auf dieser Straße, die auf beiden Seiten von »Versorgungswegen« flankiert wird, bewegen sich die wenigen Menschen, die ihre hohe Beförderungsfähigkeit unter Beweis stellen können. Im Gegensatz zu den Darstellungen in den vorangegangenen beiden Kapiteln würde diese Pyramide wahrscheinlich der Version in Abbildung 3.2 ähneln.

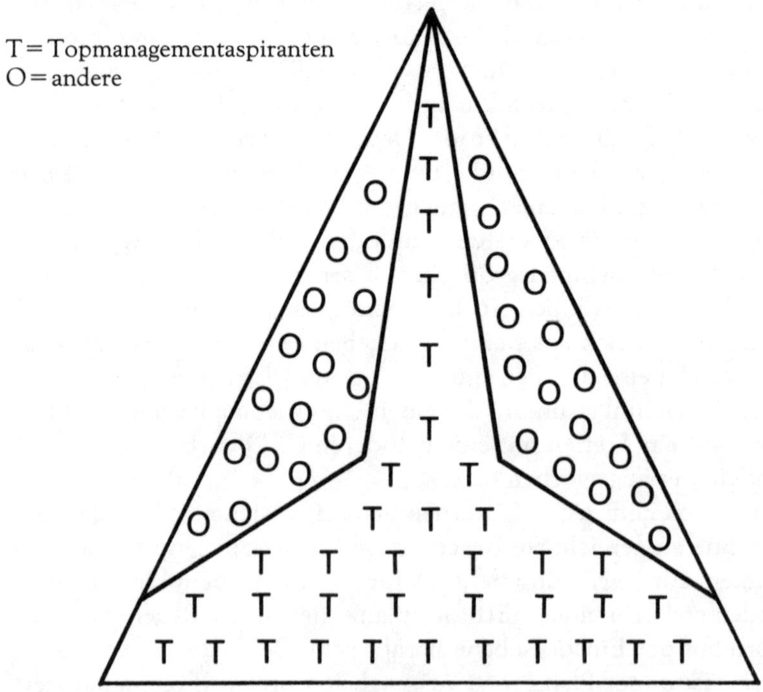

Abbildung 3.2 Die breite, sich verjüngende Straße zur Spitze

In der Vergangenheit zahlte sich diese Strategie aus. Die traditionelle Rollenverteilung in der Familie und das Überangebot an Arbeitskräften während des Babybooms nach dem Zweiten Weltkrieg förderten die Bereitschaft männlicher Manager, zusammen mit ihren Arbeitgebern dieses Arrangement zu erhalten. Da es in den meisten Familien nur einen Verdiener gab, wollten und mußten viele Männer genau diesen Weg nach oben anstreben. Anscheinend gab es ein unerschöpfliches Reservoir an Männern, die willens waren, um die Positionen auf dieser sich verjüngenden Straße zu kämpfen. Wenn dies Überstunden und Wochenendarbeit, unablässige Reisen und häufige Versetzungen bedeutete, so waren sie damit einverstanden. Ihre Ehefrauen und Kinder waren von ihnen abhängig und unterstützten sie. Im Wettbewerb um die Beförderung war jedes Mittel erlaubt. Der Lohn – Sicherheit für die Familie, persönliche Bereicherung und Genugtuung – war die Anstrengung wert.

Allein aufgrund der Anzahl von Kandidaten befanden sich die Arbeitgeber in einem Käufermarkt. Eine wahre Armee strömte ins Management und brannte auf den Konkurrenzkampf. Sie bot genügend Kanonenfutter für die Spitzenpositionen. Die Bedürfnisse der Führungsspitze und die Wünsche der Manager stimmten überein.

In gewisser Weise stand die ganze Kraft der wirtschaftlichen Entwicklung der Vereinigten Staaten hinter der Überbetonung der Führungsgruppe auf Kosten aller übrigen Beschäftigten. Die Entwicklung von der Agrargesellschaft zur Industrialisierung konsolidierte und erweiterte die Rolle der Führungsgruppe und steigerte gleichzeitig ihre Macht und ihren Verdienst. Entsprechend nahm die Bedeutung all jener ab, die nicht zu dieser Elite gehörten.

In den Unternehmen ist diese Betonung der ausschließlichen Karrierefokussierung weit verbreitet. Ich sprach mit einer Frau, die zur Führungsspitze einer Großbank gehört. Sie bestätigte, daß die Zugehörigheit zur Spitzengruppe die vollständige Identifizierung mit dem Unternehmen sowie einen enormen zeitlichen Aufwand als Beweis für das Engagement erfordere. Diese Anforderung wird ihrer Aussage nach auf allen Sprossen der Karriereleiter gestellt. Wenn man Kinder hat, müssen sie die zweite Geige spielen.

Einige Hochschulen fordern ein ähnlich ausschließliches Engagement. Ich werde niemals das Gespräch vergesssen, daß ich mit dem Rektor einer Universität führte. Ich fragte ihn, wie es möglich sei, daß seine Institution nur solche Kandidaten für eine Festanstellung (60 Prozent der Positionen in der Fakultät kamen dafür in Frage) in Betracht zog, die sich in den Jahren, in denen sie oftmals auch eine Familie gründeten, ausschließlich ihrer beruflichen Laufbahn, d. h. der Lehre, Forschung und Ausschußarbeit widmeten. War ihm nicht bewußt, daß er damit wahrscheinlich diejenigen Stars ausschloß, die familiäre Verpflichtungen hatten – und darunter zu jener Zeit besonders die Frauen?

Als Antwort auf meine Frage beschrieb er seine Haltung als »absichtlich unbequem«. Mit anderen Worten, er wußte ganz genau, daß ihm bei seiner Politik Spitzenkräfte mit familiären Verpflichtungen durch die Lappen gingen. Er erläuterte mir, daß er Gelehrte als Vorbilder wolle, nicht Menschen, die Beruf und Familie in Einklang bringen konnten. Er wußte, daß dabei viel mehr Frauen als Männer auf der Strecke blieben (und die meisten seiner festangestellten Mitarbeiterinnen waren unverheiratet), aber das bereitete ihm kein übermäßiges Kopfzerbrechen. Seine Erklärung: In den Jahren vor der Festanstellung könnten die Aspiranten genügend lernen, um später mit weniger Zeit auszukommen. Zu diesem späteren Zeitpunkt könnten sie dann heiraten und ihr Familienleben auskosten. Er meinte, daß ehrgeizige Wissenschaftler sich eine Infrastruktur aufbauen sollten, die ihnen nach der Festanstellung eine höhere Produktivität bei geringem Aufwand ermöglichte. Und er war der Ansicht, daß es immer genügend hochbegabte und hochqualifizierte Wissenschaftler geben werde, die während der Familiengründungsphase alles für ihre Karriere opfern würden.

Gewisse Rechtsanwalts-, Wirtschaftsprüfungs- und Finanzdienstleistungsbüros sind Paradebeispiele für diese von Karrieremenschen dominierte Kultur. Lassen Sie mich eine mir bekannte Anwaltskanzlei herausgreifen, in der die Mitarbeiter unter großem Druck stehen. Dreh- und Angelpunkt der Firmenkultur ist der Ehrgeiz, zum Partner aufzusteigen. Das ist der größte Erfolg: die Aufnahme in die Elite. Der Verdienst entspricht den an die Partner gestellten Anforderungen. Aber obwohl nur Partnern ein extrem hohes Einkommen zusteht, wird von allen Mitarbeitern der gleiche dynamische Einsatz verlangt. Die Kultur ist darauf ausgerichtet, daß Partner Mitarbeiter mit entsprechendem Potential identifizieren und daß Assoziierte Möglichkeiten finden, wie sie ihren Einsatzwillen und ihre außergewöhnlichen Begabungen unter Beweis stellen können.

Selbst wenn es sich hier um einen Extremfall handelt, werden die Bedingungen, die mir einige der Partner dieser Kanzlei schilderten, meiner Ansicht nach vielen Lesern nicht fremd sein. Wie ein Partner es formulierte, muß »der letzte Gedanke vor dem Einschlafen und der erste beim Aufwachen« der Kanzlei gelten. Ein anderer meinte: »Man muß süchtig danach werden und bleiben.« In dieser Firma sind »nur dynamische Aufsteigertypen, die ungeheuer unsicher sind und sich ihr Leben lang Tag für Tag beweisen müssen«, willkommen. Und die Ausschließlichkeit des Engagements für diese Firma soll sich nicht nur in der Einstellung, sondern auch im Zeitaufwand zeigen. »Das Umfeld wird vom Adrenalinspiegel gesteuert, der nur bei 3 500 Stunden Arbeit im Jahr – und keiner Sekunde weniger – die richtige Höhe erreicht.« Umgerechnet sind das 73 berechenbare Stunden pro Woche.

Ausweitung der Suche über die Karrieremenschen hinaus

Heute bringt die Betonung der breiten, sich verjüngenden Straße den Arbeitgebern nicht mehr den höchsten Ertrag. Nahezu alle gesellschaftlichen Elemente, die diese Konzentration auf Karrieremenschen unter Ausschluß aller anderen rechtfertigten, sind verschwunden. Welche Folgen ergeben sich für Unternehmen, die beharrlich am alten Modell festhalten?

Erstens zeichnet sich ein Arbeitskräftedefizit ab. Wer weiterhin auf die breite, sich verjüngende Straße zur Spitze setzt, wird feststellen, daß es mit dem Nachrücken der geburtenschwachen Jahrgänge in Managementpositionen, die zuvor von der Babyboom-Generation bekleidet wurden, kein unerschöpfliches Angebot an talentierten Karrieremenschen mehr geben wird. Das Arbeitskräftereservoir wird nicht mehr so homogen sein wie früher; immer mehr Beschäftigte, die einst vielleicht Karrieremenschen gewesen wären, sind nicht länger bereit, ihre gesamten Energien in den Beruf zu investieren. Da viele der Besten nicht mehr am Rennen teilnehmen, werden sich Arbeitgeber, die am alten Modell festhalten, gezwungen sehen, entweder weniger talentierte Kandidaten in die Spitzenpositionen zu hieven oder ihre Netze weiter auszuwerfen und begabte Menschen, die auch außerberufliche Verpflichtungen wahrnehmen, ebenfalls zu berücksichtigen.

Darüber hinaus ändern sich die Werte in unserer Gesellschaft, so daß weniger Menschen zu den Kompromissen bereit sind, die das Modell der sich verjüngenden Straße zur Spitze verlangt. Frauen wie Männer wollen in zunehmendem Maße ein breiteres Lebensspektrum, das ihnen die Freiheit bietet, in der Familie eine aktive Rolle zu spielen und andere außerberufliche Ziele zu verfolgen. Ausgeglichenere Menschen mit einem breiteren Horizont – die sich auch in der Familie und auf anderen Gebieten engagieren – dienen heute eher als Rollenvorbild; Karrieremenschen dagegen werden weniger respektiert und bewundert. Unternehmenschefs, die ihre Wertschätzung hartnäckig auf jene beschränken, für die einzig und allein berufliche Leistung zählt und die ihr Fortkommen als ununterbrochene Reise betrachten, ignorieren willkürlich viele potentielle Führungspersönlichkeiten.

Eine Gruppe von Organisationspsychologen bestätigt, daß ein Überdenken der ausschließlichen Berücksichtigung von Karrieremenschen notwendig ist:

> Seltsamerweise funktionieren Organisationen nicht unbedingt besser, wenn es in ihnen von höchst ehrgeizigen Karrieremenschen wimmelt, die nach Spitzenpositionen streben... Organisationen brauchen einige wenige ehrgeizige und talentierte Überflieger (die sich für ihre Position eignen) und eine große Anzahl ausgeglichener, weniger karrierebetonter, aber gewissenhafter Menschen, die mehr an einer guten, angemessen entlohnten Arbeit, die ihnen Spaß macht, interessiert sind als am Erklimmen der organisatorischen Pyramide.
>
> Organisationspraktiken, in denen Anstrengungen und Aufstieg überbewertet und Stolz auf die Arbeit und gute Leistungen unterbewertet werden, sind kontraproduktiv. Die Wirtschaftsrezession in den nächsten Jahren wird diese Tatsache noch deutlicher zutage treten lassen. Mit der Konsolidierung der Wachstumsraten der Unternehmen werden die Aufstiegs- und Beförderungsmöglichkeiten abnehmen. Die Produktivität der Menschen wird nur dann gewährleistet sein, wenn sie den immanenten Wert ihrer Tätigkeit genießen und ihre Befriedigung nicht nur aus einer, sondern aus zwei Quellen gleichzeitig – aus Arbeit und Privatleben – ziehen.[1]

Drei eindeutige Vorteile sollten Arbeitgeber dazu bewegen, auch Karriere-und-Familie-Menschen als Führungstalente in Betracht zu ziehen – zumindest diejenigen im karriereorientierten Bereich der Skala. Erstens findet man unter jenen Menschen, die ihre Arbeit nicht zum alleinigen Lebensinhalt machen, einige der Spitzenleute. Derzeit wird ihr Talent auf der Top-Ebene nicht genutzt. Zweitens können Karriere-und-Familie-Menschen, für die der Beruf eine wichtige Rolle spielt, eine ausgewogenere und umfassendere Perspektive und Lebenserfahrung in ihre Arbeit einbringen. Drittens kann der Prozeß der Selbsterneuerung die kostspielige Verausgabung ersetzen, die heute bei Karrieremenschen so häufig ist.

Wenn Sie Ihre Suche über die Karrieremenschen hinaus ausweiten, werden Sie erkennen, wieviel Sie durch Ihre gegenwärtige Behandlung der Menschen verlieren, die das nötige Talent für Spitzenpositionen, aber nicht den für den Aufstieg verlangten Einsatzwillen mitbringen.

Derzeit werden sie nicht genügend gewürdigt und ihre Begabungen werden nicht gefördert; ihre Motivation ist gering, da man ihnen nicht die gewünschten alternativen Vorzüge bietet.

Wenn man den durchschnittlichen Unternehmenschef fragt, ob weniger berufliches Engagement bei einigen Mitarbeitern akzeptabel sei, wird er dies verneinen, da er nur an seinen Finanzleiter denkt. Und natürlich ist Teilzeiteinsatz für ihn auf den höchsten Ebenen im Grunde genommen immer noch unvorstellbar. Doch 88 Prozent seiner Beschäftigten sitzen nicht in solchen Spitzenpositionen, sondern in der unteren Hälfte der Managementpyramide. Dennoch denkt er nicht an den Beitrag dieser Menschen zum Unternehmenserfolg, und er sieht auch nicht die Vorzüge, die er Mitarbeitern mit wichtigen außerberuflichen Interessen quasi zum Nulltarif bieten kann, ohne daß er davon einen Nachteil hätte.

Bei Menschen, die aufsteigen wollen, aber nicht das nötige Talent mitbringen, entstehen ähnliche Probleme. Natürlich kann sich nicht jeder auf dem immer enger werdenden Weg zum Gipfel halten. Mitarbeiter in der Managementpyramide, die nicht das Zeug zum Topmanager mitbringen, bleiben im Grunde auf der Strecke und werden von der Führungsspitze nicht genügend gewürdigt. Oft bleibt ihnen nur der ernsthafte, fortgesetzte Versuch, ihre Führungsqualitäten zu beweisen. Sie machen unzählige Überstunden, opfern ihr Privatleben, erlauben sich keinen berufsfremden Gedanken – sie verhalten sich so, als wären sie Aufsteiger auf dem Weg nach oben. In Wirklichkeit sind sie das aber nicht und werden es auch niemals sein.

Die Unternehmensleitung betrachtet sie in erster Linie in ihrer Gesamtheit – zur Erledigung der Arbeit nötige, aber im Grunde austauschbare Beschäftigte. Die Gesamtfluktuation gibt natürlich immer Anlaß zur Besorgnis. Dennoch werden nicht für den Chefsessel qualifizierte Manager in der Regel ignoriert oder abgeschrieben. Manchmal entledigt man sich ihrer sogar, oder ihr Ausscheiden wird begrüßt, da es Platz für andere Personen schafft, die sich als beförderungsfähig erweisen könnten. Wenn solche Mitarbeiter kündigen, ist die Führungsspitze darauf bedacht, sie durch andere mit Aufstiegsqualitäten zu ersetzen. Dennoch müßten ihnen diese Menschen eigentlich nur gut sieben Stunden täglich zur Verfügung stehen. Als Gegenleistung kann die Unternehmensleitung ihnen vollständige Arbeitszeitgestaltung durch Gleitzeit oder andere Programme bieten.

Beide Gruppen befinden sich auf den flankierenden »Versorgungsstraßen«, denen immer eine nachrangige Bedeutung beigemessen wurde.

Mein Argument lautet, daß die gesamte Organisationsstruktur mit Beschäftigten bevölkert ist, denen die gleichhohe Wertschätzung zuteil werden sollte – allerdings für unterschiedliche Beiträge. Sie brauchen jeden einzelnen Mitarbeiter und jede einzelne Mitarbeiterin.

Neue Kandidaten auf der Straße zur Spitze

Meiner Ansicht nach müssen die Arbeitgeber ihre Bewertungskriterien in bezug auf die Beförderungsfähigkeit der Kandidaten auf der sich verjüngenden Straße zur Spitze entsprechend anpassen (vgl. Abbildung 3.3). Ich bin der Meinung, daß diese Straße durchlässiger werden muß, d. h. daß zunehmend Personen dort Platz finden müssen, die keine Karrieremenschen im herkömmlichen Sinne sind. Die verstärkte Durchlässigkeit sollte auch vielversprechenden Mitarbeitern die Möglichkeit bieten, in verschiedenen Lebensphasen diese Straße zu verlassen und wieder dorthin zurückzukehren.

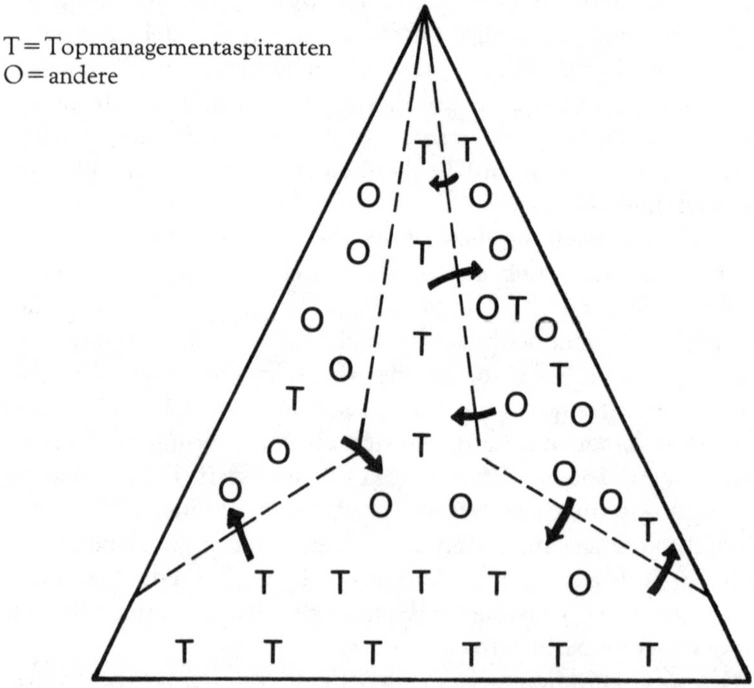

Abbildung 3.3 Neue Kandidaten auf der Straße zur Spitze

Warum sollen Sie neuen Kandidaten den Zutritt zu dieser Straße gewähren? Zunächst einmal müssen wir meiner Ansicht nach ernstlich den Gedanken in Frage stellen, daß reine Karrieremenschen den Inbegriff der Führungspersönlichkeit in Unternehmen, staatlichen Stellen, im Bildungswesen und in den freien Berufen darstellen.

Gibt es darüber hinaus einen Punkt, ab dem bei einer weiteren Zunahme der Arbeitszeit der Ertrag abzunehmen beginnt? Aufgrund der globalen Wettbewerbsverschärfung der Unternehmen scheinen die Arbeitgeber instinktiv stärker aufs Gaspedal zu treten. Sicher, bis zu einem gewissen Punkt kann dadurch mehr erreicht werden. Vielleicht steigt bei manchen Menschen mit zunehmender Arbeitszeit auch die Produktivität unbegrenzt. Gibt es aber genügend hochintelligente und engagierte Menschen zur Besetzung der Positionen im obersten Viertel der Pyramide? In Zukunft wird das möglicherweise nicht mehr der Fall sein.

Selbst wenn wir auf den oberen Ebenen der Pyramide Karrieremenschen brauchen – bis auf welche Ebene reicht dieses Bedürfnis hinunter? Ich kenne ein Finanzdienstleistungsunternehmen, in dem die Maxime gilt, daß sogar die zur Datenerfassung eingestellten Zeitarbeitskräfte absoluten Einsatzwillen beweisen sollen. Wir müssen uns mit Sicherheit die Frage stellen, ob das notwendig und realistisch ist.

Welche Folgen hat es, wenn all diese Überflieger sich gegen Kinder entscheiden, so wie das gegenwärtig viele Karrierefrauen tun, oder wenn sie nur ein Minimum an Zeit mit ihren Kindern verbringen können, wie das immer bei vielen Karrieremännern der Fall war und noch ist? Mir scheint, als würden wir die Kinder hochbegabter Menschen bestrafen (und damit der Gesellschaft beträchtlichen Schaden zufügen). Sowohl Männer als auch Frauen, die in ihrem Beruf etwas bewegen wollen, leiden unter einer furchtbaren Ungerechtigkeit – weshalb sollten sie auf ein Familienleben verzichten?

Schließlich werden berufstätige Eltern (vor allem Mütter), die eine aktive Rolle im Leben ihrer Kinder spielen wollen, von den oberen Rängen der Pyramide ferngehalten. Einige davon gehören möglicherweise zur Crème de la Crème der Begabten, aber beim derzeitigen Stand der Dinge erhalten sie nie die Gelegenheit, das zu beweisen.

Ein Klettergerüst statt einer Pyramide

Das heutige Arbeitskräftereservoir setzt sich aus Menschen mit unterschiedlichen Begabungen und Motivationen zusammen. Zur Sicherung ihrer Rentabilität müssen die Unternehmen die besten Kandidaten ausfindig machen und dann jede Position auf allen Ebenen mit den talentiertesten Mitarbeitern und Mitarbeiterinnen besetzen und sicherstellen, daß diese Beschäftigten jeweils genügend Vorzüge genießen und entsprechend motiviert werden.

Wir befinden uns auf dem Weg zu einer Welt, in der den Arbeitgebern am besten gedient ist, wenn sie ihren Managern ein Arbeitsumfeld mit alternativen Karrierepfaden bieten. Ein optimaler Ansatz besteht darin, die Pyramide durch ein Klettergerüst zu ersetzen (vgl. Abbildung 3.4). In diesem Gerüst würde der einzelne nicht mehr unbegrenzte Aufstiegsmöglichkeiten erwarten, sondern statt dessen selbst wählen können, auf welcher Ebene er verweilen möchte. Die Entscheidung der Manager würde ihren Fähigkeiten entsprechen sowie im Einklang mit der von ihnen gewählten Karrierefokussierung und ihrer Einsatzbereitschaft stehen.

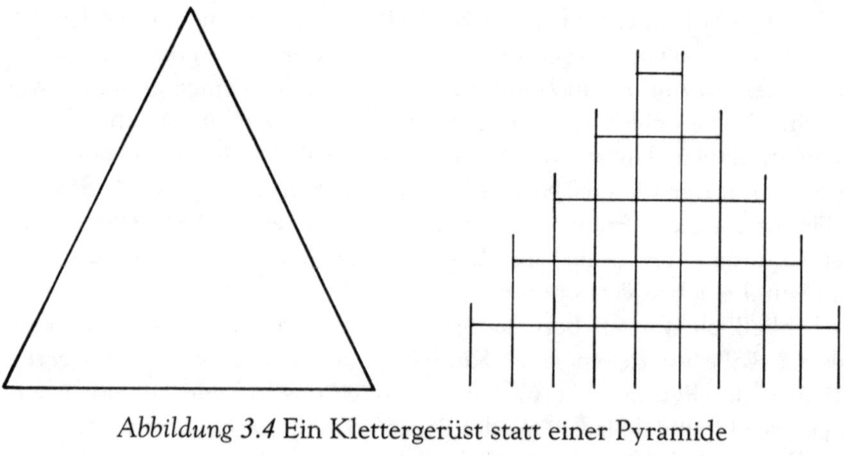

Abbildung 3.4 Ein Klettergerüst statt einer Pyramide

Stellen Sie sich zur Verdeutlichung dieses Gegensatzes ein vereinfachtes Bild des Aufstiegs in der Pyramide vor. Wie wir gesehen haben, möchte jeder den Gipfel erklimmen. Wer die Grenzen seiner Aufstiegsfähigkeit erreicht, stößt auf der jeweiligen Ebene mit dem Kopf an die diagonalen Wände der Pyramide und prallt dann zurück. Der oder die Betreffende muß sich mit dem Verbleib auf dieser Ebene »abfinden«, da man von der Annahme ausgeht, daß bei entsprechenden Fähigkeiten ein weiterer Aufstieg möglich wäre. Wenn der Grundsatz gilt, daß man entweder Erfolg hat oder aber scheitert, dann erfüllt diejenigen, die an die Grenze stoßen, Enttäuschung und Bitterkeit. Sie bleiben unter Umständen als unzufriedene Arbeitnehmer beim Unternehmen oder wechseln zu einer anderen Firma, bei der sie bessere »Aussichten« haben.

In diesem Zusammenhang ist meiner Meinungen nach die Vorstellung der »unsichtbaren Barriere« oder der »gläsernen Decke« zu sehen. Man beschreibt sie als eine durchsichtige, horizontale Grenzlinie, die sich irgendwo im unteren Teil des oberen Viertels befindet. Diese Betrachtungsweise teile ich nicht. Vielleicht ist es sinnvoller, die unsichtbare Barriere als immanenten Bestandteil der Pyramidenstruktur selbst zu sehen, vor allem in Anbetracht der derzeitigen Plazierung der Frauen. Als Randgruppe außerhalb der breiten Masse stoßen Frauen mit größerer Wahrscheinlichkeit beim Aufstieg von Ebene zu Ebene früher oder später an das schräge Dach der Pyramide.

Überlegen Sie sich nun die Vorteile, die sich für den einzelnen ergeben würden, wenn die Organisationsstruktur nicht einer Pyramide, sondern einem Klettergerüst gleicht. Besonders augenfällig ist die Tatsache, daß jeder seine Karriere nach Belieben gestalten kann und nicht gezwungen wäre, sich an dem Rennen um den kontinuierlichen vertikalen Aufstieg an die Spitze zu beteiligen.

In einem Klettergerüst stoßen sich die Leute beim Aufstieg nicht den Kopf und prallen dann zurück (vgl. Abbildung 3.5). Die verschiedenen Ebenen stellen keine Grenzen dar. Sie entsprechen vielmehr selbstgewählten Optionen. Innerhalb eines Klettergerüsts führen viele Wege nach oben; man kann sich nach Belieben seitlich, vertikal und horizontal bewegen. Das Klettergerüst schließt nicht unbedingt den stetigen vertikalen Aufstieg aus, erlaubt aber den Quereinstieg und -ausstieg von Mitarbeitern in die Kerngruppe auf dem Weg nach oben (vgl. Abbildung 3.6)

Vielleicht ging man früher von der Annahme aus, daß die Beschäftigten nicht zur eigenständigen Planung ihrer Karriere fähig seien – oder daß ihre Motivation nachlassen würde, wenn man ihnen dazu Gelegenheit geben würde. Die Hypothese lautete, daß Manager nur dann in ihrer täglichen Arbeit ihr Bestes geben würden, wenn man ihnen mit dem Zuckerbrot endloser Beförderungen winken würde – selbst wenn dieses Fortkommen bei realistischer Betrachtungsweise nicht möglich war.

Ich bin anderer Ansicht. Wir entscheiden an jedem Tag unseres

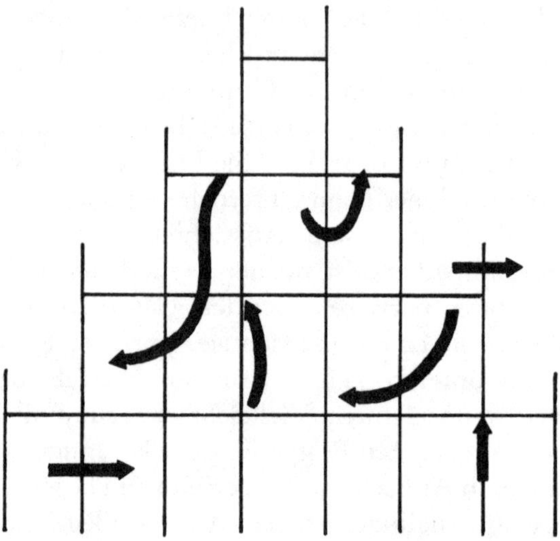

Abbildung 3.5 Karrieren im Klettergerüst

Lebens, was wir tun wollen und erreichen können. Wir treffen eine Entscheidung über unsere Ziele, unsere Fähigkeiten und unsere Motivation, wenn wir überlegen, wie weit wir laufen wollen oder können. Wenn wir einen Urlaub planen, stellen wir uns folgende Fragen: »Werde ich einen Hügel besteigen oder mich an einem Berg versuchen? Kann ich den halben Aufstieg an einem Tag schaffen oder brauche ich dafür zwei?« Wir fragen uns: »Was kann ich heute in meiner Arbeit leisten? Wieviel möchte ich in diesen Aspekt meines Lebens investieren – oder in jenen?«

In der Welt der Unternehmen existieren bereits Präzedenzfälle, die die Vorteile einer Bevollmächtigung der Mitarbeiter beweisen. In einer Untersuchung bei mittleren Managern sollten die Befragten die drei wesentlichsten Kriterien für eine zufriedenstellende Arbeit angeben. Das Gehalt rangierte nicht an erster Stelle. Statt dessen nannten die Teilnehmer als erstes die Möglichkeit, Herausforderungen zu meistern. Dann folgten das Gehalt, die Freude an der Arbeit und der Ausgleich zwischen Beruf und Privatleben. Auf die Frage nach den Pluspunkten ihrer derzeitigen Tätigkeit führten die Manager zuerst die Autonomie an, dann die Herausforderung und dann die Abwechslung.[2] Untersuchungen haben belegt, daß selbst Unternehmenschefs erkennen, daß sie der Autonomie eine höhere Priorität einräumen müssen, wenn sie ihre Führungskräfte weiterhin motivieren wollen.[3] Autonomie bedeutet in

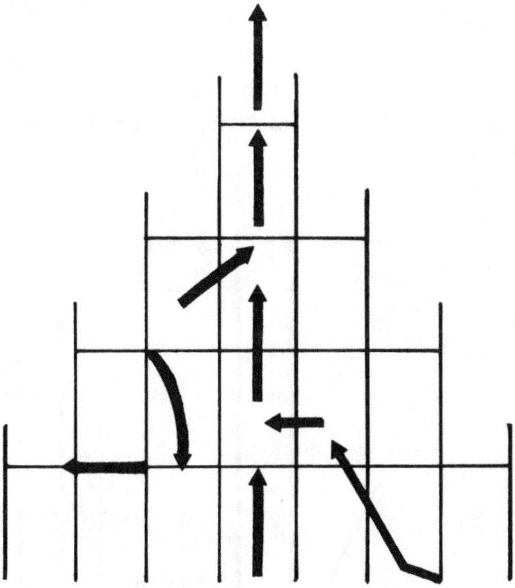

Abbildung 3.6 Aufstieg über die Kerngruppe

diesem Zusammenhang größere Verantwortung und Unabhängigkeit bei der Aufgabenerfüllung. Aber meiner Ansicht nach kann man das ohne weiteres auch auf die Gestaltung der eigenen Karriere beziehen.

Die Ermutigung zu einer individuellen Entscheidung über die Zielrichtung der Motivation und der Begabung des einzelnen sowie über die beruflichen Wünsche führt zu einem natürlichen Ausleseverfahren – einer Selbstauslese – zwischen denen, die sich mit Leidenschaft und hochmotiviert für ihre Karriere einsetzen, und anderen, die sich mit dem gleichen Enthusiasmus auf die Familie konzentrieren – und allen Abstufungen, die zwischen diesen beiden Polen liegen. Die Beschäftigten können dann ungehindert von einer Ebene zur nächsten und von einem Bereich des Klettergerüsts zum anderen wechseln, je nachdem, wie sich ihre Bedürfnisse und Werte im Laufe ihres Lebens ändern.

Natürlich kann der einzelne nur dann eine Entscheidung über sein Karriereziel und den Weg dorthin fällen, wenn er seine Alternativen kennt. Die Organisationsstruktur des Klettergerüsts ermöglicht das. Wie bei der herkömmlichen Pyramide nimmt mit dem Aufstieg in der Hierarchie die Verantwortung und das Einkommen der Manager zu (vgl. Abbildung 3.7). In der Pyramide wurde allerdings diese legitime

Gleichung durch die allumfassende Forderung nach einer ausschließlichen Konzentration auf die Karriere überlagert. Diese Bedingung durchdrang das Arbeitsumfeld und stiftete bei allen Verwirrung in bezug auf die Erwartungen auf den verschiedenen Ebenen und in den verschiedenen Stellenkategorien.

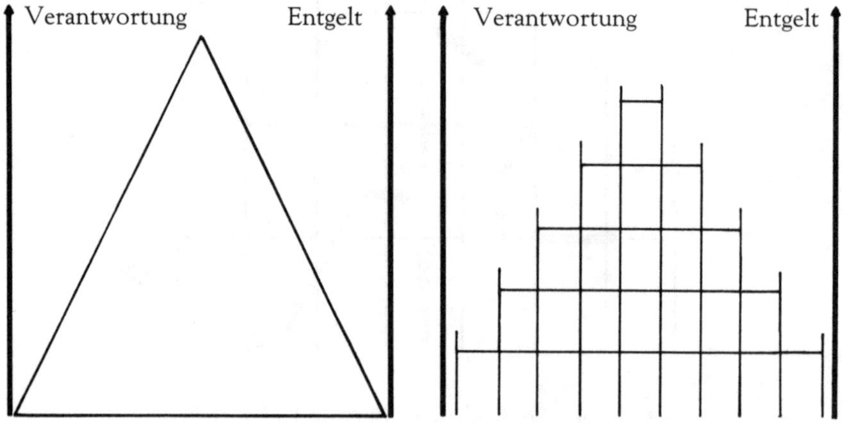

Abbildung 3.7 Verantwortung und Entgelt in der Pyramide und im Klettergerüst

Diese Ungereimtheiten hinsichtlich der für bestimmte Karriereziele erforderlichen Voraussetzungen hat insbesondere weiblichen Führungskräften geschadet. Untersuchungen von Catalyst in zahlreichen Unternehmen erbrachten, daß die mangelnde Klarheit über das beruflichen Fortkommen speziell für Frauen ein Hindernis darstellt. Die Forscherinnen Anne Harlan und Carol Weiss vom Wellesley College stießen in ihrer bahnbrechenden Studie zu den Hürden, die Frauen in der Welt der Unternehmen nehmen müssen, auf ähnliche Schwierigkeiten:

Viele Führungskräfte, gleich welchen Geschlechts, sind sich nicht im klaren darüber, wie der Beförderungsprozeß funktioniert. In vielen Fällen entsteht bei den Managern der Eindruck, daß Entscheidungen willkürlich in Ermangelung objektiver Kriterien gefällt werden... Wenn die Kriterien für eine Beförderung in höhere Positionen nicht klar abgesteckt sind, können auf Geschlechtszugehörigkeit beruhende Vorurteile ungehindert das Auswahlverfahren beeinflussen.[4]

Das Modell des Klettergerüsts ermöglicht allen Beschäftigten, auf jeder von ihnen erreichten Stufe sowohl die Anforderungen als auch die

Vorzüge zu verstehen. Wer über diese Kenntnisse verfügt, kann für sich entscheiden, wie weit und in welche Richtung er aufsteigen möchte.

Eines möchte ich ganz unmißverständlich sagen: Ich spreche hier nicht von einer einmaligen Entscheidung, die für immer Gültigkeit hat, sondern von einem lebenslangen Prozeß. In dem Klettergerüst können die Angestellten jederzeit Neubewertungen vornehmen und sich in jede Richtung bewegen. Sie müssen dafür lediglich auf der bereits vorhandenen horizontalen Stange, die auf sie wartet, weiterklettern oder in vertikaler Richtung nach der nächsthöheren Stufe greifen. Für jeden gibt es einen Platz. Man kann sich zudem auch über die Möglichkeiten informieren, da diese Organisationsstruktur eine bessere Kommunikation gewährleistet. Man kann in einer Ebene an der Spitze stehen und direkt mit den obersten Führungskräften sprechen.

Außerdem gibt es ein Sicherheitsnetz – ein Merkmal, das in der Pyramide immer fehlte. Dort stieß man nicht nur mit dem Kopf an die Decke, sondern fiel dann ins Nichts. Es war sogar ein Sündenfall. Im Klettergerüst kann man deutlich erkennen, welche Möglichkeiten einem als nächstes offenstehen. Die Struktur ist völlig transparent. All die ehemals geheimnisvollen Aufstiegskanäle sind jetzt für alle erkennbar. Man weiß, daß man sich frei bewegen und den Himmel sehen kann. Mehr noch – ganz gleich, auf welcher Stufe in der Organisation man sich befindet (selbst wenn man sozusagen auf dem Boden sitzt), sieht man über sich *immer* den Himmel. Es kommt nur auf die Bereitschaft an, das Gerüst zu besteigen.

Ein dritter Vorteil des Klettergerüsts besteht darin, daß die Präferenzen jener Menschen legitimiert werden, die zwar die entsprechenden Fähigkeiten mitbringen, aber dennoch beschließen, ihre beruflichen Ambitionen zu begrenzen, um mehr Zeit für Familie und Freunde oder Freizeitaktivitäten, Politik oder Dienst an der Allgemeinheit zur Verfügung zu haben. In einem Klettergerüst können solche Personen ohne Abzug von Strafpunkten wieder am Rennen um Spitzenpositionen teilnehmen, wenn sie das wünschen.

Schließlich begrenzt sich in einem Klettergerüst die Anzahl der »gescheiterten« Karrieren auf ein Minimum. Die beharrliche Forderung nach einem allgemeinen Aufstiegsstreben wird hier ersetzt durch die Achtung der Entscheidungsfreiheit, die der einzelne zu jedem Zeitpunkt seines Lebens in bezug auf seine beruflichen Ziele besitzt.

Es wird immer Menschen geben, die zwar das Talent und den Einsatzwillen für den Aufstieg haben, sich aber im Konkurrenzkampf nicht behaupten können. Sie werden mit Sicherheit immer noch das Gefühl haben, daß ihnen ein Strich durch die Rechnung gemacht wurde. Dennoch kann ich Ihnen fast garantieren, daß die Anzahl der zufriedenen Mitarbeiter im Vergleich zur heutigen Situation steigen wird.

Bei manchen Menschen wird das familiäre Engagement Vorrang vor dem beruflichen Einsatz haben. In diesem Fall müssen Sie – und das ist vielleicht Ihre wichtigste Aufgabe – diese Option zu einer achtbaren Alternative machen. Irgendwann müssen Sie diesen Personen ein geringeres Engagement bei entsprechend niedrigerem Entgelt zugestehen. Schreiben Sie diese Mitarbeiter nicht als weniger motivierte »Versager« ab – weder in der Gegenwart noch für die Zukunft –, wenn sie sich in Wirklichkeit gleichzeitig für Ihr Unternehmen und für einen anderen Aspekt ihres Lebens engagieren.

Diesen individuellen Vorteilen steht der Nutzen für den Arbeitgeber gegenüber, der die Pyramide durch ein Klettergerüst ersetzt.

Das erste positive Resultat für den Arbeitgeber ist die Loyalität der Angestellten, die zeitliche und örtliche Flexibilität und andere Pluspunkte dieser neuen Struktur zu schätzen wissen. Das Angebot unterschiedlicher und wechselnder Einsatzniveaus steht in vollstem Einklang mit der Notwendigkeit, sinnvolle Gegenleistungen anzubieten, die unterschiedliche Menschen motivieren.

Bei Untersuchungen von Catalyst zu flexiblen Arbeitsvereinbarungen im Management und in den gehobenen Berufen wurden Beschäftigte, die derzeit solche Programme in Anspruch nahmen, gefragt, wie lange sie daran teilnehmen wollten. Ein Drittel der Befragten antwortete: »Für immer oder so lange wie möglich«. Weitere 20 Prozent sagten »mehr als fünf Jahre«. Ein Teilnehmer an dieser Umfrage formulierte es so: »Job-Sharing ist keine Möglichkeit für einen steilen Aufstieg am Karrierehimmel... aber diese Vereinbarung ist einem völligen Abstieg von der Leiter vorzuziehen... und eigentlich auch einer Vollzeittätigkeit, die einen auslaugt.«[5] Auf alle Fälle werden sehr viele Menschen die Flexibilität schätzen, die Sie ihnen auf diese Weise bieten können, ohne daß ihnen langfristig berufliche Nachteile entstehen.

Dazu müssen die Arbeitgeber allerdings lernen, Produktivität nicht nach Stunden zu messen, so daß die Beschäftigten zu Hause und nach Gleitzeitplänen arbeiten können. Auch hier erscheinen mir Anwaltskanzleien ein gutes Beispiel zu sein. Dort hat dieser Wandel bereits begonnen. Die berechenbaren Stunden ermöglichen die Messung der Produktivität und nicht der am Arbeitsplatz verbrachten Zeit, so daß Frauen ihre Fähigkeiten beweisen können. Das gilt auch für Finanzdienstleistungsunternehmen. Da einige Frauen in diesen Berufen beim

Abschluß von Geschäften eine deutliche Rolle spielen, bin ich davon überzeugt, daß Frauen im allgemeinen besser als integraler Bestandteil des Unternehmens akzeptiert werden. Sie sind eindeutig Profit Center.

Die Unternehmen werden auch von einer niedrigeren Fluktuationsrate profitieren, wenn weniger fähige, aber verbitterte Mitarbeiter der Firma den Rücken kehren.

Ein dritter Vorteil: Auf jeder Stufe steigt das Qualitätsniveau der Beschäftigten, da viele, die das Können und das Talent für einen weiteren Aufstieg mitbringen, für eine bestimmte Zeit oder sogar für immer aus dem Rennen aussteigen. Meiner Ansicht nach beschleicht immer mehr Menschen angesichts des Engagements, das für einen Aufstieg auf eine ihren Fähigkeiten gemäße Position erforderlich wäre, ein unbehagliches Gefühl, und sie würden die Gelegenheit begrüßen, Aufstiegsmöglichkeiten und die damit verbundenen Bezüge gegen ein größeres Maß an Freiheit für ihre Familie oder die Verfolgung außerberuflicher Interessen einzutauschen. Sie wären mit weniger beruflichem Erfolg zufrieden, weil sie andere Ziele verwirklichen könnten – anstatt verstimmt, verärgert und nicht gerade produktiv ihre Aufgaben zu verrichten, wie das heute häufig der Fall ist.

Diese Situation könnte das Gegenmodell zur heutigen Lage der Dinge sein, wo die Mehrheit der Frauen kompetenter ist als ihre männlichen Kollegen auf der gleichen Ebene. Sie sind mit ihrer derzeitigen Position nicht zufrieden, da sie sie nicht selbst gewählt haben. Währenddessen gilt für viele männliche Führungskräfte das Klischee des Peter-Prinzips – sie steigen bis zur Stufe ihrer Unfähigkeit auf. Wenn Sie den Menschen erlauben, sich eigene Ziele zu stecken, werden Sie feststellen, daß viele – wenn auch möglicherweise nicht diejenigen, von denen Sie das erwartet hätten – bereit sind, unter der Stufe ihrer Unfähigkeit zu bleiben. Ihre Leistung kann sich als Segen erweisen in einer Zeit, in der die organisatorische Pyramide komprimiert wird, die Aufstiegsmöglichkeiten erheblich beschnitten werden und der Konkurrenzkampf zunimmt, so daß auf jeder Stufe die Besten benötigt werden.

Viertens können die Arbeitgeber die Gruppe der Führungstalente erweitern. Einer Person, die man nicht im herkömmlichen Sinne als Karrieremenschen bezeichnen kann, ist jetzt der Aufstieg in eine Spitzenposition möglich. Sie erreichen auf diese Weise sowohl die Männer, die seit neuestem nicht mehr bereit sind, sich das Letzte abzuringen, als auch die Frauen, denen Sie bisher einen adäquaten beruflichen Einsatzwillen abgesprochen haben. Diese Menschen engagieren sich unter Umständen für andere Bereiche ihres Lebens, aber sie können trotzdem effektiv arbeiten und entscheidende Erfolge für Ihr Unternehmen erzielen.

Darüber hinaus erlaubt die Organisationsstruktur des Klettergerüsts den Arbeitgebern einen heute für manche unvorstellbaren Schritt: Wiedereingliederung der Frauen (oder Männer), die für längere Zeit – bis zu fünf oder gar sieben Jahren – aus dem Berufsleben ausscheiden möchten, und Rückkehr dieser Beschäftigten in eine vergleichbare Position (wo sie zu den geburtenschwächeren Jahrgängen stoßen, bei denen der Bedarf der Arbeitgeber nach fähigen Mitarbeitern größer ist) sowie Wiedereinstieg in das Rennen um die Spitzenpositionen ohne jede Benachteiligung, falls die (oder der) Betreffende dies wünscht.

Wollen Sie einen Raum voller leitender Führungskräfte schlagartig zum Schweigen bringen? Dann unterbreiten Sie diesen Vorschlag, wie ich es bei Gelegenheit getan habe. Obwohl diese Anregung in vielen ein unbehagliches Gefühl weckt, obwohl dieser Gedanke den Vertretern der heutigen Unternehmenskultur ein Greuel ist, glaube ich, daß wir in diese Richtung gehen müssen. Andernfalls werden wir mit Sicherheit die vergleichsweise höheren Kosten zu tragen haben, die entstehen, wenn wir die Besten und Klügsten zu Entweder-Oder-Entscheidungen zwingen und letzten Endes viele von ihnen verlieren.

Lassen Sie mich ein Bespiel anführen für die Möglichkeiten, die ein solches Entgegenkommen eröffnet. Nehmen wir einmal an, eine Frau kam 1980 unmittelbar nach ihrem Collegeabschluß in Ihr Unternehmen. Sie wurde 1958 geboren, als der Babyboom seinen Höhepunkt erreichte, also gab es auf der Einstiegsebene für ihre Position sehr viele Bewerber. Sie erweist sich als fähige, vielversprechende Mitarbeiterin. 1990 nimmt sie Erziehungsurlaub und kehrt 1995 an ihren Arbeitsplatz zurück – *auf die gleiche Ebene wie zuvor*. Dieser Punkt ist entscheidend.

Die Generation, zu der sie stößt, wird – wie sie selbst – eine zehnjährige Berufserfahrung aufweisen können. Diese Menschen haben jedoch bisher ununterbrochen gearbeitet, ihre akademische Ausbildung liegt noch nicht so lange zurück (sie haben ihre Berufstätigkeit fünf Jahre später als die Frau in unserem Beispiel aufgenommen) und ihr Vorgesetzter – höchstwahrscheinlich ein anderer Manager als fünf Jahre zuvor – kennt sie gut. Das sind die Pluspunkte der Kollegen.

Dennoch weist auch die Frau, die ihre Laufbahn unterbrochen hat, Wettbewerbsvorteile auf. Ihre Kollegen sind jünger und unreifer als sie. Außerdem hat sie bereits Kinder und ist bereit, wieder ihrem beruflichen Ehrgeiz nachzugehen. Sie weiß, daß sie wieder arbeiten will, und steht gestärkt und leistungswillig in den Startlöchern. Man könnte diesen Prozeß sogar als institutionalisierten Zyklus behandeln – eine zweite Einstiegsmöglichkeit von verschiedenen Ebenen aus, wobei einige Beschäftigte die Berufstätigkeit aussetzen, während andere zurückkommen.

Zwei Welten werden eins

Das alles läuft darauf hinaus, daß Sie es hier nicht mit zwei widersprüchlichen Programmen zu tun haben. Sie wählen einen Ansatz, der für jedermann funktioniert.

Sie schaffen einen Arbeitsplatz, der zwei Funktionen erfüllt: die Versorgung der Kinder einerseits und die Warenproduktion andererseits. Ihre Mitarbeiter engagieren sich in unterschiedlichem Maße für das eine oder andere Ziel. Durch ihre Entscheidungsfreiheit können sie in Ihrem Unternehmen beiden Dingen nachgehen. Sie bieten Stellen für jene Menschen, die nicht im herkömmlichen Sinne wirtschaftliche Tätigkeiten ausüben wollen. Sie schaffen für diese Menschen Platz auf dem Klettergerüst – vielleicht nicht immer in der Mitte des Geschehens, aber in einer angesehenen Position. Sie erzeugen ein Arbeitsumfeld, in dem die verschiedenartigsten Menschen akzeptiert und geschätzt werden. Und wenn Sie in der Wirtschaft eine Führungsrolle spielen wollen, wenn Sie einen Vorsprung gegenüber Ihren Mitbewerbern gewinnen wollen, dann können Sie nicht ausschließlich an die Erzeugung von Gütern und die Erbringung von Dienstleistungen denken. Sie müssen sich auch überlegen, wie diese beiden Welten eins werden können.

Teil II

Die Irrelevanz der Geschlechterrollen

Kapitel Vier

Bruch mit der Vergangenheit

Im Laufe der Jahre haben die vielen Gespräche mit berufstätigen Frauen meiner Arbeit mit den Unternehmen Gestalt und Antrieb gegeben. Ich habe mit Frauen gesprochen, die aus verschiedenen Bereichen und ganz unterschiedlichen Managementebenen kamen und deren berufliches Umfeld alles bot, von starker Unterstützung bis hin zu ungeheurer Unterminierung. Ihre Erzählungen haben laufend bestätigt, daß Frauen sich heute mit Leib und Seele für Spitzenleistungen im Beruf einsetzen. Sie haben bei mir das Bewußtsein gefestigt, daß Unternehmen, die ihren weiblichen Beschäftigten die Aufstiegsbarrieren aus dem Weg räumen, eine erhebliche Dividende einstreichen werden: die verstärkte Loyalität, Energie und Produktivität der Frauen, in Verbindung mit ihren offensichtlichen Begabungen.

Dennoch wurde mir auch klar, daß nicht allein die Hürden, die weibliche Mitarbeiter in den Unternehmen und den freien Berufen nehmen müssen, die Frauen vom Erfolg abhalten. Die Konventionen des Familienlebens, die gesellschaftlichen Normen und die tradierten Geschlechterrollen stellen ebenfalls Hindernisse für die Frauen dar. Ich bin zu der Überzeugung gelangt, daß die Frauen selbst einen wesentlichen Beitrag zur Änderung des Status quo leisten können. Dazu müssen sie einen geistigen Wandel vollziehen, der möglicherweise vergleichbar mit dem bereits angesprochenen Umdenken der Arbeitgeber ist. In diesem Kapitel möchte ich darlegen, welche Vorteile diese veränderte Sichtweise für die Frauen bringt. Zunächst aber möchte ich zwei Beispiele anführen, die besonders gut die mannigfaltigen Herausforderungen verdeutlichen, denen sich Frauen mit zunehmender Selbstbestimmung stellen müssen.

Die erste Geschichte handelt von einer Frau, die ich Alice nennen möchte. Sie rief mich vor sieben oder acht Jahren an, nachdem ich vor einer Gruppe von Marketingfachleuten an der amerikanischen Westküste von den Barrieren für Frauen und den möglichen Abhilfemaßnahmen gesprochen hatte. Sie bat mich um ein Treffen während ihres nächsten Besuchs in New York, und wir vereinbarten einen Termin.

Alice war 38 Jahre alt, verheiratet und kinderlos.

Sie erzählte mir, sie habe ihren Mann, Keith, in der Firma kennengelernt, in der sie in der Zeit zwischen College und Wirtschaftsstudium gearbeitet habe. Die Karriere bedeutete beiden sehr viel, doch wollten beide auch eines Tages Kinder. Sie sprachen nicht im einzelnen darüber, wie sie das alles meistern wollten, aber Keith bastelte bereits an seiner Laufbahn und stand voll hinter Alice' Plänen für ein Betriebswirtschaftsstudium. Sie heirateten. Alice machte ihren MBA in New York, wo Keith arbeitete. Noch während des Studiums nahm sie eine außergewöhnlich gute Chance für ein Sommerpraktikum in Chicago an, und das Paar lernte die Vor- und Nachteile einer Wochenendehe kennen. Als Alice ihr Studium abgeschlossen hatte, beschlossen sie, nach Los Angeles zu ziehen, wo sowohl Alice als auch Keith ausgezeichnete Angebote von guten Firmen erhalten hatten. Die beiden waren auch der Meinung, daß man in Südkalifornien relativ leicht Kinder großziehen könne.

Alice hatte während ihrer gesamten Laufbahn Hindernisse überwinden müssen – Vorgesetzte, die geringe Erwartungen in Frauen setzten, einen leitenden Manager, der ihr Fortkommen zwei Jahre lang behinderte, da die guten Chancen mit Reisen verbunden waren und er sich neben einer Frau unterwegs unbehaglich fühlte, einen häßlichen Fall von sexueller Belästigung. Sie arbeitete nochmals in Chicago, diesmal für zwei Jahre, und wieder pendelten Keith und sie, um Zeit miteinander verbringen zu können. Eigentlich sei das, so erzählte sie mir, gar nicht so übel gewesen: Sie arbeiteten während der Woche intensiv und genossen ihre gemeinsamen Wochenenden. Im Laufe der Zeit legte sie sich in der Arbeit einen Schutzpanzer zu; sie liebte ihren Beruf und war erst kurz vor unserem Gespräch von nahezu allen männlichen Kollegen als »Ausnahme« gewürdigt – eine Frau, die auch zum Team gehörte.

Alice erzählte mir, sie habe ihren Kinderwunsch Jahr für Jahr aufgeschoben. Bis vor kurzem habe sich Keith damit einverstanden erklärt – wenn auch widerwillig. Sie habe gerade die erste Sprosse des Topmanagements erklommen und sei im Aufstiegsplan ihres Unternehmens als Kandidatin für die absoluten Spitzenpositionen genannt worden. Jetzt mußte Alice wirklich ihr Bestes geben. Aber ihre biologische Uhr tickte, und sie und ihr Mann wünschten sich sehnlichst ein Kind.

Um Alice' Verfassung zu verstehen, muß man wissen, daß sie am Arbeitsplatz von Männern umgeben war, die Kinder hatten. Einige Kollegen hatten eine Ehefrau daheim, die anderen karrierebewußte Frauen, die dennoch die Hauptverantwortung für Haushalt und Familie übernahmen. Diese Männer, die von intakten Familien unterstützt wurden, waren nicht nur Kollegen, sondern auch Konkurrenten von Alice. Wenn sie darüber nachdachte, was sie tun sollte, fiel ihr ein, daß ihr Keith zu verstehen gegeben hatte, daß er bereit sei, gelegentlich einzuspringen, aber nicht tagein tagaus den gleichen Anteil an der Kindererziehung übernehmen wolle wie sie. Keith war sogar der Ansicht, daß es für sie am besten sei, wenn sie nach der Geburt ihres Kindes einige Jahre lang aussetzen oder zumindest ihre Tätigkeit auf Teilzeitbasis fortsetzen würde. Ihr ansehnliches Gehalt, das höher lag als Keith' Verdienst, hatte die teure Lebensform ermöglicht, die die beiden genossen. Wenn sie zu arbeiten aufhörte oder eine Teilzeitbeschäftigung wählte, würde die Familie weitaus bescheidener leben müssen, und Keith betonte, daß er dazu bereit sei. Alice überraschte das nicht, denn sie hatte immer vermutet, daß es ihrem Mann gewisse Schwierigkeiten bereitete, nicht der Hauptverdiener zu sein.

Als sich Alice mit mir traf, hatte sie Grund zu der Annahme, daß ihre Ehe einen nicht wiedergutzumachenden Schaden davontragen würde, wenn sie auf ihren Kinderwunsch verzichtete. Aber die Vorstellung, zu jenem Zeitpunkt ein Kind zu bekommen, machte ihr ebensoviel Angst. Sie glaubte, daß sie in diesem Fall ihre Aufstiegschancen aufs Spiel setzen würde. Die einzige Möglichkeit, wie sie die Stagnation ihrer Karriere vermeiden konnte, bestand in der Anstellung eines Vollzeitkindermädchens, und Alice glaubte, daß sie mit einer solchen Situation nicht fertig würde, weil sie für ihr Kind da sein wollte. Sie befürchtete auch, daß der minimale Einsatz von Keith ihr Probleme bereiten würde, da sie fest überzeugt war, daß ein Kind zwei engagierte Eltern brauchte. Und natürlich wußte Alice, daß ihre weitere Karriere praktisch von Keith' Einsatzbereitschaft in der Kindererziehung abhängen würde, selbst wenn sie für einen Großteil der Zeit eine Kinderfrau fände.

Alice' Sorgen und Ängste wurden noch verstärkt, weil sie persönlich einer Reihe von Dingen nachtrauerte. Im College hatte sie sich aktiv für den Umweltschutz engagiert, aber in späteren Jahren stand sie so unter Zeitdruck, daß sie sich genötigt sah, diesen Einsatz aufzugeben. Dann hatte sie sich zwar früher mit anderen Frauen getroffen, um gemeinsame Probleme zu besprechen, aber seit ihre Karriere an Tempo zugelegt hatte, tat sie dies ebenfalls nicht mehr. Sie bedauerte zutiefst, daß sie anderen Frauen so wenig helfen konnte – sei es durch all die Tips, die sie geben konnte, oder sei es, indem sie ihre leitende Führungsposition im Unternehmen als Fürsprecherin der Frauen nutzte.

Alice und ich zogen Bilanz.
Welche Möglichkeiten boten sich ihr, wenn sie ihren Wunsch nach einem Kind ernst nähme? Sie könnte den sechswöchigen Mutterschutz und die drei Monate Erziehungsurlaub in Anspruch nehmen, die ihr Unternehmen vor kurzem eingeführt hatte, aber das würde ihr negativ ausgelegt: In ihrer Firma blieb ein karrierebewußter Mitarbeiter nicht vier Monate der Arbeit fern. Außerdem wußte Alice, daß sie bis zum Eintritt ihres Kindes in den Kindergarten nicht mehr regelmäßig zehn oder zwölf Stunden am Tag arbeiten oder bei einer plötzlichen Krise zur Verfügung stehen konnte. Ich riet ihr, mit ihrem Chef über ihre Pläne zu sprechen und ihm zu versichern, daß sie sich einige Jahre lang mit beschränkten Aufstiegsmöglichkeiten zufriedengeben würde, aber daß sie danach definitiv wieder am Rennen um die Spitzenpositionen teilnehmen wolle.

Alice war beinahe bereit, diesen Versuch zu wagen. Sie war überzeugt, daß sie nach ihrer Rückkehr an den Arbeitsplatz die beruflichen und privaten Bedürfnisse in Einklang bringen und Ergebnisse erzielen konnte, die ihren weiteren Aufstieg gewährleisteten – aber nicht, wenn ihr Arbeitgeber sich weiterhin so unflexibel zeigte wie in der Vergangenheit, und nicht, wenn die Bürde der Kindererziehung größtenteils auf ihren Schultern lag. Sie war sich dessen sicher, obwohl sie sich jede von ihr gewünschte Form der Kinderbetreuung und andere Dienstleistungen, die ein Ausbalancieren von Beruf und Familie erleichterten, durchaus leisten konnte. Die erste Alternative erschien Alice also nicht unmöglich.

Die zweite Alternative bestand darin, ein Baby zu bekommen, dann einige Jahre ein langsameres Karrieretempo in Kauf zu nehmen und schließlich zu einem anderen Unternehmen zu wechseln. Dieser Weg schien gangbar zu sein, aber Alice arbeitete bereits viele Jahre lang für ihren derzeitigen Arbeitgeber und hatte sich ein hohes Maß an Glaubwürdigkeit erworben, so daß diese Alternative gewisse Risiken in sich barg.

Eine weitere Möglichkeit war die Suche nach einem anderen Arbeitsplatz unter der Bedingung, daß Alice nach der Geburt ihres Kindes einige Jahre lang Teilzeit arbeiten und dann wieder auf die Aufsteigerspur wechseln könne. Diese Lösung hätte Alice bevorzugt, aber wir waren uns beide einig, daß sie angesichts des derzeitigen Mangels an Teilzeitstellen für Fachleute ihres Kalibers als nicht realistisch anzusehen war.

Die Alternative, einige Jahre ganz auszusetzen, um für das Baby zu sorgen, und später ihre Karriere wiederaufzunehmen, war für Alice undenkbar.

Als letzte Möglichkeit blieb schließlich die völlige Aufgabe des Kinderwunsches. Dies war eine wahrhaft schmerzliche Vorstellung. Dennoch wurde die Akzeptanz dieser Option dadurch erleichtert, daß Alice erkannte, daß die Mutterschaft mit an Sicherheit grenzender Wahrscheinlichkeit ein hohes Risiko für ihre Karriere, ständige Überlastung, Konflikte mit ihrem Mann und eine gewisse Anspannung im Hinblick auf ihre Beteiligung am täglichen Leben ihres Kindes mit sich bringen würde.

Als sich Alice von mir verabschiedete, wußte sie immer noch nicht genau, was sie tun wollte, aber zumindest war sie sich jetzt besser über die Alternativen im klaren.

Ich hörte erst wieder vor einigen Monaten von ihr, als ich ihrer Firma einen Besuch abstattete und mich mit einer Gruppe von acht leitenden Führungskräften traf. Alice war eine davon. Nach der Sitzung gingen wir zusammen etwas trinken, und Alice erzählte mir, was sich inzwischen ereignet hatte. Alice ist jetzt 45 Jahre alt, geschieden und immer noch kinderlos. Als sie sich schließlich gegen ein Kind entschied, bedeutete das die Scheidung.

Sie spricht von einem »Loch in ihrem Herzen«, das niemals gefüllt werden wird, und mit einem Anflug von Bitterkeit erzählte sie, daß alle ihre sieben Kollegen, die ebenfalls an der Sitzung teilnahmen, Kinder hätten und daß fünf von ihnen glücklich verheiratet seien. Alice fühlt sich am Arbeitsplatz isoliert, zum einen, weil sie in der Regel bei internen und externen Sitzungen die einzige Frau im Raum ist, und zum anderen, weil sie vom Golfspiel, vom Drink nach der Arbeit und von den gesellschaftlichen Kreisen ihrer Kollegen ausgeschlossen bleibt.

Auf der Habenseite steht die Tatsache, daß Alice ihren Beruf immer noch liebt und stolz auf ihre Leistungen ist. Aufgrund ihres flexibleren Zeitplans kann sie sich relativ oft einer Umweltschutzgruppe widmen, die sich ihre Marketingkenntnisse und ihre geschäftlichen Beziehungen zunutze macht. Sie ist nicht wirklich in die Gruppe der Managerinnen in ihrem Unternehmen integriert, was ihrer Meinung nach wohl daran liegt, daß sie für diese Frauen kein nachahmenswertes Vorbild darstellt, da sie nicht Beruf und Familie zu verbinden sucht. Außerdem nimmt man ihr übel, daß sie während ihres Aufstiegs auf der Karriereleiter ihren Kolleginnen nicht sehr hilfreich begegnete. Dennoch *ist* sie eine Fürsprecherin der Frauen im Kreise des Topmanagements. Sie ist stolz darauf, daß sie gelernt hat, wie man männliche Manager für frauenspezifische Barrieren sensiblisiert, indem man sie im wirtschaftlichen Fachjargon beschreibt. Sie sagte mir, daß sich die Chancen für die heute neu eingestellten Frauen verbessern werden, obwohl sie nicht genau sagen könne, wie schnell oder in welchem Umfang das letztendlich der Fall sein werde. Sie ist nicht völlig davon überzeugt, daß das erforderliche grundlegene Umdenken in absehbarer Zukunft tatsächlich stattfinden wird.

Das zweite Beispiel, das ich anführen möchte, bezieht sich ebenfalls direkt auf das Dilemma, dem Frauen begegnen, wenn sie Beruf und Familie unter einen Hut bringen wollen. Diese Geschichte erzählte mir die hochrangigste Frau in einer großen Versicherung. Katharine ist derzeit Präsidentin und CEO einer der wichtigsten Tochtergesellschaften dieses Unternehmens. Die mir anvertrauten Erlebnisse stammen aus ihrer Anfangszeit bei dieser Gesellschaft.

Sie startete ihre Laufbahn bei ihrem derzeitigen Arbeitgeber vor zehn Jahren mit einem ausgezeichneten Vorstellungsgespräch. Der Vertreter der Personalabteilung sagte zu Katharine, daß sie in der nächsten Woche nicht mit einem Bescheid rechnen könne, aber beide Seiten verabschiedeten sich mit einem sehr guten Gefühl.

Unmittelbar nach diesem Gespräch hatte Katharine zufällig einen Termin bei ihrem Arzt. Zu ihrem Erstaunen mußte sie feststellen, daß sie im dritten Monat schwanger war. Sie rief sogleich bei der Personalvermittlungsagentur an, die ihr Vorstellungsgespräch organisiert hatte. Ihr dortiger Ansprechpartner versicherte ihr, daß ihr Zustand kein Problem sein dürfte und daß er diese Information an ihren potentiellen Arbeitgeber weiterleiten werde.

Der Personalberater kam nie zu diesem Anruf. Die für die Einstellung zuständigen Mitarbeiter der Versicherung waren so beeindruckt von Katharine, daß sie beschlossen, sie noch am gleichen Abend zu Hause anzurufen und ihr eine Offerte zu unterbreiten.

Der Mann, der das Vorstellungsgespräch mit ihr geführt hatte, erreichte sie an jenem Abend telefonisch und bot ihr die Stelle an. Sie teilte ihm unverzüglich mit, daß sie soeben von ihrer Schwangerschaft erfahren habe. Es entstand eine Pause. Er sagte, er werde sie zurückrufen. Katharine erfuhr später, daß er nicht wußte, was er sagen sollte, bzw. ob er das Angebot zurückziehen könne, ohne einen Rechtsstreit zu riskieren. Seine Nachforschungen ergaben, daß dies nicht der Fall war. Katharine erfuhr später auch, daß jedermann annahm, diese Stelle sei für sie eine Übergangslösung, da sie letztlich eine noch höhere Position anstrebe. Niemand glaubte, daß sie nach dem Mutterschutz weiterarbeiten würde. Noch nie zuvor hatte es in diesem Unternehmen auf einer so hohen Ebene eine schwangere Frau gegeben.

Katharine erfuhr während ihrer Schwangerschaft Unterstützung von seiten ihrer Kollegen und kehrte drei Monate nach der Geburt ihrer Zwillinge an ihren Arbeitsplatz zurück. Zwei Jahre lang setzten sie und das Topmanagement alle Hebel in Bewegung, damit alles funktionierte. (Als der Unternehmensleiter sie erstmals dem Vorstand vorstellte, sagte er, er habe drei zum Preis von einer bekommen – eine Bemerkung, die manche Frauen als beleidigend empfinden würden. Katharine hingegen interpretierte sie als freundliche Bemerkung eines Mannes, der in einer anderen Zeit aufgewachsen war.) Nach vier oder fünf Jahren war Katharines Status als junge Mutter von zwei Kindern so akzeptiert, daß dies praktisch kein Thema mehr war. Wenn in der Schule oder in anderen Lebensbereichen ihrer Kinder ein wichtiges Ereignis stattfindet, legt sie besonderen Nachdruck auf ihre Teilnahme; selbst wenn die Veranstaltung mit ihrer Arbeit in Konflikt steht, läßt sich in der Regel eine Lösung finden. Katharine ist viel unterwegs, macht abends Überstunden, leistet viel. In der nunmehr erreichten Position steht ihr ein relativ hohes Maß an Flexibilität zu, und ihre Vorgesetzten (sie hatte zehn in ebensovielen Jahren) haben ihr Verständnis entgegengebracht. Sie freut sich, daß sie ihre Kinder nicht verleugnen muß; viele Photos der Zwillinge schmücken ihr Büro.

Ein- oder zweimal im Jahr organisiert Katharine eine Party für die Kinder aller Beschäftigten. Sie erzählte mir, daß das bei den Männern großen Anklang fände – sie nehmen gerne ihre Kinder mit in die Firma, und obwohl das unweigerlich den Betriebsablauf etwas stört, haben sie festgestellt, daß die Arbeit trotzdem erledigt wird, weil die Beschäftigten gerne die mit den Kindern verbrachte Zeit wieder wettmachen. Sie sagt, daß man erkennen sollte, daß die Arbeit nicht der alleinige Lebensinhalt ist, und daß der Tatsache, daß Arbeitnehmer zeitweise 150prozentige Leistung erbringen können und dann zu anderen Zeiten wieder zurückfahren müssen, mehr Verständnis entgegengebracht werden sollte. Wenn sich ein Arbeitgeber langfristig die Loyalität seiner Mitarbeiter sichern will, muß er das Auf und Ab im Leben der Menschen anerkennen.

Wichtig an dieser Geschichte ist, daß Katharine in ihrem Vorstellungsgespräch offen über ihre Schwangerschaft gesprochen hätte, wenn sie davon gewußt hätte. Sie rief die Personalvermittlungsagentur unverzüglich an, als sie davon erfuhr – lange bevor ihr Gesprächspartner sich bei ihr melden sollte. Hätten jedoch die für die Einstellung zuständigen Mitarbeiter der Personalabteilung von ihrer Schwangerschaft gewußt, wäre sie möglicherweise nicht eingestellt worden, obwohl sie eine so ausgezeichnete Bewerberin war, daß die Entscheidung zu ihren Gunsten praktisch auf der Stelle gefällt wurde. Wie ihre verantwortungsvolle Position beweist, hat das Unternehmen in höchstem Maße von ihr profitiert. Man wählte Katharine wahrscheinlich nicht um der Quoten willen, sondern weil sie die beste Kandidatin war – und doch hätte man sich bewußt gegen sie entschieden, wenn ihr Zustand bekannt gewesen wäre.

Das ist der Gewinn. Ihm steht privates Leid gegenüber: Katharines Mann war nie ein besonders engagierter Vater. Er arbeitet länger als Katharine und zu unregelmäßigeren Zeiten, und aus diesem Grunde ist sie es, die in erster Linie an den schulischen Aktivitäten der Kinder teil nimmt, obwohl sie erheblich mehr auf Reisen ist als er.

Heute befindet sich das Paar mitten in einem häßlichen und nervenaufreibenden Scheidungsverfahren. Wegen seiner Distanz zu den Kindern und wegen ihrer häufigen Reisen hatten die Spannungen immer mehr zugenommen. Er streitet um das Sorgerecht, was sie in erster Linie für einen Racheakt hält. Die jetzt neuneinhalbjährigen Kinder wollen bei ihrer Mutter bleiben. Katharine hat das Gefühl, daß das System gegen sie arbeitet, da die Richter ein historisches Ungleichgewicht wiedergutmachen wollen, indem sie den Vätern vor Gericht gerne das Sorgerecht zusprechen. Es wird angenommen, daß die Frauen seit ihrem Vorstoß ins Berufsleben nicht mehr gebührend ihre Mutterrolle wahrnehmen. Denn es gilt nach wie vor die stillschweigende Annahme, daß die Mutter die Hauptbezugsperson sein sollte. Katharine kann unter Umständen das Sorgerecht erlangen, wenn sie Beistand von einem angesehenen Psychologen erhält, aber sie ist sich bewußt, daß jemand mit ihrem Einkommen, der sich so etwas leisten kann, eine Ausnahme darstellt. Dennoch könnte ihr das primäre Sorgerecht entzogen werden.

Ich kann keine Moral aus diesen beiden Geschichten ziehen, sondern nur meinen Eindruck von ihrer Komplexität widergeben. Jede der beiden Frauen stand vor einer Vielzahl von Hindernissen, als sie die Gratwanderung zwischen einer erfolgreichen Karriere und einem erfüllten Privatleben versuchte. Jede wählte zur Überwindung der Hürden einen anderen Ansatz. Obwohl beide Frauen mit einem gewissen Maß an Stolz und Freude auf ihren Lebensweg zurückblicken, leben sie auch in der Gewißheit, daß ihnen etwas entgangen ist.

Dieses Verlustgefühl und den daraus resultierenden bitteren Unterton habe ich bei vielen Frauen herausgehört, die sich mir im Laufe der Jahre anvertraut haben. Sie bitten mich häufig um Rat oder fragen, was ich an ihrer Stelle tun würde. Solche Fragen lassen sich nur schwer beantworten, was vor allem auf die starken Unterschiede in der Entwicklung, den Zielen und dem Niveau der Befriedigung jeder dieser Frauen zurückzuführen ist. Dennoch halte ich es zu diesem Zeitpunkt für bedeutsam, einige neue Perspektiven für unsere individuellen Entscheidungen und für deren praktische Umsetzung vorzustellen.

Die Grundlage dieser neuartigen Denk- und Handlungsansätze bildet die – wie ich es nenne – Fähigkeit der Frauen zu mehr Selbstbestimmung.

Der Weg zur Selbstbestimmung

»Bestimmen Sie selbst über Ihr Leben.« Aber natürlich. Ist das nicht einfach nur eine andere Formulierung für die abgedroschenen Platitüden der Selbsthilfebewegung? Versuchen Sie, Ihr gesamtes Potential auszuschöpfen. Nichts wie ran! Wer wagt, gewinnt.

Nein, dem ist nicht so.

Ich glaube, wir müssen einen Augenblick lang darüber nachdenken, wovon wir hier eigentlich sprechen. Schließlich glauben viele Menschen, mit denen ich mich dieser Tage unterhalte (einschließlich der Frauen in den oben angeführten Beispielen), daß sie im Rahmen des Möglichen bewußte persönliche Entscheidungen treffen. Sie glauben, daß sie *wirklich* »ihr ganzes Potential« ausschöpfen.

Wir haben zweifellos einen weiten Weg hinter uns. Noch vor dreißig Jahren hätten die Alarmglocken geläutet bei der Vorstellung, daß ein Mensch sich bei seinen beruflichen und familiären Entscheidungen nicht an seine geschlechtsspezifischen Optionen halten könne. Frauen blieben zu Hause. Die Männer gingen zur Arbeit. Das war die Regel, wenn auch nicht immer in der Praxis, so doch wenigstens in der Mythologie unseres Kulturkreises. Die Veränderungen, die in dieser Hinsicht stattgefunden haben, sind für jedermann deutlich erkennbar. Man braucht sich nur die beliebten Selbsthilfebücher, die Servicemagazine, die Talkshows und die Anzeigen anzusehen, die die neuen Ideale unserer Zivilisation speisen und von ihnen gespeist werden: Frauen, die Beruf und Familie ausbalancieren; Männer, die sich um ihre Kinder kümmern.

Dennoch hat der Durchschnittsbürger sich noch nicht so sehr vom traditionellen Rollenverständnis der Vergangenheit gelöst. Sicher, die meisten Frauen haben sich von der ultimativen Rolle der lebenslangen Vollzeithausfrau befreit. Aber sie sind immer noch für die häuslichen Belange zuständig; sie schleppen diese Probleme mit sich an den Arbeitsplatz und fühlen sich überlastet und manchmal überwältigt. Die Männer spielen zwar im Familienleben eine größere Rolle, aber bis auf wenige Ausnahmen ist es ihnen nicht gelungen, die Forderung abzuschütteln, daß sich ihr Leben um ihre Karriere drehen sollte. Ihr familäres Engagement ist somit notgedrungen eingeschränkt.

Meiner Meinung nach besitzen wir das Potential zu weitaus größeren Fortschritten. Wir scheinen noch immer in der *heutigen Situation* gefangen zu sein. Ich bin überzeugt, daß uns der Überblick fehlt, daß es eine ganze Bandbreite von Alternativen gibt, die sich Frauen und Männer heute gar nicht vorstellen können – Entscheidungen, die in dem grenzenlosen Raum der *zukünftigen Möglichkeiten* getroffen werden können.

Neue Alternativen

Wir haben eine Reihe von Thesen übernommen, die unser Bewußtsein für die vorhandenen Alternativen einengen. Ein kurzer geschichtlicher Überblick zeigt allerdings, daß bei unseren gesellschaftlichen Aufgaben im Laufe der Zeit eine immer stärkere Polarisierung zu beobachten war, obwohl die Notwendigkeit geschlechtsgebundener Rollen stetig abgenommen hat.

Wenn wir einen Blick zurück in die Frühgeschichte der Menschheit werfen, sehen wir die Anfänge der Aufgabenteilung unter den Geschlechtern. Aufgrund der Fähigkeit der Frauen, Kinder zu gebären und zu stillen, entschied zu jener Zeit ihr Schutz über das Überleben eines Stammes. Gleichzeitig wurde den Männern wegen ihrer körperlichen Stärke die Aufgabe der Jagd übertragen; sie waren im wahrsten Sinne des Wortes die Ernährer, denn sie brachten Nahrung im Rohzustand nach Hause. Aufgrund der relativ beschränkten Rolle der Männer in der Fortpflanzung hielt man es für akzeptabel, daß sie sich häufig Gefahren aussetzen mußten – sie waren, um es klipp und klar zu sagen, für das Überleben der Art insgesamt »entbehrlicher« als die Frauen. Zwei Aspekte dieser frühen Arbeitsteilung sind zutreffend. Erstens machte sie aus der Perspektive der Überlebensfähigkeit Sinn. Zweitens lebten und arbeiteten die beiden Geschlechter trotz ihrer unterschiedlichen Aufgaben Seite an Seite, und ihre Rollen waren relativ vage definiert.

Später, im Agrarzeitalter, war die Arbeitsteilung der Geschlechter unter Umständen weniger maßgeblich für das Überleben an sich, war aber aus ökonomischer Sicht immer noch sinnvoll. Gleichzeitig teilten Männer und Frauen wirklich miteinander. Die Familie war die zentrale Wirtschaftseinheit. Die Menschen verließen sich auf die Arbeitskraft ihrer Kinder, und angesichts der verheerenden Kindersterblichkeit war es eine Lebensaufgabe, eine gesunde Familie zur Bewirtschaftung des Hofes großzuziehen.

Nach der industriellen Revolution war die traditionelle Verteilung der Geschlechterrollen noch immer bequem und funktional. Es war sinnvoll, daß die Männer zu einer zentralen Arbeitsstätte gingen, wo sich die Maschinen befanden, und daß die Frauen ihre Kinder zu Hause großzogen. Dabei waren sich die Ehepartner im wesentlichen über die angestrebten Ziele einig, obwohl sie unter Umständen die Einzelheiten ihrer komplementären Rollen aushandeln mußten. Es handelte sich zumeist um Variationen eines Themas: Der Mann hatte einen angemessenen Lebensstandard zu bieten, während die Frau sich um Haushalt und Kinder kümmerte. Beide erfüllten diese Aufgaben in einer für beide Partner akzeptablen Art und Weise. Jeder trug die Hauptverantwortung für seine eigene Domäne und wurde dort respektiert.

Gegen Mitte dieses Jahrhunderts verloren diese Geschlechterrollen dann allmählich ihren Sinn. Neue Bedingungen eröffneten den Frauen den Weg in die Welt der Männer. Seit der Erfindung des Flaschenzugs, des Hebels und des Rads und später dann mit hochentwickelteren, technischen Errungenschaften war überlegene Muskelkraft keine Voraussetzung mehr für die Teilnahme am Arbeitsleben. Das Gehirn ersetzte die Muskeln, und damit konnten Frauen ohne weiteres »Männerarbeit« verrichten.

Wenn das Gegenteil eingetreten wäre – wenn die Männer alle »Frauenarbeiten« hätten übernehmen können – dann hätten wir meiner Ansicht nach wohl einen direkten Übergang zu einer neuen, vollkommen androgynen Welt erlebt. Aber das war nicht der Fall. Weshalb? Weil es eine »Frauendomäne« gibt, die den Männern verschlossen bleibt: Sie können keine Kinder gebären. Es gibt zwar keinen Grund für die Annahme, daß Männer nicht genauso fürsorglich sein können wie Frauen. Aber Vorgänge wie Schwangerschaft, Geburt und Stillen, in denen Frauen eine zentrale biologische Rolle spielen, sind so mächtig, so wesentlich für die Zukunft unserer Zivilisation, daß wir, wie ich glaube, eine unnötig konservative Haltung in bezug auf Abweichungen von vertrauten Rollen eingenommen haben. Tatsache ist, daß mit Ausnahme der mit der Austragung eines Kindes verbundenen Funktionen die

Rollen von Mann und Frau nahezu austauschbar sind. Die herrschende Meinung sieht das natürlich immer noch anders.

Mitte dieses Jahrhunderts verstärkten sowohl psychologische als auch gesellschaftliche Tendenzen die Trennung der Männer- und Frauenwelt. Insbesondere die Theorien Freuds unterstützten ein starres Festhalten an der Trennung der Geschlechterrollen in der Nachkriegsgeneration der 50er Jahre. Doch diese heftig polarisierte ideologische Botschaft der Nachkriegsära – Männer, produziert Güter! Frauen, bekommt Kinder! – kam zu einer Zeit, als Kinder für eine Familie Kosten anstatt eines wirtschaftlichen Vorteils verursachten, als die Kindersterblichkeit drastisch gefallen war und Verhütungsmittel leicht erhältlich waren. Es gab keinen kulturgeschichtlichen Grund, weshalb Frauen sich ihr Leben lang zu Hause der Kindererziehung widmen sollten.

Der Vorstoß der Frauen in das Berufsleben Mitte der 60er und in den 70er Jahren stellte ganz gewiß die herkömmlichen Annahmen in Frage. Viele Menschen mußten ihre Werte und Meinungen überdenken und neu definieren. Dennoch wurde nicht erkannt, daß die Frauen sich eine Doppelbelastung aufluden. Aufgabenteilung zu Hause wurde kaum in Betracht gezogen. Die Männer wären zu jener Zeit für diesen Gedanken auch nicht empfänglich gewesen.

Heute bewegen wir uns allmählich in eine weniger geschlechtsdefinierte Richtung. Und dennoch... So viele der Gruppen, mit denen ich spreche, sind den Vorstellungen der Vergangenheit verhaftet. Auch wenn beide Partner berufstätig sind, müssen nach der Geburt eines Kindes noch nahezu ausnahmslos die Frauen ihre Karriere hintanstellen, ob sie wollen oder nicht. Männer, die sich über die Abwesenheit ihrer Väter ärgerten, verbringen selbst immer noch sehr wenig Zeit mit ihrer Familie. Frauen haben verständlicherweise Bedenken, sich in traditionell männliche Bereiche vorzuwagen. Berufstätige Mütter glauben, daß sie nach dem – allzu kurzen – Erziehungsurlaub wieder eine Vollzeittätigkeit ausüben müssen. Sie meinen, daß ihnen bei der Kinderbetreuung einzig und allein jene Möglichkeiten offenstehen, die am Schwarzen Brett ihres Unternehmens angeschlagen sind oder vom örtlichen Vermittlungsdienst empfohlen werden. Sie stürzen sich weiterhin in den erschöpfenden Pendelverkehr, anstatt sich einen Arbeitgeber, der weniger weit von ihrem Wohnort entfernt liegt, oder eine Wohnung in der Nähe ihres Arbeitgebers zu suchen.

Wir leben in einem neuen Zeitalter, in dem die einstige Rechtfertigung der Geschlechtertrennung nicht mehr gilt und alle Alternativen greifbar sind – aber wir tanzen immer noch zu den gleichen, alten Platten. Heute ist Selbstbestimmung für Frauen wie Männer möglich und wünschenswert. Beide Geschlechter können sich ausschließlich auf ihre Karriere konzentrieren. Männer wie Frauen können gerade soviel arbeiten, daß es für den Unterhalt ihrer Familie reicht. Sie können das Tempo wechseln, in mittlerem Alter den Beruf wechseln, umziehen, verschiedene Lebensweisen ausprobieren. Sie können sich Arbeitsgebiete auswählen, in denen große Personalknappheiten prognostiziert werden, oder neue Branchen, in denen männliches Management keine Tradition hat, weil sie entstanden, als die Frauen bereits die Hälfte der Führungskräfte auf der Einstiegsebene ausmachten. Sie können Beruf und Familie in einer sowohl persönlich befriedigenden als auch machbaren Weise und Reihenfolge kombinieren.

Dennoch wurde Frauen und Männern eingeredet – und sie reden es sich auch selbst ein –, daß sie Rollen zu übernehmen hätten, die immer noch wesentlich von ihrer Geschlechtszugehörigkeit bestimmt werden. Nicht nur die Arbeitgeber müssen erkennen, daß die bisherigen schrittweisen Veränderungen grundsätzlich unzureichend sind, auch beide Geschlechter müssen erkennen, daß bis heute ihre Schritte in Richtung auf neue Alternativen oftmals zögerlich und unvollständig waren. Es bieten sich noch ganz andere berufliche und familiäre Optionen – weit über alle jetzigen Möglichkeiten hinaus.

Angehörige der heutigen Generation müssen sich als erstes die Frage stellen: »Wie wichtig sind mir meine elterlichen Aufgaben, und wieviel bedeutet mir meine Arbeit?« Und diese zweiteilige Frage ist vielleicht die tiefsinnigste, die wir uns je gestellt haben. Hier gibt es keine richtige oder falsche Antwort, keine leicht bestimmbaren Größen. Was immer wir tun, wir sollten auf jeden Fall eine bewußte Entscheidung fällen, und diese im Laufe unseres Lebens von Zeit zu Zeit neu überprüfen.

Wenn ich von Selbstbestimmung spreche, meine ich damit einen recht anspruchsvollen, gründlichen Prozeß – keinen rhetorischen Höhenflug und kein reflexartiges Yuppie-Schlagwort, sondern einen realistischen Lebensansatz. Ich meine damit kein Idealbild, das nur wenige Privilegierte erreichen können, sondern einen Schritt, den jeder Mensch gehen kann, ungeachtet seines Alters oder Geschlechts, seines Arbeitsbereichs, seines Einkommens oder Familienstands.

Was versteht man unter »progressiv«? Progressiv ist jemand, der bewußt voranschreitet und sich zum Bindeglied zwischen der Realität und dem gewünschten Zustand, zwischen dem *Istzustand* und dem *Sollzustand*, macht. Seine Aktionen müssen nicht unbedingt einen radikalen Bruch mit früheren Normen und der herrschenden Meinung darstellen.

Sie müssen jedoch das Ergebnis einer bewußten Entscheidung sein, diese Normen nach den eigenen Bedingungen anzunehmen, zu modifizieren oder abzulehnen.

Selbstbestimmung bedeutet, daß man sich nicht einfach mit dem Strom treiben läßt, sondern aktiv daran arbeitet, in Beruf und Familie Bedingungen zu schaffen, die eine persönliche Erfüllung ermöglichen. Eine Frau kann sich beispielsweise für ein College nur für Frauen entscheiden oder eine unübliche Laufbahn einschlagen. Selbstbestimmung kann bedeuten, daß sie in einen Landesteil zieht, in dem keine Hektik herrscht, das Klima phantastisch ist oder es kulturelle Angebote in Hülle und Fülle gibt, wo Wohnraum billig ist und man ungeahnte Kräfte entwickeln kann. Es könnte bedeuten, daß sie einem ehrgeizigen Partner entgegenkommt, indem sie eine »ungebundene« Laufbahn einschlägt, oder eine Ehe mit jemandem ablehnt, der ihre Karriere nicht unterstützt oder keinen Anteil an der Kindererziehung übernehmen will. Es könnte bedeuten, daß sie ihrem Arbeitgeber die Argumente für Teilzeitbeschäftigung schriftlich vorlegt oder sich einen Job-Sharing-Partner sucht. Es könnte bedeuten, daß sie bei der Institutionalisierung alternativer Beschäftigungsarrangements behilflich ist, damit nicht bei jeder neuen Vereinbarung das Rad neu erfunden werden muß.

Ich möchte meine Ideen anhand eines Beispiels verdeutlichen. Vor einigen Jahren traf ich mich mit der Marketingleiterin einer Großfirma aus St. Louis. Am Tag unseres Gesprächs hatte sie gerade eine Frau für ihre Abteilung eingestellt und erfuhr später, daß die neue Mitarbeiterin schwanger war. Auf meine Frage antwortete sie, daß sie die Frau auf jeden Fall engagiert hätte, selbst wenn sie von der Schwangerschaft gewußt hätte.

Warum war diese Marketingleiterin so zuversichtlich? Sie erzählte mir, daß während der letzten Jahre mindestens 30 Frauen aus ihrer Abteilung in Mutterschutz gegangen seien. Nur eine einzige sei nicht zurückgekommen; eine zweite habe sich für Teilzeitbeschäftigung entschieden. Alle anderen arbeiteten nach dem Mutterschaftsurlaub wieder Vollzeit wie zuvor. Es nimmt nicht Wunder, daß sie Schwangerschaften nicht als Problem, sondern als überschaubare Aufgabe betrachtete.

Wir kamen zu dem Schluß, daß diese wundervolle, aber ungewöhnliche Erfahrung auf mehrere Faktoren zurückzuführen sei. Erstens kommt die gesamte arbeitende Bevölkerung von St. Louis nicht später als 18.00 Uhr nach Hause, weil alle Büros zu einer vernünftigen Zeit schließen und die Heimfahrt im Durchschnitt weniger als 30 Minuten dauert. Somit sind voll berufstätige Eltern nicht so lange von ihren Kindern getrennt. Zweitens gibt es in St. Louis Kinderbetreuungsmöglichkeiten in Hülle und Fülle und allen Variationen. Drittens geht das Unternehmen, bei dem diese Managerin beschäftigt ist, mit großer Flexibilität auf die Bedürfnisse berufstätiger Eltern ein.

Vor kurzem bat ich diese Marketingleiterin, mir den neuesten Stand der Dinge zu berichten. Sie sagte, daß zwar die Umstände, unter denen die neue Managerin ihre Arbeit aufgenommen habe, bei einigen Leuten Besorgnis geweckt hätten, daß diese aber inzwischen aufgrund ihrer guten Leistungen zerstreut sei. Die Moral der Geschichte lautet, daß man Familie und Beruf durchaus in Einklang bringen kann und daß der Erfolg in starkem Maße von den eigenen Entscheidungen abhängt. In dem Unternehmen aus meinem Beispiel herrschen sicher bessere Bedingungen als in den meisten anderen, aber Frauen und Männer können darauf hinarbeiten, in ihren eigenen Firmen ein ähnliches Klima zu schaffen. Darüber hinaus bietet jedoch das Leben in St. Louis – und ähnlichen Städten – auch deutliche Vorteile hinsichtlich der Kinderbetreuung und der üblichen Arbeitszeiten – Vorteile, die der einzelne selbst wählen kann.

Roger Rosenblatt beschreibt in einem Essay über den tschechoslowakischen Aufstand von 1989 insbesondere das Verhältnis des einzelnen Bürgers zu den zunehmenden Massenaktivitäten. »Die Sehnsucht nach Unabhängigkeit ist dem Menschen angeboren«, schreibt er. »Aber trotz ihrer angeborenen Merkmale kann man den Menschen ihre Abhängigkeiten ganz gut schmackhaft machen. Man muß nicht viel Energie aufwenden, um sich in die Gefangenschaft zu fügen. Der Entschluß, sich von der Masse abzuheben, aufzufallen, das einzigartige Wesen, von dem man weiß, daß es in einem steckt, der Öffentlichkeit vorzustellen, bedarf hingegen einer gewaltigen Willensanstrengung.« An anderer Stelle fährt er fort: »Will man die kollektive Tyrannei vermeiden, so muß man Selbstbestimmung lernen, den Gedanken, daß eine Demokratie von jedem einzelnen Individuum gebildet wird; man muß erkennen, daß jeder Mensch ein eigenes System bildet und in einer Menschenmenge furchtbar einsam, großartig einsam ist.«[1]

Der Übergang

Ich glaube, daß viele Frauen dies für eine sehr riskante These halten. Es ist einfacher, die tradierten Normen zu akzeptieren, selbst wenn die herkömmlichen Rollen uns nicht mehr so gute Dienste leisten wie früher.

Manchmal überrascht es mich, wieviel Menschen auf die Annahme geben, daß sie keine Wahl haben. Sie fürchten sich zu sehr, drastischere Schritte gegen die hergebrachten Geschlechterklischees zu ergreifen.

Ihre Furcht kommt in einem typischen Verhaltensmuster zum Ausdruck, das ich oftmals in meinen Gesprächen mit Frauen verschiedenen Alters und mit unterschiedlichem Erfahrungshorizont beobachtet habe. Die meisten Frauen bringen manche der Themen, die maßgeblich für das Funktionieren ihrer Beziehungen zu ihren Lebensgefährten sind, kaum je Männern gegenüber zur Sprache. Was bedeuten die elterlichen Aufgaben für jeden von uns? Welches Engagement erfordert das von jedem von uns? Was bedeutet uns jeweils unsere Karriere? Welchen Stellenwert mißt jeder von uns dem beruflichem Erfolg bei? Wessen Karriere wird gegebenenfalls in unserer Ehe Priorität eingeräumt? Wenn ich Frauen frage, weshalb diese Punkte nur selten angesprochen werden, klingt in ihren Antworten immer auf die eine oder andere Weise die Furcht vor einer Gefährdung der Beziehung durch.

Im vergangenen Jahr flog ich nach Atlanta, um vor den Mitgliedern der »Foundation for Student Communication« zu sprechen – einer Gruppe von 200 hochbegabten Betriebswirtschaftsstudenten aus den besten Colleges und Universitäten des Landes. Ein junger Mann und eine junge Frau holten mich am Flughafen ab. Er saß am Steuer und wartete im Wagen, während sie mich in der Wartehalle begrüßte. Ich wollte an jenem Abend über die Aufgabenteilung in der Ehe sprechen; also nutzte ich die Gelegenheit, um die Einstellung dieser Studentin auszuloten. Ja, meinte sie, sie und ihre Freundinnen unterhielten sich untereinander über Fragen zu Beruf und Familie – aber nicht mit den jungen Männern aus ihrem Bekanntenkreis. Sie wollte Kinder haben und antwortete auf meine nachdrückliche Frage, daß sie für jedes wohl ein Jahr aussetzen werde. Würde ihr zukünftiger Ehemann mit ihr die Verantwortung für den Haushalt und die Kinder teilen? Sie sagte, sie hoffe, daß er einspringen würde.

Während der Fahrt zum Hotel stellte ich meinem Fahrer die gleichen Fragen. Ja, sicher wolle er Kinder haben. Meine nächste Frage überraschte ihn, und er antwortete wie aus der Pistole geschossen, er *könne* sich keine Zeit für einen Erziehungsurlaub nehmen. Erwartete er also, daß seine zukünftige Frau die Kinder großzog? Nun ja, vielleicht, aber natürlich könne sie frei entscheiden.

Im Mittelpunkt des Schweigens über die zukünftige Rollenverteilung in der Familie und im Zentrum des Widerstands der Frauen gegen die Risiken, die sie zur Wahrnehmung ihrer neuen Alternativen eingehen müssen, steht ihr unterschwelliges Gefühl, daß sie wirtschaftlich von den Männern abhängig sind. Sicherlich steckt ein Körnchen Wahrheit in diesem Glauben. Dennoch bin ich der Ansicht, daß Frauen hier zu weitaus mehr Autonomie fähig sind als viele glauben. Wenn die Frauen die Gefahren kennen, können sie fundierte Entscheidungen treffen, die zu ihrer finanziellen Sicherheit beitragen – aber nur dann, wenn sie ihre Optionen kennen und eine geeignete Alternative auswählen.

Der Abhängigkeitsglaube beruht auf zwei irrigen Annahmen. Zum einen ist da eine Stimme in der Tiefe des weiblichen Bewußtseins, die sagt: »Es wird sich jemand um mich kümmern«. Wenn sie diese Stimme hören, glauben Frauen oftmals, daß ihr Einkommen nicht wichtig oder zumindest nicht von primärer Bedeutung ist. Ich kenne viele Frauen, die mehr verdienen als ihre Ehemänner (bei 18 Prozent der Doppelverdiener ist das der Fall), und dennoch ihre Einkünfte als sekundär, wenn nicht sogar als entbehrlich betrachten. Die Situation wird zusätzlich verkompliziert, weil die Männer zwar vom Einkommen der Frauen abhängig sind, sich aber gleichzeitig eine treusorgende Ehefrau und Mutter wünschen. Der Weg zur Superfrau ist vorprogrammiert – eine Rolle, die, wie wir alle wissen, ein reiner Mythos ist.

Früher begaben sich die Frauen aus dem behüteten Haus ihres Vaters in die Obhut ihres Ehemanns. Heute müssen sie unbedingt bewußt den Traum über Bord werfen, daß ein Märchenprinz sie jederzeit beschützen wird. Frauen können nur dann selbst über ihr Leben bestimmen, wenn sie erkennen, daß sie für sich selbst, und nötigenfalls auch für ihre Kinder, die finanzielle Verantwortung übernehmen müssen. Schließlich starten heutzutage die meisten Frauen ihre Karriere, bevor sie heiraten und Kinder bekommen. Während dieser Zeit stellen sie ihre finanzielle Unabhängigkeit deutlich unter Beweis. Dennoch verharren sie in ihrer passiven Haltung.

Die Wahrheit über das Lohngefälle

Die zweite Ursache für das wirtschaftliche Abhängigkeitsgefühl der Frauen ist die Diskussion über die unterschiedliche Bezahlung von männlichen und weiblichen Beschäftigten. Meiner Meinung nach ziehen viele Frauen (bewußt oder unbewußt) dieses Gefälle als Begründung für die Stagnation ihrer Karriere heran. Aus der feministischen Verwendung des Wortes »Lohngefälle« als Banner zur Mobilisierung der Truppen ist – wahrscheinlich ungewollt – ein Zerrbild dieses Begriffs entstanden, das zur Verstärkung eines Klimas beigetragen hat, in dem die einzelne Frau nicht bereit ist, die Risiken auf sich zu nehmen, die ihr mehr Kontrolle über ihr Leben ermöglichen könnten.

Das Durchschnittsgehalt der Frau liegt bei etwa 64 Prozent des Verdienstes ihrer männlichen Kollegen. Oft höre ich, wie Kommentatoren diesen Unterschied herausstellen und dann betonen, daß Veränderungen in diesem Bereich im Laufe dieses Jahrhunderts, in den letzten dreißig Jahren oder im vergangenen Jahrzehnt im Schneckentempo vor sich gegangen seien. In Wirklichkeit lag das Verhältnis 1890 bei 46 Prozent. 1930 war es auf 58 Prozent gestiegen. In den Folgejahren stieg es bis 1981 trotz der Verabschiedung der Gesetze über gleiche Lohnzahlung nur um ein auf 59 Prozent. Die Tatsache, daß das Lohngefälle ein so wirksames Symbol für die Ausbeutung der Frau, eine so schlagkräftige Waffe im Kampf gegen die Männer und für die Gleichstellung darstellt, erklärt vermutlich, weshalb um den enormen Anstieg der jüngsten Zeit (d. h. zwischen 1981 und 1989) auf 68 Prozent so wenig Aufhebens gemacht wird.[2]

Die Diskriminierung spielt mit Sicherheit eine Rolle im Gesamtbild der beruflichen Erfahrungen der Frauen, und wir sollten sie auf jede uns mögliche Art und Weise bekämpfen. Aber das Lohngefälle ist nur teilweise auf Diskriminierung zurückzuführen. Ich befürchte, daß die Hervorhebung dieses angeblich so unüberwindlichen Unterschieds das Gefühl der Unzulänglichkeit bei den Frauen verstärkt – und wie kann ein unzulänglicher Mensch Argumente für den Abbau diskriminierender Praktiken vorbringen? In gewisser Weise hat sich diese Prophezeiung selbst erfüllt.

Wenn man statt dessen die weiteren Ursachen für dieses Gefälle betrachtet, erkennt man, daß Lohnunterschiede zu einem Gutteil auf Faktoren zurückzuführen sind, die der oder die einzelne weitgehend unter Kontrolle hat. Die erste und wichtigste Ursache ist die Wahl des Fachgebiets. Der zweite und fast ebenso bedeutsame Grund ist die Kontinuität der Beschäftigung. An dritter Stelle steht das berufliche Engagement der Frauen, das traditionell gering war, aber rasch zunimmt. Eine Frau kann in all diesen Bereichen Optionen wählen, die ihr garantieren, daß sie bei der Gleichstellung der Geschlechter an vorderster Front steht.

Betrachten wir zunächst die Hauptursache für die Einkommensunterschiede zwischen Männern und Frauen: ihre jeweils bevorzugten Bereiche. Frauen drängen zahlreich in Berufe mit niedrigerem Lohnniveau.

Sie stellen 99 Prozent der Sekretärinnen, 95 Prozent der staatlich geprüften Krankenschwestern, 96 Prozent der anderen Pflegekräfte, 85 Prozent der Bibliothekare und 85 Prozent der Grundschullehrer.[3]

Das ändert sich allmählich. Die Frauen von heute stecken ihre Karriereziele weitaus höher als ihre Mütter, die ambivalenter waren, weniger Selbstvertrauen besaßen und in den Unternehmen und den freien Berufen einer männlichen Phalanx gegenüberstanden. Gordon W. Green, Jr., stellvertretender Leiter der Bevölkerungsabteilung in der amerikanischen Bundesarbeitsbehörde meint dazu: »Frauen dringen in Berufe ein, die traditionell von den Männern beherrscht wurden – freie Berufe, Posten im Management und technische Positionen – und die Einkommenskluft zwischen Männern und Frauen in diesen Berufen verringert sich.«[4]

Verfechter der Lohngleichstellung bringen das wichtige Argument, daß die Arbeitsplätze der Frauen traditionell abgewertet worden seien und daß der Sexismus den Frauen die Wahl und die Ausübung höherdotierter »Männerberufe« erschwere. Aber es gibt möglicherweise neben der Diskriminierung noch andere Gründe, weshalb die Frauen weiterhin in Berufssparten mit niedrigerem Lohnniveau strömen.

> Die psychische Belastung, die mit einer Position mit »Symbolcharakter« verbunden ist, spielt eindeutig eine Rolle bei der Weigerung vieler Frauen, aus den als Frauenberufen abgestempelten Zweigen auszubrechen – eine Weigerung, die den Fortbestand der ungleichen Bezahlung sichert. Paradoxerweise bewirkt die wirtschaftliche Motivation, die so viele Frauen zur Berufstätigkeit veranlaßt, unter Umständen auch, daß sie lieber in weniger belastenden Arbeitsbereichen bleiben, als das Risiko des Aufstiegs auf sich zu nehmen. Sie brauchen ihre Arbeitsplätze zu sehr, als daß sie viel aufs Spiel setzen könnten.[5]

Selbst wenn sich Frauen in traditionell männliche Bereiche vorwagen, neigen sie selbst dazu, Stellen auszuwählen, die besser zu ihrer herkömmlichen Sozialisation passen, wie zum Beispiel Managementpositionen im technischen Bereich. Ein anschauliches Beispiel ist die Tatsache, daß Frauen in den »weicheren« – und weniger gut dotierten – Stabspositionen stärker vertreten sind als in Linienpositionen, aus denen häufiger der Sprung an die Spitze gelingt. Dies ist teilweise darauf zurückzuführen, daß in den traditionellen Männerberufen immer noch ein rauhes Klima herrscht.

Vor kurzem hörte ich von einem Fall, der dieses rauhe Klima widerspiegelt. Obwohl es sich um ein etwas extremes Beispiel handelt, bin ich sicher, daß es in anderen Männerberufen ähnlich gelagerte Fälle gibt. Eine Ingenieurin bekleidete in einem großen britischen Energieunternehmen eine technische Position, von der es nur ein Dutzend vergleichbare im Konzern gab. Sie war während der Nachtschicht für die Produktionsüberwachung in einer ziemlich abgelegenen Betriebsstätte verantwortlich. In dieser Anlage gab es keine Damentoilette. Die dort beschäftigten Männer gaben ihr zu verstehen, daß bei der Benutzung ihrer Toilette die Sicherheit der Dame nicht gewährleistet sei. Wenn sie also ein menschliches Bedürfnis verspürte, setzte sie sich auf ein Fahrrad und fuhr anderthalb Meilen zum Nachbardorf. Derweil mußte sie ihre Station unbeaufsichtigt lassen und einen Betriebsunfall während ihrer Abwesenheit riskieren.

Das Lohngefälle ergibt sich auch aus der Kontinuität der Beschäftigung von Männern und Frauen. Insgesamt existieren immer noch deutliche Unterschiede in der Beschäftigungsstruktur der Geschlechter. Schätzungen zufolge nimmt der Durchschnittsmann 3,9mal eine Erwerbstätigkeit an und verläßt den Arbeitskräftepool freiwillig 3,6mal, während die Vergleichszahlen bei Frauen im Schnitt bei 5,5 bzw. 5,4 liegen.[6] Aufgrund von Schwangerschaften und familiären Verpflichtungen unterbrechen die Frauen ihre Berufstätigkeit häufiger, was im Laufe der Jahre zu einer Verlangsamung der Gehaltserhöhungen und einem geringeren weiblichen Durchschnittslohn führen kann.

Vergleiche über Generationen hinweg zeigen ein Bild der Einkommenssituation von Frauen. Eine Untersuchung der Lohnunterschiede zwischen den Geschlechtern bei verschiedenen Altersgruppen ergibt ein anderes Bild. Nach Aussage der Wirtschaftswissenschaftler James Smith und Michael Ward ist das Gefälle bei den 20-24jährigen weitaus geringer (aber immer noch alles andere als ideal); es liegt bei 86,2 Prozent.[7] Dies ist teilweise darauf zurückzuführen, daß Frauen heute besser ausgebildet sind als jemals zuvor. Man betrachte nur die Anfangsgehälter von MBA-Studenten. Das durchschnittliche Anfangsgehalt der Wharton-Absolventinnen lag beispielsweise 1989 bei 44.074 Dollar jährlich – eine *höhere* Summe als bei ihren männlichen Kommilitonen.[8] Neben der besseren Ausbildung gibt es noch eine weitere Erklärung für das geringe Lohngefälle bei jüngeren Frauen: Sie haben in diesem Alter noch keine Kinder und keine Karriereunterbrechungen. Das bedeutet nicht, daß die Einkommensunterschiede insgesamt verschwinden, sondern nur, daß dies der Fall wäre, wenn Frauen nicht für eine Verringerung der Arbeitszeit nach der Geburt eines Kindes büßen müßten.

Dieser Aspekt enthält eine Lehre für Frauen, die ihre finanzielle Unabhängigkeit verbessern wollen: Wer plant, »ein paar Jahre auszusetzen«, um Kinder großzuziehen, trifft eine Entscheidung, die sich letztlich auf ihr Einkommen auswirken wird. Kurzfristig gesehen verzichtet dann eine Frau auf ihr Gehalt und tritt in ihrer Karriere auf der Stelle. Sie ist unter Umständen zu diesem Kompromiß bereit, weil sie der Auffassung ist, daß sie ansonsten zu wenig an der Entwicklung ihres Kindes teilhaben würde. Die Lücke in ihrem Lebenslauf kann sich durchaus auch auf ihr zukünftiges Gehalt nach der Rückkehr in die Vollzeitbeschäftigung auswirken, wenn sie an Glaubwürdigkeit verloren hat und keine Chance zur Weiterverfolgung eigener Ziele eingeräumt bekommt. Sicher kann sie diese Verluste begrenzen – kurzfristig, wenn auch ihr Mann Erziehungsurlaub nimmt, und langfristig, wenn sie ihrem Arbeitgeber sowohl ihre Ziele als auch ihr Engagement verdeutlicht.

Hinter diesen Erläuterungen zum Gefälle im Einkommen steht meiner Ansicht nach die Neigung beider Geschlechter, die Hauptverantwortung für die Familie als selbstverständliche Aufgabe der Frau zu betrachten. Das kann bedeuten, daß sie eine Stelle in der Nähe des Wohnorts annimmt, die aber geringe Aufstiegsmöglichkeiten bietet, oder daß sie ihre Berufstätigkeit längere Zeit aufgibt, um sich der Kindererziehung zu widmen. Die meisten Männer spielen indes die Rolle des Haupternährers und schlagen daher eine sowohl lukrativere als auch kontinuierlichere berufliche Laufbahn ein. Neben der Stimme, die sagt »Es wird sich jemand um dich kümmern«, hören Frauen auch eine, deren Botschaft lautet: »Du mußt deine Familie hegen und pflegen.« Die Männer dagegen erhalten die stillschweigende Versicherung: »Deine Frau wird sich deiner emotionalen Bedürfnisse und auch deiner Kinder annehmen.« Dieses innere Diktum führt viele Frauen dazu, ihre Karriereziele vorübergehend zurückzustellen.

Sobald die Frauen erkennen, daß sie mit ihrer Berufswahl und der Entscheidung über ihren Karriereweg sowie mit konsequenten Beschäftigungsmustern die gleiche finanzielle Autonomie wie ihre Ehemänner erreichen können, wird sich die Einkommenslücke meiner Ansicht nach allmählich schließen.

Befürworter gleicher Lohnzahlungen schlagen als Alternative zur Überbrückung des Lohngefälles Gleichstellungsgesetze vor. Ich glaube, daß die Forderung nach gleicher Bezahlung am Ziel vorbeigeht, da die Diskriminierung nicht die Hauptursache für diese Einkommensunterschiede darstellt. Der Bundesstaat Washington hat als erster ein Comparable-Worth-Programm zur Lohngleichstellung eingeführt, um die Lücke zwischen dem männlichen und dem weiblichen Durchschnittslohn zu schließen. Durch die Aufwertung der Lohnskala in traditionellen Frauenberufen konnte die Kluft von 20 auf 5 Prozent verringert werden, und die Frauen genießen nunmehr ein neues Lohn- und Respektniveau. Dennoch arbeiten Männer wie Frauen nach wie vor in ihren angestammten Berufssparten. Die überdurchschnittlichen Löhne in den typischen Frauenberufen veranlassen Arbeitnehmerinnen sogar zu Fortsetzung ihrer Tätigkeit in diesen Bereichen, festigen somit die beruflichen Klischees und untergraben die Motivation der Frauen zum Vorstoß in Männerdomänen. Auf kurze Sicht sind diese Stellen jetzt attraktiver, aber Washingtons Lösung lenkt die Frauen von dem einzig effektiven Weg zur höheren Bezahlung ab, nämlich traditionell den Männern vorbehaltene Berufe zu wählen (zum Beispiel Ärztin statt Krankenschwester, Rechtsanwältin statt Rechtsanwaltsgehilfin, Linien- statt Stabsmanagerin, Konstruktions- statt Fertigungssteuerungsingenieurin). Außerdem mußte der Bundesstaat zur Finanzierung der Ausgleichszahlungen in Höhe von 400 Millionen Dollar die Teuerungszulagen kürzen, so daß das Lohnniveau in den Männerberufen um bis zu 30 Prozent zurückging. Daher zogen staatliche Stellen im Wettbewerb um die besten männlichen Mitarbeiter den kürzeren; die Privatindustrie konnte sie mit höheren Gehältern anlocken, so daß der Anteil der männlichen Beschäftigten des Bundesstaates Washington um 3 Prozent sank.[9] Dies bestätigt meinen Eindruck, daß die einzig sinnvolle Maßnahme zur Überwindung des Lohngefälles darin besteht, die Frauen zur Wahl traditionell männlicher Berufe zu ermutigen und sie dabei zu fördern.

Die Gefahr der Passivität

Konkrete Ängste vor wirtschaftlicher Abhängigkeit erklären vielleicht zum Teil die widerstrebende Haltung der Frauen in bezug auf die Selbstbestimmung, aber eine weitere Erklärung liegt mit Sicherheit in der weitverbreiteten Neigung zur Untätigkeit, hinter der teils Ärger und teils die Furcht steht, daß uns kein Erfolg beschieden sein kann, wenn wir uns auf neue Wege vorwagen. Der Eifer, mit der berufstätige Frauen immer wieder und wieder ihre Probleme durchkauen, anstatt auf Lösungen hinzuarbeiten, ist symptomatisch für diese Passivität. Es mag widersprüchlich klingen, aber meiner Erfahrung nach scheinen die Menschen angesichts all dieser lauten Klagen Veränderungsvorschlägen gegenüber taub zu sein.

Ein gutes Beispiel dafür erlebte ich in einem Gespräch mit einer Gruppe männlicher und weiblicher Führungskräfte aus verschiedenen

Unternehmen. Ziel der Diskussion war die Untersuchung einer von mir vorgelegten Frage: Könnte eine Frau fünf Jahre lang aussetzen und dann wieder auf den steilen Karrierepfad zurückkehren?

Bei den Diskussionsteilnehmern handelte es sich um Menschen, die sich der Lösung der Probleme berufstätiger Frauen verschrieben haben. Während unseres Gesprächs boten sie jedoch keine Lösungen an, sondern nur Erklärungen für den Status quo. Die meisten gaben lediglich ihre Beobachtung zu Protokoll, daß sie keine erfolgreiche Frau kannten, die ihre Berufstätigkeit längere Zeit unterbrochen hatte. Sobald sie einmal der Arbeit den Rücken gekehrt hatten, schienen die Frauen nach Ansicht einiger der anwesenden Manager mit ihrem Leben daheim zufrieden zu sein. Der Schritt von der Berufstätigkeit zum Hausfrauendasein und umgekehrt war schwierig. Den Gedanken, diesen Sprung zweimal zu wagen, hielten sie nicht für reizvoll. Die Möglichkeit, eine Frau Schritt für Schritt wieder ins Arbeitsleben einzugliedern, wurde nicht vorgeschlagen, und es sprach auch niemand die Vermutung aus, daß eine Frau nach einer längeren Pause gestärkt, ohne Schuldgefühle und bereichert durch die zutiefst lohnende, längere Beteiligung am Leben ihrer Kinder wieder ihre Karriere aufnehmen könne. Als ich diesen Punkt ansprach, hielten sie das anscheinend für unvorstellbar. Ich sage nicht, daß ihre Beobachtungen unrichtig waren, sondern lediglich, daß sie ihre Mutmaßungen aus den derzeitigen Gegebenheiten ableiteten. Sie kommentierten den Ist-, nicht den Sollzustand oder die zukünftigen Möglichkeiten.

Dennoch gibt es zahllose Beispiele für vielseitige, profilierte Frauen in gehobenen Berufen, die sich mitten in ihrer Laufbahn einige Jahre lang nur ihren Kindern gewidmet haben. Marilyn Laurie, leitende Vizepräsidentin für Public Relations bei AT&T, gehört zu den 13 Topmanagern dieses Unternehmens. Als ihre Kinder klein waren, arbeitete sie vier Jahre lang zu Hause in Teilzeit als freiberufliche Autorin. Barbara Preiskel, die im Vorstand von zehn Unternehmen (darunter solchen Giganten wie General Electric und American Stores) saß sowie über einem Dutzend gemeinnütziger Organisationen angehörte, war über vier Jahre lang ausschließlich für ihre Kinder da. Später arbeitete sie von 9.30 bis 14.30 Uhr als Rechtsberaterin für die Motion Picture Association und erweiterte dort ihre Arbeitszeit allmählich auf Vollzeit. Man könnte argumentieren, daß es sich hier um außergewöhnliche Frauen handelt. Es stimmt mit Sicherheit, daß diese extrem tüchtigen Frauen Kämpfernaturen sind. Sie setzen sich aktiv für ihre Interessen ein.

Aber ist ihr Erfolg nicht ein Beweis dafür, daß so etwas möglich ist? Wir müssen uns meiner Ansicht nach wieder zuerst das Undenkbare vorstellen – das, was unsere Passivität, unsere Furcht vor dem Unbekannten unvorstellbar nennt – um einen neuen Weg zu einem erfüllten Leben zu finden. Wir müssen uns ermahnen, uns vor der Akzeptanz eines homogenen gesellschaftlichen Musters zu hüten, das für jedermann »bequem« ist, und uns der Herausforderung stellen, Strukturen in Beruf und Familie zu schaffen, die für uns als Individuen sinnvoll sind.

Zieldefinition und Kompromisse

Der Komiker Steven Wright sagt: »Man kann nicht alles haben, wo würde man das denn hinstellen?« Der Weg zur Selbstbestimmung beginnt mit der Erkenntnis, daß man nicht »alles haben kann«. Das ist ein vages, bedeutungsloses Ziel, das einen nur unerbittlich und gnadenlos zu einem unerfüllbaren Streben nach mehr treibt, ohne daß einem jemals die Zeit bleibt, den Weg dorthin oder die Früchte seiner Arbeit zu genießen. Meiner Meinung nach ist diese Vorstellung, das es möglich und wünschenswert sei, alles zu haben, teilweise auf die irrtümliche Annahme zurückzuführen, die vor dreißig Jahren den Aufbruch der Frauen ins Arbeitsleben unterstützte: die Prämisse nämlich, daß Männer alles hätten.

Man kann nicht alles haben, aber man kann das *Gefühl* haben, daß man alles hat – wenn man das besitzt, was einem am wichtigsten ist.

Wir stehen am Beginn eines Zeitalters, in dem die Unternehmen gezwungen sein werden, auf die Bedürfnisse berufstätiger Mütter und auf den Ansturm der Frauen (auch derjenigen, die Kinder haben) auf höchste Spitzenpositionen einzugehen, da ein Mangel an fähigen, gut ausgebildeten Arbeitskräften ins Haus steht. In dieser Zeit werden die Hindernisse, denen Frauen gegenüberstehen, erkannt und beseitigt werden, und mehr Frauen werden ihre Arbeitsbedingungen abstecken können, darunter auch ihren Arbeitsumfang und ihren Standort. Aber es wird immer schwierig sein, ein Gleichgewicht zu finden zwischen den Zugeständnissen der Arbeitgeber, mit denen sie gute Mitarbeiter halten wollen, und den Opfern, die der bzw. die einzelne zur Erreichung ihrer Ziele bringen muß. Die zentrale Frage, die wir uns immer stellen müssen, bleibt: »Was ist mein sehnlichster Wunsch, und zu welchen Kompromissen bin ich bereit?« Nur in dem Maße, in dem wir für uns selbst eine

Antwort auf diese Frage finden, können wir hoffen, unsere Ziele mit geringstmöglichem Energieeinsatz, minimalen psychischen Belastungen und einem Maximum an Erfüllung zu erreichen.

Diese Frage muß man sich immer wieder stellen, da im Laufe der Jahre Änderungen in den Einstellungen, den Zielen und den Beziehungen zu anderen Menschen eintreten. Ich stelle mir den Prozeß der Evolution der Abhängigkeiten als ein Atom vor, dessen Kern das Individuum bildet, mit oder ohne Partner in verschiedenen Phasen des Lebens, umringt von Beziehungskreisen. Bei den meisten Menschen enthält dieses Atom Kinder, die heranwachsen und Unabhängigkeit erlangen und dann eines Tages aus dem Kern zum nächsten Ring und dann zu weiter entfernten Ringen wandern. Sie sind nicht länger Teil des Atomkerns, bleiben aber im inneren Kreis der Verwandten und Freunde, die im Laufe der Jahre mehr in die Mitte wandern.

Einige der dominanten Kräfte in unserem Leben sind schon frühzeitig erkennbar – zum Beispiel eine außergewöhnliche Begabung, Liebe zu Kindern, Gewinn- oder Machtstreben. Allmählich bildet sich unsere Persönlichkeit heraus und bestimmt unser Lebenstempo, durchdringt unsere Zielsetzungen und hilft uns bei der Festlegung unserer Prioritäten. Sie werden sich ändern, wenn die Forderungen unserer verschiedenen Lebensbereiche zu- oder abnehmen.

Ein wesentliches Element in diesem Prozeß ist die Entwicklung des nötigen Selbstvertrauens. Wir allein müssen für uns entscheiden, was wir für gut und richtig befinden. Wir müssen uns von überkommenen Wertvorstellungen befreien, unsere individuellen Bedürfnisse definieren und erkennen, daß wir heute zum ersten Mal frei wählen können. Es gibt keine starre Struktur mehr, in die wir uns einzupassen haben, keine unbeugsamen Regeln, an die wir uns halten müssen. Wir können wahrhaftig sagen: »Wenn ich selbst mit meiner Wahl zufrieden bin, dann habe ich mich richtig entschieden.«

Kapitel Fünf

Notwendige Kompromisse, unerwarteter Lohn

Die Anerkennung der Bedeutung der Selbstbestimmung ist eine Sache, die praktische Umsetzung hingegen eine vielschichtige Herausforderung. Ich halte es für sinnvoll, sich bei der Suche nach Alternativen auf die wichtigsten Entscheidungs- und Handlungsbereiche der meisten Menschen zu konzentrieren: Beruf und Familie. Ich kann kein Rezept anbieten, das in jedem der beiden Bereiche Erfüllung garantiert. Ich weiß, daß Erfüllung nahezu unmöglich ist, wenn man nicht weiß, wie man die Realitäten der Arbeits- und Berufswelt einzuschätzen hat oder wie die langjährigen privaten Beziehungen zu interpretieren sind. In diesem Kapitel möchte ich einige Beobachtungen beschreiben und Fragen stellen, die bei der Suche nach den optimalen Ansätzen für die einzelne Frau (oder den einzelnen Mann) hilfreich sein können.

Einige grundlegende berufliche Realitäten

Zwei Fragen muß sich jeder stellen, der im Arbeitsumfeld seine Prioritäten festlegen und Kompromisse eingehen möchte: Was will ich in meinem Beruf erreichen, und wie werde ich vorgehen?

Betrachten wir die in der ersten Frage enthaltenen Elemente. Dazu gehören natürlich die Wahl des Tätigkeitsfelds und die darin angestrebte Stellung und natürlich die Vorzüge, die man sich erwartet.

Ich höre ständig Menschen sagen, sie wollten in ihrem Beruf »an die Spitze« gelangen. Das ist eine unklare und letzten Endes unsinnige Formulierung. Ich glaube nicht, daß die meisten Menschen die Ebene festlegen, die sie im Unternehmen erklimmen wollen, obwohl manche schon bei ihrem Eintritt in die Firma von brennendem Ehrgeiz und dem Wunsch besessen sind, ganz an die Spitze zu gelangen.

Normalerweise führt ein Schritt zum anderen, und die Ziele eines Menschen ändern sich mit zunehmendem Wissen über den Beruf und das Unternehmen. Dennoch kann man bereits frühzeitig ein Gespür für seine Zielsetzungen entwickeln in bezug auf die Art der Arbeit, den gewünschten Autonomiegrad und Verantwortungsumfang, den optimalen Lebensstandard und somit das Gehalt sowie für seine Prioritäten hinsichtlich finanziellem Status, Familienleben, sozialem bzw. politischem Engagement, Macht, Autonomie, Anerkennung, Ruhm und Freizeit.

Bei der Festlegung der Karriereprioritäten können sich die Proportionen der bereits angesprochenen Pyramide als hilfreich erweisen. Im obersten Viertel der Pyramide sind weniger als zwei Prozent aller Beschäftigten zu finden. Sprechen Sie von diesem Viertel, wenn Sie sagen, Sie wollten »an die Spitze«? Im zweiten Viertel trifft man 11 Prozent aller Mitarbeiter an. Wollen Sie die Anforderungen für diese Ebene erfüllen und einen erheblichen Anteil Ihrer Zeit, Ihres Seelenfriedens und Ihrer Freiheit, anderen Interessen nachzugehen, opfern? Welche Voraussetzungen muß man erfüllen, wenn man in die obere Hälfte der Pyramide gelangen will? Wenn Sie die Mitte der Pyramide erreichen, so bedeutet dies, daß Sie zu den obersten 13 Prozent gehören, daß Sie eine höhere Position bekleiden als 87 Prozent Ihrer Kollegen. In jeder beliebigen Sozietät liegt das Verhältnis zwischen Partnern und anderen Spezialisten im Durchschnitt bei eins zu fünf. Bei Wirtschaftsprüfungsgesellschaften beträgt es eins zu zwanzig. Das Engagement, das für den Aufstieg auf eine bestimmte Ebene erforderlich ist, hängt von Faktoren wie Branchenmerkmalen, Berufszweig, Unternehmenskultur und Firmenstandort ab.

Sie sollten sich vor Augen halten, daß sowohl die Anforderungen als auch die Vorzüge zunehmen, je höher man klettert – ganz gleich, ob es sich bei der Organisationsstruktur des Unternehmens nun um eine Pyramide, ein Klettergerüst oder, im Falle der Sozietäten, um ein Rechteck mit einer Kuppel darüber handelt. Auf jeder Ebene sind Kompromisse erforderlich. Selbst auf den untersten Ebenen muß man den Wunsch, Zeit mit seiner Familie zu verbringen oder einer bevorzugten Freizeitaktivität nachzugehen, gegen die Notwendigkeit abwägen, seinen Lebensunterhalt durch Arbeit zu verdienen, oder – umgekehrt – sich für den schnellen Aufstiegspfad zu qualifizieren. Und auf den höchsten Ebenen motiviert einen der Wunsch nach mehr Vorzügen (Gehalt, Status, Macht, Prämien, Entfaltung einer besonderen Begabung oder Einsatz für eine selbstdefinierte »Mission«), andere Dinge zu opfern (Familienleben oder Freunde, Freizeit oder soziales Engagement). Es ist sinnvoll, auf einen Aufstieg auf der immer schmäler werdenden Karriereleiter hinzuarbeiten, bis man das gewünschtes Niveau erreicht hat, d.h. bis aus persönlicher Sicht die Vorzüge und die Verantwortung sich die Waage halten.

Die zweite Frage, die man sich stellen muß, lautet: Wie kann ich meine Karriereziele erreichen? Zu ihrer Beantwortung muß man relativ vertraut mit einigen der Gegebenheiten sein, die für den Aufstieg auf die nächste Ebene und auf das letztendlich anvisierte Niveau erforderlich sind.

Diese Gegebenheiten unterscheiden sich natürlich von einer Branche zur anderen und von einem Beruf zum nächsten. Dennoch gibt es einige allgemeine Indikatoren für das Verhältnis zwischen Zeit und Leistung, die Rituale der Unternehmens- und Berufswelt und die Dynamik und Fokussierung, die an verschiedenen Orten für den Aufstieg auf verschiedene Ebenen erforderlich sind. Zur Untersuchung dieser Fragen habe ich mit einer Gruppe hochrangiger Manager gesprochen.[1]

Zeit, Produktivität und Aufstieg

Da ein Teil der Realität die Zeit betrifft, bat ich die Gruppe, die Frage nach der Korrelation zwischen der aufgewendeten Zeit und dem beruflichen Fortkommmen zu erörtern. Konnten die Befragten verallgemeinernd die Arbeitgebererwartungen hinsichtlich des zeitlichen Engagements der Mitarbeiter auf verschiedenen Ebenen definieren? Wie sahen sie das Verhältnis zwischen Zeit und Produktivität? Zu welchem Zeitpunkt mußte man eine bestimmte Art der Leistung erbringen, um in den Pool der potentiellen Topmanager aufgenommen zu werden? Und konnte die Leistung jemals auch *ohne* zeitliche Komponente auskommmen?

Sie sahen übereinstimmend und fraglos eine Verbindung zwischen Zeit, Produktivität und Aufstieg, mit einem Vorbehalt. Von Führungsaspiranten wird mit Sicherheit erwartet, daß sie über die normale Arbeitszeit hinaus der Firma zur Verfügung stehen. Der erwartete Zeiteinsatz steigt aber nicht unbedingt mit jeder Sprosse der Karriereleiter. Dennoch wäre es falsch anzunehmen, daß der Zeitfaktor bei der Beförderung keine Rolle spielt – es geht nicht an, daß eine Führungskraft sagt: »Ich tue nur das, was nötig ist.«

Die zeitlichen Anforderungen für den Aufstieg im Unternehmen werfen natürlich spezifische Fragen für Frauen auf. Da viele von ihnen eine Doppelbelastung zu tragen haben, sind sie gezwungen, Entscheidungen zu treffen, die den Männern bisher noch nicht abverlangt wurden. Frauen mit Kleinkindern sind größeren zeitlichen Einschränkungen unterworfen als Männer, und daher müssen sie unbedingt wissen, ob ehrgeizige Mitarbeiter von Anfang an auf die Überholspur wechseln und ihr Letztes geben müssen oder ob weniger Intensität vorübergehend akzeptabel ist. Ebenso wichtig ist die Frage, ob es für jede Ebene eine zeitliche Struktur gibt, die in dem jeweiligen Unternehmen oder der jeweiligen Institution gefordert wird.

Was ist mit dem 18-Stunden-Tag? Müssen Frauen dieses totale Engagement bringen, wenn sie aufsteigen wollen? Können die Frauen das ändern? Auch das ist einer der heiklen Punkte, ähnlich wie der Versuch, eine Flexibilisierung der Arbeitszeit zu erreichen, ohne die Hauptlast der häuslichen Pflichten auf Dauer den Frauen aufzubürden. Frauen können das zeitliche Engagement nicht ablehnen, da es heute die Realität ist, und sie werden andernfalls in bestimmten Sparten keinen Erfolg haben. Natürlich können sie Berufe wählen, in denen keine unmäßigen Arbeitszeitanforderungen gestellt werden. Sicher kann eine Frau mit bescheidenen Zielen ein langsameres Tempo anschlagen und einige Jahre lang aussetzen, wenn sie bereit ist, wieder auf der gleichen Ebene wie zuvor einzusteigen. Aber nach allgemeiner Ansicht kann eine Mitarbeiterin das nicht tun, wenn sie eine sehr hohe Position anvisiert.

Ich legte diese Fragen Richard Heckert, dem ehemaligen Unternehmensleiter von Du Pont, vor. Seine Antwort lautete, daß eine Mitarbeiterin so lange nicht aus dem Rennen falle, wie sie auf der Ebene, auf der die Kandidaten für das Topmanagement ausgesucht werden, Vollzeit arbeite, selbst wenn sie zuvor ihre Arbeitszeit verkürzt oder eine langsamere Gangart eingelegt habe.

Das Problem besteht natürlich darin, daß eine Frau in fast allen Fällen als potentielle Topmanagerin abgeschrieben wird, wenn sie sich nicht mit dem Startschuß ins Rennen gestürzt hat oder wenn sie vor dem Auswahlzeitraum ihr Tempo eine Weile verringert hatte. Als Alternative bietet sich die Möglichkeit, ihre Karriere bei einem Unternehmen zu beginnen, dort intensiv zu arbeiten, um so schnell wie möglich aufzusteigen, und dann ihre Kinder zu bekommen. Wenn dadurch ihr Image leidet, kann sie sich bei einer anderen Firma bewerben, die von ihrem Fortkommen in den ersten zehn Hochgeschwindigkeitsjahren beeindruckt ist. Der neue Arbeitgeber wird wahrscheinlich nicht bemerken, daß sie einige Jahre lang ihr Tempo gedrosselt hat, sondern wird ihren beruflichen Werdegang und ihr hohes Potential sehen und sie einstellen. Gut für die Frau und schlecht für das Unternehmen, das viel in ihre Ausbildung und Erfahrung investiert hat, sie im Laufe der Jahre ein engmaschiges Sieb kontinuierlicher Beurteilungen durchlaufen ließ und die relativ kurze Zeitspanne verringerter Produktivität auf sich nehmen mußte.

Eine weitere Möglichkeit könnte sein, mit ihrem Vorgesetzten zu sprechen, nachdem sie von ihrer Schwangerschaft erfahren hat und bevor sie in Mutterschutz geht, und ihre bisherige Leistung beurteilen zu lassen. Wenn diese Wertung positiv ausfällt, könnten die beiden die Zukunftspläne der Frau erörtern. Sie könnte die Gelegenheit nutzen, um ihre lang- und kurzfristigen Karriereziele zu formulieren. Ihr Vorgesetzter wüßte dann über ihren Einsatzwillen Bescheid. Er wäre eher bereit, sie auf seiner Liste der vielversprechenden Kandidaten zu belassen und ihr nach ihrer Rückkehr auf den Karrierepfad entsprechend entgegenzukommen.

Mein Vorschlag ähnelt natürlich ein wenig dem Versuch, ein Puzzle zusammenzusetzen, ohne vorher das fertige Bild gesehen zu haben. Dennoch bin ich der Meinung, daß wir uns bemühen können, zu einem früheren Zeitpunkt über unsere Ziele nachzudenken und sie zu artikulieren, als dies heute zumeist der Fall ist. Als Beispiel möchte ich den Fall einer Managerin anführen, die ich in einem Unternehmen aus dem Großraum San Francisco kennenlernte. Sie ließ sich scheiden, als ihr zweites Kind sechs Monate alt war. Nach fünf Jahren als alleinerziehende Mutter heiratete sie wieder. Zu diesem Zeitpunkt beschloß sie, ihre Arbeitszeit – und gleichzeitig ihr Gehalt – zu verringern, damit sie mehr Zeit mit ihren Kindern verbringen konnte.

Die Untersuchung des Prozesses, den sie bei der Bestimmung ihrer neuen Stellung durchlief, ist meiner Ansicht nach sehr aufschlußreich. Viele Überstunden waren in ihrer Firma die Regel, und da die Managerin meinte, daß sie sich mit einer übermäßigen Arbeitszeitverkürzung nicht wohl fühlen würde, beschloß sie, 80 Prozent ihres früheren Zeitplans in vier vollen Tagen abzuleisten, anstatt jeden Tag oder jede Woche eine bestimmte Stundenanzahl weniger zu arbeiten. Sie betonte mir gegenüber, daß sie wechselseitige Flexibilität, sowohl auf Arbeitgeber- als auch auf Arbeitnehmerseite, für unbedingt erforderlich halte. Wenn sie daher trotz ihrer Vier-Tage-Woche auch am fünften Tag gebraucht wurde, willigte sie ohne Murren ein. Später nahm sie wiederum eine Änderung vor, die zeigte, daß sie sich bei der Zusammenstellung dieses Zeitplans nicht an den neuen Modus gebunden hatte. Diesmal wechselte sie von einer Linien- in eine Stabsposition und erhöhte ihre Arbeitszeit und ihren Verdienst auf 90 Prozent einer Vollzeitstelle.

Ich bin sicher, daß ihre Bereitschaft zur Erprobung von Alternativen und zur Artikulation ihrer Bedürfnisse ihr auch weitere Änderungen ermöglichen werden, falls sie das wünscht.

Unternehmensrituale

Die Zeit ist nur ein Aspekt, den aufstiegswillige Manager verstehen müssen. Die Sensibilität gegenüber der Unternehmenskultur spielt ebenfalls eine maßgebliche Rolle bei der Erkenntnis der zur Zielerreichung verlangten Voraussetzungen. »Man muß die Rituale des Unternehmens verstehen und achten«, sagte ein Topmanager zu mir. Diese Rituale erfordern nicht unbedingt die Bereitschaft zu endlosen Überstunden, können aber durchaus den »richtigen« Umfang der Arbeitszeit verlangen.

In der einen Firma könnte das Unternehmensritual beispielsweise vorschreiben, daß Manager auf niedrigeren Ebenen 15 Minuten früher am Arbeitsplatz erscheinen und 15 Minuten länger bleiben. Wenn Sie also um 17.10 Uhr den Fahrstuhl besteigen, fallen Sie aus dem Rennen. Allgemein gilt: »Diese Leute gehen nirgendwo hin; sie gehen nach Hause.« Es geht also nicht darum, wieviele zusätzliche Stunden ein Mitarbeiter sich auflasten will, sondern daß diese Stunden – oder Minuten – erkennbar und zum richtigen Zeitpunkt abgeleistet werden. Wenn Sie pausenlos arbeiten und immer im Büro sind, wird man Sie womöglich nicht für einen Erfolgsmenschen, sondern für ineffizient halten. Diese Rituale unterscheiden sich von einem Unternehmen zum anderen, von einer Branche zur nächsten und innerhalb eines Unternehmens von einer Abteilung zur anderen. Wenn Sie die obersten Ränge bei Firmen wie Goldman Sachs oder American Express erklimmen wollen, müssen Sie die entsprechende Zeit dafür aufbringen. Ob nun zu Recht oder zu Unrecht – die Unkenntnis der Unterschiede in der Unternehmenskultur ist Gift für die Karriere. Selbstbestimmung bedeutet in diesen Fällen nicht, daß man sich gegen die Unternehmenskultur auflehnt, sondern daß man die Variablen kennt, um angemessen reagieren zu können, oder ein Unternehmen wählt, mit dessen Kultur man zurechtkommt oder das einem ohne Schwierigkeiten die nötigen Kompromisse zugesteht. Selbstbestimmung bedeutet, daß man auf dem laufenden bleibt.

Wenn ein Mitarbeiter Geschäftsabschlüsse erzielt oder Verkäufe tätigt, dann wird dieser Person weitaus mehr Gestaltungsfreiheit bei der

Anpassung an die Unternehmensrituale eingeräumt als einem Kollegen, der nicht so offensichtliche Erfolge vorzuweisen hat. Mit anderen Worten kann die Flexibilität in starkem Maße von einem meßbaren Ergebnis abhängen. Natürlich ist die Produktivität in Linienpositionen in der Regel leichter meßbar als in Stabsstellen. Die Einhaltung der Rituale, wie zum Beispiel die im Büro verbrachte Zeit, spielt daher für das Fortkommen der Stabsmanager zumeist eine größere Rolle. Wer seine Arbeitszeit verkürzen will, steht somit vor einem interessanten Dilemma. Frauen glauben häufig, daß in Stabspositionen die Anforderungen weniger dringlich und weniger direkt sind, aber solche Stellen erfordern unter Umständen längere Arbeitszeiten, weil sich die Produktivität weniger genau bestimmen läßt.

Dynamik, Fokussierung und Risikobereitschaft

Jeder Mensch muß Möglichkeiten für sein Wachstum und seine Weiterentwicklung schaffen, anstatt darauf zu warten, daß sich solche Gelegenheiten von selbst ergeben. Das ist möglicherweise das wichtigste Faktum des beruflichen Aufstiegs, und ein Punkt, den meiner Ansicht nach viele Frauen gerne herunterspielen. Ray Smith, CEO bei Bell Atlantik, meint, daß eine ehrgeizige Managerin die Initiative ergreifen und ausloten sollte, ob »sie in der engeren Wahl« der Führungsaspiranten ist – sie sollte nicht warten, bis man es ihr mitteilt. Meinen Beoachtungen zufolge sind Menschen, die Erfahrungen über ihre festgelegten Aufgaben hinaus sammeln wollen und sich freiwillig für zusätzliche Aufgaben zur Verfügung stellen, fast ausnahmslos auf dem Weg nach oben.

Ich glaube, daß sich der Aufstieg aus ungeheurem Elan ergibt. Ein Prozeß der Selbstauslese findet unter wirklich begabten Menschen statt, für die der Zeitaufwand kein Opfer darstellt, da sie ihre Arbeit oder die daraus resultierenden Vorzüge lieben. Diese Menschen erleben, was Cam Starrett, bei Nestlé USA auf der Vizepräsidentenebene zuständig für Personalangelegenheiten, als »Integration von persönlichen und beruflichen Zielen« beschreibt. Wissenschaftler setzen sich beispielsweise niemals zur Ruhe, weil sie gerne ihre Zeit auf ihre Arbeit verwenden; viele Programmierer, Lehrer, Marketingexperten und Schriftsteller lieben ihre Arbeit so sehr, daß sie aus ihr mehr Befriedigung als aus ihrer Freizeit ziehen. Diese Menschen können sich wahrhaft glücklich schätzen.

Manche Menschen blühen unter Druck auf, brauchen zum Überleben einen bestimmten Adrenalinspiegel. Andere nehmen Belastungen gleichmütig hin: Wenn sie »zur Arbeit gehören«, sind sie nicht unangenehm, weil sie einem helfen, die eigenen Ziele zu erreichen.

Eine Managerin beschrieb einen Abschnitt in ihrer Laufbahn, als sie die Anforderungen ihrer Position, mit der häufige Geschäftsreisen verbunden waren, erschöpften. Sie sagte, sie habe selbst zu jener Zeit die Kosten ohne Nachdenken auf sich genommen: »Ich war müde und fühlte mich isoliert, aber diese Entscheidung war nicht unangenehm. Ich arbeitete auf ein Karriereziel hin, das ich wirklich erreichen wollte.«

Eine andere Managerin sagte: »Man muß ständig Kompromisse eingehen. *Auch* Führungskräfte müssen das pausenlos. Die Dinge sind immer im Fluß. Und dadurch entsteht Zeitdruck und anderer Streß, und entweder blüht man unter Druck auf und liebt ihn, oder aber nicht. Wer sich diesem Streß unterzieht, tut es, weil es ihm gefällt.«

Meiner Ansicht nach können die Frauen diesen positiven Ansatz auf die Hindernisse ausweiten, vor denen sie stehen, um die Probleme in Angriff zu nehmen. Jedesmal, wenn ich mit Spezialistinnen spreche, stellt früher oder später eine dieser Expertinnen in einem Ton, in dem sowohl Resignation als auch Ärger mitschwingen, eine Frage, für die ich die Bezeichnung »Was kann ich tun, wenn... ?« gewählt habe. Was kann ich tun, wenn ich wiederholt bei einer Beförderung übergangen werde und statt dessen ein weniger fähiger Mann in den Chefsessel gehievt wird? Was kann ich tun, wenn man mir die kritische, konstruktive Beurteilung verweigert, die ich für meine weitere Entwicklung brauche? Was kann ich tun, wenn meine Ideen ständig ignoriert werden? Was kann ich tun, wenn mir niemals anspruchsvolle Projekte zugewiesen werden? Was kann ich tun, wenn mich mein Vorgesetzter herablassend behandelt, wenn er mich in der Öffentlichkeit erniedrigt?

Die Frauen stehen vor Hürden, die sie selbst für unüberwindlich halten, weil sie meinen, daß böses Blut entsteht, wenn sie sie ansprechen. Sie haben Angst vor Auseinandersetzungen, weil sie glauben, daß sie sich keine leisten können, da sie ansonsten nicht mehr in der engeren Wahl sind oder ganz abgeschrieben werden. Ich begrüße jede Gelegenheit, über diese Furcht zu sprechen, da mir ein anderer Ansatz sinnvoller erscheint. Die Frauen könnten versuchen, ihrem Arbeitgeber ihre Probleme mit folgender Argumentation zu verdeutlichen: Wenn es eine Barriere gibt, die meine Produktivität behindert, entstehen meinem Arbeitgeber dadurch Kosten. Seine Aufgabe besteht darin, Wachstum und einen Gewinn für die Anteilseigner zu erzielen, also möchte er, daß ich so produktiv wie möglich bin. Der Abbau dieser Barriere liegt daher in unser beider Interesse. Er wird die Diskussion begrüßen, *wenn ich meine Argumente klar vorbringe und ihm stichhaltige Beweise und gangbare Alternativen vorlege.*

Wenn beispielsweise eine Frau glaubt, daß sie eindeutig besser für eine Beförderung qualifiziert ist als ihre Kollegen, und dennoch dreimal übergangen wurde, dann schlage ich vor, daß sie ihrem Vorgesetzten ihre Leistungsbeurteilung vorlegt – sie wird entweder als aufschlußreicher Beweis für ihre Argumentation dienen oder die Notwendigkeit von Änderungen im Beurteilungsverfahren des Unternehmens aufzeigen.

Ich erinnere die Frauen immer daran, daß ihr Ziel nicht Vergeltungsmaßnahmen, sondern die Lösung des Problems ist, daß sie nicht auf Konfrontation, sondern auf Ausgleich abzielen. Ich möchte dem nur eine weitere Aussage von Ray Smith hinzufügen: »All diese Handlungen, die wir in einer Bürokratie für riskant erachten – die Übernahme von Verantwortung, die Korrektur von Fehlern, die offene Meinungsäußerung, die Nichteinhaltung der Befehlskette – sind genau die Verhaltensweisen, die in einem gut funktionierenden System *belohnt* werden.«[2]

Nachdenken über familiäre Prioritäten

Wie sieht es mit der Festlegung von familiären Prioritäten aus? Auch in diesem kritischen Bereich kann jeder Mensch mehr Kontrolle über sein Leben ausüben, wenn er einige Grundwahrheiten erkennt.

Vor einigen Jahren sah ich in der U-Bahn ein Plakat der Organisation Planned Parenthood, das mit einer hölzernen Wiege voller Banknoten für Geburtenkontrolle warb. Unter dem Bild stand: »An expected child can really rock the cradle.« (Ein Kind kann das Boot – oder im englischen Idiom die Wiege – ganz schön ins Wanken bringen). Ein Werbeslogan von Manufacturer's Hanover Trust neueren Datums lautete: »If you want a bundle of joy, you'll need a bundle of money.« (Wenn Sie einen kleinen Wonneproppen wollen, brauchen Sie dafür einen Batzen Geld.)

Ich war hocherfreut über diese Anzeigen. Zunächst einmal implizierten sie, daß der Kinderwunsch nicht so sakrosankt ist, daß man ihn nicht in Frage stellen könnte. Außerdem stellten sie klar und deutlich fest, daß ein Paar sich bewußt für oder gegen ein Kind entscheiden sollte, daß beide Alternativen akzeptabel sind und die Entscheidung für ein Kind Verantwortung nach sich zieht.

Heute, da Kinder keine wirtschaftliche Notwendigkeit mehr sind und da die Gesellschaft nicht mehr Druck auf junge Menschen ausübt, große Familien in die Welt zu setzen, ist die Entscheidung für ein Kind oder der dafür vorgesehene Zeitpunkt Ermessenssache.

Die Wahl des richtigen Zeitpunkts wird teilweise durch die Auswirkungen erschwert, die Elternschaft vermeintlich auf das berufliche Fortkommen hat. Ich selbst bin der Auffassung, daß ein späterer Zeitpunkt günstiger ist, nicht nur wegen der größeren Reife, sondern auch, weil dies einem die Möglichkeit gibt, sich aufgrund der ausgezeichneten Leistungen während der vergangenen fünf, sechs oder mehr Jahre bei seinem Arbeitgeber Glaubwürdigkeit und Vertrauen zu erwerben. Ich bin aber nicht der Meinung, daß man unbedingt die Grenzen der biologischen Gebärfähigkeit ausreizen muß.

Welchen Zeitpunkt ein Paar auch für die Geburt eines Kindes wählt, es ist auf jeden Fall wichtig, daß die Partner eine bewußte Entscheidung treffen, die dann wunderbare und positive Folgen hat: Ein weitaus größerer Prozentsatz von Babys werden als Wunschkinder geboren, und ihre Eltern sind reif und etabliert genug, um sie zum Mittelpunkt ihres Lebens zu machen.

Der Druck auf Eltern und Kinder

Das bedeutet nicht, daß alle Probleme mit Kindern gelöst wären. Ein beunruhigender Aspekt der heutigen Kindererziehung ist die Tatsache, daß Eltern, die Karriere machen wollen und müssen, gezwungen sind, Vollzeit zu arbeiten, und daß ihnen nur ein Minimum an Zeit für die Geburt und die elterlichen Aufgaben zur Verfügung steht. Daher sind Eltern und Kinder oft neun oder mehr Stunden täglich voneinander getrennt.

Meiner Ansicht nach kann jede Alternative funktionieren – eine Mutter, die den ganzen Tag zu Hause ist, während der Vater Vollzeit arbeitet, oder umgekehrt, zwei Eltern, die jeweils Dreiviertelstellen ausfüllen, zwei voll berufstätige Eltern, wobei sie oder er seine Arbeitszeit auf die familiären Bedürfnisse abstimmt, oder sogar Eltern, die sich beide voll ihrer Karriere widmen. Selbst Alleinerziehende können es mit einem entsprechenden Beistandsnetz schaffen. All diese Wege sind gangbar, vorausgesetzt, sie wurden sorgfältig abgewägt und aus freien Stücken gewählt und die Eltern sind bereit, mit den Folgen ihrer Entscheidung zu leben.

Voraussetzung ist jedoch, daß die Menschen selbst beurteilen, was Elternschaft für sie bedeutet – und ich glaube, daß diese Frage nicht oft genug gestellt oder nicht gründlich genug durchdacht wird. Dies liegt zum Teil daran, daß frischgebackene Eltern von allen Seiten unter Druck gesetzt werden.

Zum einen sind da natürlich die eigenen Eltern. Nach einem Vortrag vor einen Gruppe von Expertinnen, den ich kürzlich in Denver hielt, fragte mich eine Frau, ob sie mich zum Wagen begleiten dürfe. Sie erzählte mir, daß sie drei Jahre verheiratet gewesen sei, bevor ihr nunmehr zweijähriger Sohn zur Welt kam, und daß sie und ihr Mann bis zum vergangenen Jahr eine sehr gute Ehe geführt hätten, in der Rechte und Pflichten gleich verteilt waren. Dann begann ihre Schwiegermutter, Bemerkungen über das »übermäßige« Engagement ihres Sohnes in der Kinderpflege fallenzulassen. Obwohl die betreffende Frau eine hochrangige Position bekleidete, meinte ihre Schwiegermutter, daß das Kind eigentlich in ihren Verantwortungsbereich falle und daß sie ihren Mann ausnutze. Anfangs hatte der Sohn die Bemerkungen seiner Mutter mit einem Achselzucken abgetan. Als im Laufe der Zeit die täglichen elterlichen Pflichten zunahmen, überzeugte ihn aber die Haltung seiner Mutter mehr und mehr, und sein Engagement nahm zusehends ab.

Die offensichtlich sensible, intelligente und einfühlsame junge Frau war verzweifelt. Der Gedanke, die alleinige Verantwortung für ihr Kind tragen zu müssen, überforderte sie. Sie fühlte sich gegenüber der »Opposition« – wie sie die anderen inzwischen nannte – in der Minderheit.

Des weiteren stehen die Eltern unter finanziellem Druck. Bei den allermeisten sind die Einkommen nicht relativ zu den Mietkosten oder beispielsweise den Kosten für höhere Privatschulen gestiegen.[3] Der Anstieg der Lebenshaltungskosten wird durch die allgegenwärtige Marketingbotschaft verstärkt, die das Niveau der Bedürfnisse angehoben hat: Man braucht einen Zweitwagen, ein größeres Haus oder eine geräumigere Wohnung, einen zweites Telefon oder einen zweiten Fernseher. Junge Eltern in doppelverdienenden Haushalten müssen unbedingt erkennen, daß sie unter Umständen für die Befriedigung ihrer Konsumbedürfnisse arbeiten und daß der Preis dafür teilweise der Zwang ist, Pflege und Erziehung ihrer Kinder Dritten zu überlassen. Außerdem glauben pflichtbewußte Eltern, daß sie bereits in den ersten Jahren anfangen müssen, für die zukünftige Universitätsausbildung ihrer Kinder zu sparen. Der vielschichtige Druck ist so groß, daß viele Eltern nicht nur die Vollzeitbeschäftigung von Vater und Mutter für nötig halten, sondern auch immer wieder um Gehaltserhöhungen und Beförderungen konkurrieren. Ich frage mich allerdings, ob es für Kleinkinder nicht besser wäre, wenn ihre Eltern mehr Zeit mit ihnen verbringen würden, anstatt daß diese außer Haus gehen, um ihren Lebensstandard zu verbessern.

Auch von staatlicher Seite wird Druck auf die Eltern ausgeübt, ihre Kinder in die Obhut anderer Leute zu geben. Der Sozialkritiker Charles Siegel unterstreicht, daß »das Gesetz Familien diskriminiert, die sich selbst um ihre Kinder im Vorschulalter kümmern. Doppelverdiener mit einem Jahreseinkommen von 60000 Dollar mit zwei Kindern im Vorschulalter können Kinderbetreuungskosten in Höhe von 960 Dollar steuerlich geltend machen. Wenn der Arbeitgeber ein Betreuungsprogramm bietet, können sie bis zu 10000 Dollar jährlich erhalten. Würde dieses Paar Teilzeit arbeiten und einen Einkommensverlust von 30000 Dollar hinnehmen, würde es keine Unterstützung erhalten.«[4] Eltern, die eine weitaus größere Rolle in der Erziehung ihrer Kinder spielen wollen, können versuchen, Subventionen oder Steuererleichterungen für nicht berufstätige Väter oder Mütter durchzusetzen.

Die Eltern von heute, die zunehmend beunruhigt und von Schuldgefühlen geplagt sind, werden größtenteils zu der unzumutbaren Wahl *zwischen* Familie und Karriere gezwungen. Männern wie Frauen wird die Flexibilität verweigert, die ihnen während der ersten Lebensjahre ihrer Kinder eine Verkürzung der Arbeitszeit und danach, zu einem von ihnen gewählten Zeitpunkt, die Rückkehr zu einer erfüllenden, erfolgreichen Vollzeitkarriere erlauben würde. Wer sich für eine reduzierte Arbeitszeit entscheidet, geht damit – von wenigen Ausnahmen abgesehen – ein großes finanzielles und berufliches Risiko ein.

Dies hat geradezu katastrophale Folgen. Ich habe bereits erwähnt, welchen Preis Arbeitgeber zahlen in Form von Mitarbeiterfluktuation, Produktivitätseinbußen und Beeinträchtigungen von Kindern, die ja die Arbeitnehmer und Manager von morgen sind. Der Preis, den die Eltern zahlen, sind Ängste und Schuldgefühle, Erschöpfung und Entbehrungen. Die Männer leiden meiner Ansicht nach fast genauso unter diesen Ängsten wie die Frauen. Als noch die meisten Männer berufstätig, ihre Ehefrauen hingegen meistens daheim waren, lebten sie in der Überzeugung, daß ihre Kinder geliebt und gut versorgt waren. Sie konnten ihrer Arbeit ihre ungeteilte Aufmerksamkeit schenken. Heute sorgen sich beide Elternteile gleichermaßen um die Kinder. Frauen verspüren jedoch größere Schuldgefühle, weil die Kindererziehung traditionell schon immer ihre Aufgabe war.

Am meisten leiden die Kinder. In Familien, in denen beide Eltern berufstätig sind, kommt ein Elternteil bestenfalls um 17.30 Uhr nach Hause, der andere hingegen – in den meisten Fällen der Vater – sogar zu einem noch späteren Zeitpunkt, und beide sind müde und gereizt. So geht ein Tag zu Ende, der vielleicht vor dem Morgengrauen in Hetze begann; die Eltern mußten sich anziehen, die Kinder wecken, anziehen, füttern, zum Babysitter bringen und zwischen zwanzig Minuten und zwei Stunden in die Arbeit fahren. Solche Abende sind aller Wahrscheinlichkeit nach keine angenehme, erholsame Zeit für die Familie.

Damit erhebt sich die Frage nach der Zeitqualität, wie sie üblicherweise dargestellt wird. Gibt es so etwas wie »Effizienz« in bezug auf die mit Kindern verbrachte Zeit? Können wir in der Zeit, die wir uns unseren Kindern widmen, mehr Elan, Kompetenz und Motivation an den Tag legen und sie dadurch produktiver gestalten?

Ich befürchte, daß man diese Frage mit nein beantworten muß. Ich glaube nicht, daß die Eltern die minimale Zeit, die sie mit ihren Kindern verbringen, wettmachen können, indem sie versuchen, ihr ein Maximum an Vergnügen und Bereicherung abzugewinnen. Die Interaktionen sind in aller Regel gekünstelt, unnatürlich und werden von frenetischer Aktivität beherrscht.

Elterliche Aufgaben können nicht gesondert betrachtet werden, sondern sind ein wesentlicher Bestandteil des Lebens. Natürlich ist es wichtig, daß die Eltern in bedeutsamen Augenblicken im Leben des Kindes anwesend sind. Meiner Ansicht nach ist es sogar noch entscheidender, da zu sein, wenn nichts passiert, wenn das Leben einfach seinen Gang geht und spontan gespielt, gelernt und gesprochen wird.

Andererseits bestehen die Aufgaben der Eltern aus einer Mischung aus konzentrierter Aufmerksamkeit, Engagement, tiefer Liebe, Geduld, Unterstützung, Erholung und Vergnügen, der Bereitschaft, die Kinder zu disziplinieren und so enge Familienbande zu knüpfen und den Kindern klare Wertvorstellungen und Selbstbewußtsein zu vermitteln. Die mit den Kindern verbrachte Zeit ist eine unerläßliche Voraussetzung, aber nicht der einzige Faktor. Meiner Ansicht nach sind Väter und Mütter, die begrenzt Zeit für ihre Kinder haben, aber diese genießen, besser für ein Kind als Vollzeiteltern, die immer anwesend sind, sich dabei aber unwohl fühlen.

Entscheidungen zur Kindererziehung

Das frustrierendste an dieser Situation ist die Tatsache, daß es *tatsächlich* eine Antwort gibt. Individuelle Entscheidungen, die nicht nur zumutbar, sondern auch lohnend sind, *können* getroffen werden. Und diese Entscheidungen können allen Beteiligten Vorteile bringen – Eltern, Kindern und Arbeitgebern.

In den Anfangskapiteln habe ich die Anforderungen beschrieben, die an den Arbeitgeber gestellt werden. Er muß – um es zusammenzufassen – Männern und Frauen ermöglichen, sich ihre elterlichen Pflichten zu teilen. Die Rolle des Mannes im Familienleben muß legitimiert und erleichtert werden. Flexibilität für berufstätige Eltern und gute, erschwingliche Kinderbetreuung müssen zur Verfügung gestellt werden.

Auch der einzelne Mensch muß handeln. Der erste Schritt besteht darin zu beurteilen, welche Rolle man im täglichen Leben seiner Kinder spielen will. Mit welcher Lösung fühlt man sich wohl? Das darf nicht – wie es heute der Fall ist – ein reaktiver Prozeß sein, in dem Vater oder Mutter plötzlich mit unannehmbarer Kinderbetreuung konfrontiert sind oder zusehen müssen, wie eine wackelige Vereinbarung den Bach hinuntergeht, nur um dann vorübergehend die Berufstätigkeit aufzugeben oder in eine weniger anspruchsvolle Stelle zu wechseln. In einer solchen Situation gibt es nur Verlierer – die Frau, der Mann, der Arbeitgeber und vor allem das Kind.

Wenn Eltern erkennen, daß Kompromisse nötig sind, können sie die jeweils für Beruf und Familie vorgesehene Zeit so strukturieren, daß sie die von ihnen definierten Bedürfnisse erfüllt. Dieser Prozeß beginnt unter Umständen bereits ganz am Anfang, bei der Geburt des Kindes. Meiner Meinung nach würden die meisten Frauen nach dem Mutterschutz sich für eine Teilzeitbeschäftigung entscheiden, wenn sie die Wahl hätten. Wahrscheinlich würden sie sogar mindestens drei Jahre lang – oder, bei zwei Kindern, fünf Jahre lang – die Teilzeit vorziehen, wenn sie nur könnten. In den Fällen, in denen auch der Vater in den ersten Lebensjahren der Kinder seine Arbeitszeit reduziert, wäre diese Zeitspanne wahrscheinlich kürzer. Eine Untersuchung von Catalyst zu flexiblen Beschäftigungsvereinbarungen bei Managern und Angehörigen der freien Berufe ergab, daß viele Unternehmen jetzt allmählich Teilzeit, Job-Sharing und Heimarbeitsmodelle einführen, daß aber diese Praktiken noch keineswegs weitverbreitet oder umfassend sind. Die Frauen können selbst die Verbreitung dieser Programme beschleunigen.

Ein vielversprechender Ansatz beginnt mit der Ermittlung verschiedener erstrebenswerter Positionen und der Suche nach einer Person, mit der man sich diese Stelle teilen kann. Ich schlage vor, daß die Frau alleine zum Vorstellungsgespräch geht und dann, wenn das Stellenangebot unterbreitet wird oder der Zuschlag bevorsteht, mit dem Wunschpartner zurückkehrt und eine kostengünstige Offerte vorlegt. Ich halte es für wichtig, daß die Job-Sharing-Partner sich verpflichten, täglich außerhalb der Arbeitszeit miteinander in Verbindung zu treten. Wie ich bereits an anderer Stelle eingehend erläutert habe, ergibt sich daraus für den Arbeitgeber unter anderem der Vorteil, daß er zwei auf ihre Aufgaben konzentrierte Mitarbeiter bekommt, ohne dafür ein zusätzliches Gehalt ausgeben zu müssen. Außerdem mehren sich die Beweise, daß wohl mehr geleistet wird, da die Arbeitnehmer mit Energie an die Sache herangehen und es im Interesse der Teilzeitbeschäftigten ist, sich ihre Arbeit sorgfältig einzuteilen. Einige Mitarbeiter, die Job-Sharing praktizieren, stellen auch fest, daß ihnen viele ihrer besten Ideen während der arbeitsfreien Stunden oder Tage einfallen. Und natürlich ist die Stelle mehr als 100% der Zeit besetzt, denn der jeweils andere Partner kann bei urlaubs-, reise- und krankheitsbedingten Unterbrechungen einspringen.

Eine voll berufstätige Frau, die ihre Arbeitszeit in ihrer derzeitigen Stelle reduzieren möchte, ist auch gut beraten, ihre Aufgaben sorgfältig zu analysieren, und sich zu überlegen, wie man sie aufteilen könnte. Am günstigsten ist meiner Ansicht nach eine Trennung, bei der ein großer Teil der Arbeit von einer gut angeleiteten Person mit geringeren Qualifikationen, weniger Erfahrung und niedrigerem Verdienst ausgeführt werden kann. Dadurch kann die höherrangige Teilzeitmitarbeiterin weiterhin die wichtigsten Aufgaben wahrnehmen und eine interne oder externe Beschäftigte für die übrigen Arbeiten schulen.

In beiden Fällen ist die Definition der in der Stelle enthaltenen Elemente sowie die Erwartungen des Managements und die Beurteilungskriterien wichtig. Ebenso bedeutsam ist langfristig gesehen eine gründliche Dokumentation der Ereignisse. Wenn die Vereinbarung nicht gut funktioniert, sollte dies in dem Bericht detailliert beschrieben werden, um eine Wiederholung der Fehler zu vermeiden. Wenn alles nach Plan gelaufen ist, können die Job-Sharing-Partner einen Präzedenzfall für die Institutionalisierung dieser Praxis und für ihre Verbreitung in weiteren Bereichen des Unternehmens schaffen, damit in Zukunft auch andere in den Genuß dieses Arrangements kommmen.

Neben dem Einsatz für alternative Beschäftigungsvereinbarungen können alle Eltern auch viel zur Verbesserung der Kinderbetreuung tun.

Zunächst einmal können sie natürlich einen Ort wählen, der viele Alternativen bietet, wie zum Beispiel St. Louis oder Cincinnati, oder ein Unternehmen mit angegliederter Kindertagesstätte ohne Warteliste oder ein von einem Firmenkonsortium betriebener Hort bzw. Betriebskindergarten. Alternativ können sie auch ein Unternehmen auswählen, das einen Mitarbeiter beschäftigt für die Suche, Schulung und Überwachung von Betreuern, die ins Haus kommen. Sie können auch versuchen, ihren Arbeitgeber dazu zu überreden, sich der wachsenden Zahl von Unternehmen anzuschließen, die einen so preiswerten, aber ungeheuer nützlichen Service anbieten. Informations- und Vermittlungsdienste gibt es in der Welt der Unternehmen und der freien Berufe in Hülle und Fülle, und es lohnt sich, diese Informationsquelle anzuzapfen, doch sollte man dabei nicht von vornherein andere Alternativen außer acht lassen, wie zum Beispiel die Organisation von Kinderkrippen durch Elterninitiativen oder gemeinsame Anstellung einer Erzieherin oder einer anderen pädagogisch geschulten Person durch zwei Familien mit Kindern.

Auch hier handelt es sich nur um eine Auswahl von Fragen und Ideen, die Mütter und Väter untersuchen müssen, wenn sie über ihr Familienleben wieder eine gewisse Kontrolle ausüben möchten. Doch ganz gleich, wie aktiv sie sich um einen Ausgleich von Beruf und Familie bemühen, ich glaube nicht, daß nachhaltige Änderungen stattfinden werden, wenn nicht Frauen und Männer ihre Rollen in der Familie überprüfen und neu definieren.

Neue Rollen: Zwei Beispiele

Wenn man sich umsieht, dann findet man Familien, die bereits die traditionellen Verhaltensmuster durchbrochen und neue eingeführt haben, auch wenn diese Neuerungen mit einem gewissen Maß an Unsicherheit und Schwierigkeiten behaftet sind. Lassen Sie mich zwei Bespiele von Familien anführen, die beweisen, daß man durchaus über die herkömmliche Rollenverteilung hinausgehen kann.

Ich habe eine vierzigjährige Freundin, die mit ihrem Mann durch die gemeinsame Entscheidung für oder gegen ein Kind vor ganz neuen Lebensumständen steht.

Helen hat einen Magisterabschluß in Pädagogik und Psychologie. Während ihrer ersten Ehe war sie fünf Jahre lang als Lehrerin im öffentlichen Schulsystem in New York tätig. Nach ihrer Scheidung fuhr sie nach Los Angeles, wo sie zunächst als Kellnerin und dann in einer Buchhandlung arbeitete. In Los Angeles lernte Helen Bob kennen. Er hatte einen Magister in englischer Literatur; seine Leidenschaft war die Malerei. Während Helen in der Verwaltung der pschychiatrischen Abteilung einer öffentlichen Klinik arbeitete und sich überlegte, ob sie einen sozialpädagogischen Abschluß machen oder vielleicht in Psychologie promovieren sollte, verdiente Bob seinen Lebensunterhalt mit Gelegenheitsjobs und vertiefte sich in seine Kunst. Helen wurde von Ängsten und Unsicherheiten gequält; sie suchte nach einem Lebenssinn, den ihr auch die Arbeit bei gemeinnützigen Organisationen nicht zu bieten schien. Die beiden beschlossen, nach New York zu ziehen, wo Helen Kontakt zu Unternehmen entwickeln und Bob in Künstlerkreisen seine Fühler ausstrecken konnte. In einem Programm der Columbia University für Frauen, die ihren Beruf wechseln wollten, begeisterte sich Helen für einen Workshop in Öffentlichkeitsarbeit. Danach fing sie bei einer großen PR-Firma an, und dort blühte sie auf.

Helen und Bob heirateten 1981, als sie dreißig war. Sie vereinbarten, daß Helen ihre Karriere im PR-Bereich verfolgen und der Hauptverdiener sein sollte, während Bob in erster Linie malen, aber durch gelegentliche Teilzeitjobs zum Unterhalt des Haushalts beitragen würde.

Heute ist Helen kontinuierlich auf dem Weg nach oben, obwohl sie noch nicht die oberste Spitze erreicht hat. Bob widmet sich intensiv seiner Malerei, doch seine Bilder sind noch nicht allgemein anerkannt. Er arbeitet drei Abende pro Woche als freier Mitarbeiter in der Datenverwaltung einer Anwaltskanzlei – eine Tätigkeit, die ihm sowohl als Abwechslung als auch wegen des zusätzlichen Einkommens behagt. Die meiste Zeit über sind die Rollen klar und zum beiderseitigen Vorteil verteilt: Sie tun beide, was ihnen Spaß macht.

Dennoch haben sich einige bereits vorhandene Spannungen verstärkt, als sie die Möglichkeit, ein Kind in die Welt zu setzen, ins Auge faßten. Bob plagen gelegentlich Schuldgefühle, weil er nicht wie sein Vater für den Lebensunterhalt der Familie aufkommt. Manchmal ärgert es Helen, daß sie die Hauptverantwortung für den Unterhalt der Familie trägt. Keiner von beiden kann vorhersagen, wie sie sich fühlen werden, wenn Helens Einkommen ein Niveau erreicht, das Bobs Verdienst überflüssig macht. Andererseits lebt das Paar immer noch nicht im Luxus – was für Bob weniger wichtig ist als für Helen. Obwohl sie glauben, sich zum jetzigen Zeitpunkt Familienzuwachs leisten zu können, und es offenbar für Bob die natürlichste Sache der Welt wäre, sich weiterhin vor allem um die häuslichen Belange zu kümmern, kann Helen nicht umhin, sich die Auswirkungen einer vorübergehenden Reduzierung ihrer Vollzeitstelle zu überlegen. Sie weiß, daß es ihr nicht unbegrenzt Vergnügen bereitet, sich mit ihren Nichten und Neffen zu beschäftigen, aber sie weiß nicht, wie sie bei einem eigenen Kind reagieren würde. Das Paradoxe an der Sache ist, daß es keine Probleme geben würde, wenn Helen sich der Malerei verschrieben hätte und Bob der Öffentlichkeitsarbeit. Meiner Meinung nach wird es den beiden dank ihres Mutes gelingen, neue Wege zu beschreiten, doch das wird nicht immer einfach sein.

Die zweite Geschichte handelt von Marcy, einer jungen Mitarbeiterin von Catalyst, die mich während eines eintägigen Besuchs an der Universität, an der sie ein Jahr zuvor ihr Studium abgeschlossen hatte, begleitete. Mir war ihre ungewöhnliche Sensibilität und ihr enormes, unvoreingenommenes soziales Engagement aufgefallen, und ich freute mich darauf, auf der Fahrt etwas über Marcys Leben zu erfahren.

Marcy erzählte mir, daß zum Zeitpunkt der Heirat ihrer Eltern ihre Mutter als Apothekerin und ihr Vater als Manager in einer mittelständischen Firma gearbeitet hätten. Die beiden wünschten sich Kinder, als es aber mit einer Schwangerschaft nicht klappte, adoptierten sie 1962 einen Sohn. Marcys Mutter entschied sich zu diesem Zeitpunkt für eine Teilzeitbeschäftigung. Ein Jahr später wurde bei ihrem Sohn eine geistige Behinderung diagnostiziert. Marcys Schwester wurde 1964 geboren, Marcy selbst 1968. 1969 kam ihr Bruder in eine Schule für geistig behinderte Kinder. Während der ersten zehn Lebensjahre wuchs Marcy in einer traditionellen Familie auf, in der die Mutter die Hauptbezugsperson war und der Bruder nicht zu Hause lebte.

1978 erlitt Marcys Vater eine Rückenverletzung, die ihn auf Dauer berufsunfähig machte. Dennoch konnte er häusliche Aufgaben erfüllen, wenn er zwischendurch Ruhepausen einlegen konnte. Als Marcy zehn und ihre Schwester vierzehn war, suchte sich daher ihre Mutter wieder eine Vollzeitstelle, und ihr Vater übernahm die Verantwortung für die Versorgung der Mädchen und den Haushalt, den Einkauf und die Küche. Fünf Jahre später kehrte Marcys Bruder nach Hause zurück. Er besaß die geistige Reife eines Fünfjährigen und mußte rund um die Uhr versorgt werden.

Die Lebensweise von Marcys Familie änderte sich zweimal drastisch: zum ersten Mal durch die Verletzung ihres Vaters und die Umkehrung der elterlichen Rollen, und zum zweiten Mal – als Marcy fünfzehn war – durch die Heimkehr ihres Bruders.

Wie sie mir erzählte, war Marcys Vater von Natur aus fürsorglicher als die Mutter. Ihrer Ansicht nach hatten die Lebensumstände ihre Eltern gezwungen, die traditionellen Geschlechterrollen zu durchbrechen und ihnen die Aufgaben zugewiesen, für die sie besser geeignet waren. Darüber hinaus hatte die Behinderung ihres Bruders, auf die die Familie zunächst mit Verwirrung, Scham und Ärger reagiert hatte, ihrem Leben letztlich eine neue Dimension verliehen, da er für alles stand, was »rein, unschuldig und hilfsbereit« war. Das Thema von Marcys Abschlußarbeit im College lautete: »Konfrontation mit dem zweifelhaften Status der Normalität: Die Figur des Narren in Film und Literatur«. Die Arbeit war ihrem Bruder »für seine bedingungslose Liebe« gewidmet. Für Marcy ist das Herkömmliche nicht die Norm. Sie ist frei von vorgefaßten Meinungen, und ihr Leben ist deswegen reicher.

Aufgabenteilung zwischen Mann und Frau

Menschen wie diese bestärken mich in der Überzeugung, daß alle – Frauen, Männer, Kinder und Arbeitgeber – davon profitieren, wenn Partner die jeweils bevorzugten und nicht die willkürlich aufgrund ihrer Geschlechtszugehörigkeit aufoktroyierten Rollen übernehmen.

Ungeachtet der Karrierevereinbarungen richten die meisten Paare heute ihr Zusammenleben immer noch an traditionellen, geschlechtsgebundenen Normen aus, obwohl viele das gar nicht beabsichtigen. Das einzige Argument, daß man meiner Meinung nach für diese Haltung vorbringen kann, ist ein gewisses Maß an Einfachheit. Wie ich bereits erläutert habe, ist es ansonsten in vielerlei Hinsicht alles andere als vorteilhaft für alle Beteiligten. Einer der gravierendsten Nachteile besteht darin, daß beide Partner letzten Endes Aufgaben übernehmen, die sie sich lieber nicht aufladen würden und nicht gut erfüllen können. Außerdem steht der Hauptverdiener unter dem Druck, die Familie ernähren zu müssen, und das zwingt ihn, sich in der Arbeit das Letzte abzuringen und somit sein Engagement im Familienleben zu verringern. Die daheimgebliebene Frau und Mutter muß ihre beruflichen Ambitionen opfern. Angesichts der Tatsache, daß die Hälfte aller Ehen in eine Scheidung mündet, daß immer weniger Alimente gezahlt werden müssen und keine verläßliche Unterstützung für ein Kind gegeben ist, geht sie darüber hinaus ein ungeheueres Risiko ein, wenn sie in einer Krise nicht auf ihre beruflichen Erfahrungen zurückgreifen kann. Auch das Kind leidet – anstatt zwei engagierter, liebevoller Eltern ist da nur die Mutter.

Ich möchte mich einen Augenblick lang darauf konzentrieren, was es für ein Kind bedeutet, wenn beide Eltern eine maßgebliche Rolle in seinem Alltag spielen. Man stelle sich nur vor, welche Bereicherung die Bandbreite der Begabungen und Fähigkeiten zweier Menschen darstellen kann, die verschiedene Altersphasen des Kindes genießen und auf verschiedene Bedürfnisse in seiner Entwicklung eingehen können. Das Kind hat auf diese Weise viel häufiger die Gelegenheit, Humor, Kunst und Musik ausgesetzt zu sein und Ernst, Heiterkeit, Elan und Vergnügen zu erleben. Zwei Eltern bringen unterschiedliche Interessen ein: Sport, Musik, Wissenschaft und Literatur. Man stelle sich die Bandbreite und Komplexität der Emotionen und Handlungsweisen vor – die Prägung des Umfelds, in dem das Kind aufwächst. Man stelle sich vor, wie es ist, zwei Eltern zu haben, bei denen man sich völlig geborgen fühlt – eine Sicherheit, die den Trennungsschmerz bei einer Erkrankung oder Reise eines Elternteils auf ein Mindestmaß beschränkt. Man denke nur an die positive Identifizierung mit einem Vater und einer Mutter, die beide liebevoll und selbständig sind, effektiv arbeiten und in ihrem Beruf Erfüllung finden, oder an die tiefgreifende Wirkung, die diese Identifizierung wahrscheinlich in späteren Jahren auf die Beziehung des Kindes zu anderen Männern und Frauen hat. Dann kann man einen Vergleich ziehen zu dem oben angeführten Beispiel der Vollzeitmutter, die sich oft eingeengt fühlt und Ärger empfindet, und dem abwesenden Vater.

Die Befreiung von den geschlechtsgebundenen Rollen innerhalb einer Beziehung hat bereits begonnen. Immer mehr Paare entscheiden sich für eine Aufgabenteilung, die beiden Partnern ermöglicht, sich sowohl im Beruf als auch in der Familie stärker zu engagieren. Natürlich streben wir dabei – wie auch in allen anderen Bereichen – kein exaktes Gleichgewicht zwischen häuslichen und beruflichen Verpflichtungen an, sondern einfach die Wahlfreiheit für den einzelnen und eine optimale Aufgabenverteilung auf die beiden Partner. Es läßt sich wahrscheinlich nicht vermeiden, daß für einen der Partner die Arbeit eine größere Rolle spielt und für den anderen die Familie. Wenn diese unterschiedliche Gewichtung frei gewählt wurde, kann sie die Haushaltsführung erleichtern. Aber selbst wenn beide Partner große berufliche Ambitionen hegen, kann das funktionieren. Die Partner können beispielsweise vereinbaren, daß einer von ihnen im allgemeinen früh aus dem Haus geht und bald zurückkommt, während es der andere umgekehrt macht. Dieses Arrangement ist besonders praktisch, wenn die wöchentliche Arbeitszeit des Karriere-und-Familie-Partners auf fünfunddreißig Gleitzeitstunden beschränkt ist. In solchen Fällen kann ein Elternteil sich morgens zwei oder drei Stunden zu Hause dem Kind widmen und der andere am Nachmittag, so daß der Familie viele gemeinsame Stunden bleiben und sich die externe Kinderbetreuung auf ein Minimum beschränkt. Wenn beide Eltern die gleichen Aufgaben beherrschen, kann einer in der Regel sich morgens oder abends um die häuslichen Belange kümmern, wenn der andere in der Arbeit ist.

Bei einem meiner Besuche in einer Wirtschaftshochschule war ich bei einem Paar zu Gast. Beide befanden sich auf dem Weg zur akademischen Festanstellung und wurden vom Dekan als »Stars« bezeichnet. Sie hatten ein zweijähriges Kind und lebten nach einem akribisch genauen Zeitplan. Morgens frühstückte die Familie zusammen. Der Vater brachte das Kind zu einer Tagesmutter; beide Eltern gingen zur Arbeit. Um sechs Uhr machten sich beide auf den Heimweg, und die Mutter holte das Kind ab. Jeder von beiden arbeitete einen Abend pro Woche länger, und am Wochenende nahm sich jeder einen halben Tag für ungestörte Arbeit. Natürlich konnten beide am späten Abend, wenn das Kind schlief, ungehindert arbeiten.

Ich fand es hochinteressant, einen so starren – und alles andere als optimalen – Zeitplan in einem akademischen Umfeld vorzufinden, das naturgemäß Flexibilität bieten kann. Ich konnte mich nicht des Vorschlags enthalten, daß beide unbelastet von den Problemen des Tages entspannte, energiegeladene Morgenstunden mit ihrem Kind verbringen könnten, wenn sie abwechselnd ihre Wochenarbeitszeit staffeln würden, so daß jeweils einer von beiden frühmorgens das Haus verläßt und der andere später zur Universität geht, und sie entsprechend früher oder später heimkommen. Außerdem müßte das Kind dann nicht neun, sondern lediglich vier oder fünf Stunden bei der Tagesmutter verbringen.

Dies sind nur einige der Alternativen, die sich stärker abzeichnen werden, wenn immer mehr Ehepaare sich ihre elterlichen und beruflichen Pflichten teilen. Der Fortschritt in diese Richtung hängt meiner Einschätzung nach zu einem Gutteil vom Verhalten der Männer ab. Frauen werden solange ihre beruflichen Ziele nur in begrenztem Umfang verwirklichen können, bis die Männer eine größere Rolle im Familienleben spielen.

Was ist mit den Männern?

Es waren die Frauen, die die Revolution im Haushalt und am Arbeitsplatz in Bewegung setzten, und daher ist es verständlich, daß sich die Diskussion, die Presseberichte und die gesetzgeberischen Bemühungen zugunsten eines Rollenwandels bislang auf die Frauen konzentrierten. Erst in allerjüngster Zeit sind da und dort Artikel erschienen, die den Wandel der Rolle des Mannes in der Familie preisen. Ein paar kommerzielle Filme haben in den letzten zehn Jahren die Sensibilität der Männer erforscht und gefeiert. Aber man muß sehr aufmerksam lauschen, um die immer noch gedämpfen Stimmen der Männer zu hören, die sich nach größerer Freiheit und einem neuen Lebenssinn sehnen, die im Leben ihrer Kinder einen aktiven Part übernehmen wollen.

Das soll nicht bedeuten, daß die Frauenbewegung keine große Wirkung auf die Männer hatte. Die Abwanderung der Frauen von Heim und Herd hat nicht nur das Selbstwertgefühl der Männer beeinflußt, sondern auch ihre individuellen Wünsche. Man muß unbedingt erkennen, in welche Richtung sich die Männer seit Beginn der feministischen Bewegung Mitte der 60er Jahre kontinuierlich bewegt haben, damit man versteht, weshalb bisher noch keine drastischeren Änderungen eingetreten sind, aber gleichzeitig auch die für einen weiteren Fortschritt erforderlichen Maßnahmen ergreifen kann.

Anfangs unterstützten nur wenige Ehemänner die Berufstätigkeit ihrer Frauen oder Partnerinnen vorbehaltlos. (Einige schon. Das ist wichtig. Die Unterstützung durch ihren Mann ist einer der ersten Gründe, den die meisten erfolgreichen Frauen nennen, wenn man sie fragt, wie ihr Erfolg zustande gekommen ist.) Als die Männer beobachteten, wie ihre Frauen ins Erwerbsleben eintraten, spürten sie genau, welchen Verlust das für sie bedeuten würde.

Heute, mehr als zwei Jahrzehnte später, entdecken die Männer allmählich, daß die Vorteile der Berufstätigkeit ihrer Frau diesen Verlust mehr als wettmachen können. Der vielleicht größte Segen ist die durch das zweite Einkommen gewährleistete Befreiung von dem Zwang zum Erklimmen der Karriereleiter. Die Männer haben ein persönliches Interesse am zunehmenden beruflichen Erfolg ihrer Frauen, da deren Einkommen ihnen unter Umständen einen Berufswechsel im mittleren Alter ermöglicht und der Familie ein Sicherheitsnetz bietet, wenn der Mann seine Stelle verliert. Dies war erstmals in der Rezession von 1974 zu erkennen, als die durch Entlassungen hervorgerufene Not bei Doppelverdienern gelindert wurde.

Für Männer, deren Frauen berufstätig sind, haben sich noch weitere Vorteile ergeben. Einer davon ist die Kaufkraft des zweiten Einkommens. Ein anderer ist die Chance des Mannes zur Entwicklung seiner eigenen persönlichen Identität. Seine Frau, einst das typische Heimchen am Herd, hat sich zu einer selbständigen Persönlichkeit gemausert. Ob nun bewußt oder nicht – allmählich erkennt er, daß auch er mehr sein kann als Otto Normalverbraucher in seinem weißen Hemd mit der Aktentasche unter dem Arm oder mit seinen Arbeitsstiefeln und dem Frühstückspaket. Er kann die Prägung seiner familiären Sozialisation überwinden, nämlich seine Männlichkeit am Einkommen zu messen. Sie impfte ihm den Glauben ein, daß seine Rolle in der Vorbereitung auf eine ununterbrochene Vollzeitkarriere bestünde, da er für den Lebensunterhalt seiner Familie verantwortlich sei – wie das aufziehbare Plastikmännchen, das es auf der Straße zu kaufen gibt und das immer in die gleiche Richtung weitermarschiert, bis seine Feder abgelaufen ist. Genau wie seine Frau kann auch er sich von seiner Sozialisation befreien und darüber hinauswachsen. Die Männer beginnen die Freiheit zur Erweiterung ihres Weltbilds zu genießen, indem sie an dem teilhaben, was einst als Frauensache galt. Männer entdecken ihre Freude am Kochen, tragen lässigere Kleidung, beteiligen sich an Entscheidungen, die von der Wahl der Möbel bis zur Wahl des Babysitters reichen.

Es ist teilweise auf diese Veränderungen zurückzuführen, daß Männer sich mehr im Familienleben einsetzen. Bisher zeigt sich ihr Engagement allerdings mehr in ihrem Interesse als in ihrem Verhalten. Der Psychologe Joseph Pleck, der bei der Erforschung des Rollenwandels der Männer an vorderster Front steht, schreibt, daß heute »die Mehrheit der Männer sich psychisch in der Familie mehr engagiert als im Beruf«.[5]

Anders als in der Vergangenheit, als die meisten Mütter mit ihren Kleinkindern zu Hause blieben, können die heutigen Väter nicht die Sorge um ihre Kinder hinter sich lassen, wenn sie zur Arbeit gehen. Eine Untersuchung bei der Belegschaft eines Großunternehmens aus Minneapolis ergab, daß nahezu drei Viertel der beschäftigten Väter unter fünfunddreißig sich ernsthafte Sorgen um die Bewältigung von Problemen machen, die sie infolge des Beruf-Familie-Dilemmas mit ihren Ehefrauen zu bewältigen haben. Etwa 60 Prozent der befragten Männer gaben an, daß die familiären Belange sich auf ihre beruflichen Ziele und Pläne auswirken und daß sie häufig sich nicht um Beförderungen und Versetzungen bewarben, weil sie mehr Zeit für ihr Familienleben benötigten.[6]

Obwohl sich die Männer anscheinend eher im emotionalen Bereich als im Verhalten ändern, sollten wir meiner Ansicht nach den bemerkenswerten Einsatz, den sie inzwischen in der Kindererziehung leisten, nicht übersehen. Die Soziologin Arlie Hochschild stellte fest, daß in 70 Prozent der Familien, die an ihrer Untersuchung zur Aufgabenverteilung bei berufstätigen Paaren teilnahmen, die Männer zu Hause ein beträchtliches Engagement an den Tag legten – auch wenn sie nicht 50 Prozent aller Aufgaben übernahmen.[7] Heute kommen Väter von Kleinkindern – selbst in Familien mit nur einem Verdiener – selten von der Arbeit nach Hause, um in die Pantoffeln zu schlüpfen und die Zeitung zu lesen.

Ich höre von seiten der Frauen oftmals eine Klage, die ich mit gemischten Gefühlen betrachte. Am Anfang steht in der Regel eine recht positive Aussage über die Rolle des Partners – daß er sehr hilfsbereit sei, viele Arbeiten übernehme, vielleicht sogar fast die Hälfte der Verantwortung für Haushalt und Kinder trage. Dann beklagen sie sich, daß sie ihn immer darum bitten müßten, daß er niemals die Initiative ergreife, daß die Frau immer die Oberaufsicht übernehmen müsse. Sie empfinden es als Last, alle Aufgaben überwachen zu müssen und immer in Alarmbereitschaft zu sein. Mein stärkstes Gefühl ist immer die Freude über die Beteiligung des Mannes, da eine Verhaltensänderung den ersten richtigen Schritt in Richtung auf einen Wandel tiefverwurzelter Werte und Einstellungen darstellt.

Daher möchte ich jetzt untersuchen, was Männer zu einem größeren familiären Engagement benötigen. Es sind vier Elemente, von denen sich zwei mehr oder weniger von selbst ergeben werden – wenn wir nur den Weg freimachen und den Dingen ihren Lauf lassen. Die anderen beiden Elemente haben die Frauen in der Hand.

Die unmittelbarste Motivation wird sich aus der Ablehnung ergeben, die junge Männer gegenüber dem Modell des abwesenden Vaters empfinden, das sie in ihrer eigenen Kindheit erlebten. Die Männer werden verstärkt die tiefe Befriedigung und die direkte Freude entdecken, die aus der Beteiligung am Leben ihrer Kinder hervorgeht. Sie fangen an zu erkennen, wie schön es ist, wenn man bei der Geburt des Kindes dabei ist und seiner Frau als Partner zur Seite steht, und sie genießen die Bindung, die sich daraus ergibt. Je mehr die Männer die Früchte einer innigen Beziehung zu ihren Kindern ernten, desto mehr werden sie zu einem täglichen Engagement im häuslichen Bereich bereit sein.

Der zweite Faktor, der die Männer zur Übernahme eines größeren Aufgabenanteils veranlassen wird, ist allgemeinerer Natur, aber ebenfalls von größter Bedeutung: Das gesamte Umfeld von kulturellen Werten bewegt sich einfach in diese Richtung. Heute erleben wir eine positive kulturelle Verlagerung, nicht einen schmerzlichen Machtverzicht. Die Männer haben entdeckt, welche Vorzüge es mit sich bringt, wenn man eine Bezugsperson für seine Kinder ist. Und die Botschaft, die in der Luft liegt, lautet, daß dies nicht nur akzeptabel, sondern auch gut ist.

Dies ergibt sich meiner Ansicht nach aus Untersuchungen von Sozialwissenschaftlern, die festgestellt haben, daß Männer sich zunehmend an der Hausarbeit und an der Kinderversorgung beteiligen, *unabhängig davon, ob ihre Frauen berufstätig sind oder nicht*. Man vergleiche das mit der merkwürdigen Tatsache, daß die Frauen anscheinend nicht so sehr über ihre eigene Überlastung zu Hause klagen, als vielmehr über den geringen Beitrag ihres Mannes. Es scheint, als ob die Männer ebenso sehr von einem allgemeinen kulturellen Umfeld wie von den besonderen Umständen ihrer jeweiligen Partnerschaft zu einem größeren häuslichen Einsatz veranlaßt werden.

Der dritte Faktor, der einen Fortschritt herbeiführen kann, ist die Erkenntnis, daß die Aufgabenteilung zu Hause nur einen Teil der Gleichung darstellt, die für den Wandel erfüllt sein muß. Die Frauen sollten sich meiner Meinung bewußt sein, daß auch Männer einer Doppelbelastung ausgesetzt sind: Sie fühlen sich, wie bereits gesagt, für den Unterhalt der Familie verantwortlich. Ein Mann kann sich zu Hause mehr engagieren, um die Überlastung seiner Frau zu verringern, weil sie darauf besteht, weil er sie liebt oder weil es dem Zeitgeist entspricht, aber die Rollenverteilung bleibt für ihn genauso anstrengend wie zuvor, da er weiterhin die zusätzliche Last der finanziellen Verantwortung trägt. (Das Gewicht dieser Last mag unterschiedlich ausfallen, aber die Folgen sind in allen Fällen gleich.) Er steht psychisch wahrscheinlich sogar stärker unter Druck, denn durch sein häusliches Engagement öffnet er sich für die Möglichkeit, seinem beruflichen Ehrgeiz weniger Bedeutung beizumessen, und wie er weiß, hängt davon die Versorgung seiner Familie ab.

Wenn die Frauen die tiefempfundene Verantwortung der Männer für den Unterhalt der Familie erkennen, werden sie sehen, daß ihre Partner – ganz unabhängig von den Traditionen oder dem Machtstreben – sich gezwungen fühlen, härter zu arbeiten, hartnäckiger am Ball zu bleiben und mehr beruflichen Ehrgeiz zu entwickeln als die Frauen. Wenn das der Fall ist, besteht ein erheblicher Verhandlungsspielraum für die Rollenverteilung innerhalb der Familie. Es gibt stichhaltige und gerechte Gründe, weshalb beide Partner die Verantwortung für den Familienunterhalt und die Kindererziehung übernehmen sollten.

Mit anderen Worten, die Frauen sollten nicht einfach nur die Männer um ein verstärktes häusliches Engagement bitten, sondern eine Neuverteilung der gesamten Verantwortungslast für beide Partner anstreben – nicht so, daß sich beide in gleichem Maße um Beruf und Familie kümmern, sondern so, daß sich Mann und Frau die Verantwortung so gut wie möglich teilen (und sich zu eigen machen) mit dem Ziel, daß jeder das tut, was er oder sie am liebsten möchte und am besten kann.

Viele der heutigen Frauen sind mit Erfolg auf dem steilen Karrierepfad und genießen es. Dennoch beschließen sie, eine Zeitlang die Familie in den Vordergrund zu stellen, weil sie das für eine wichtige Aufgabe halten, weil sie es wünschen und weil eine Reduzierung der Arbeitszeit in der Unternehmenskultur immer noch für Frauen akzeptabler ist als für Männer. Es gibt wieder andere Frauen, die wünschen und erwarten, daß ihr Mann ihr Leben lang finanziell für sie sorgt. Zum Teil können sie bequem in dieser Rolle verharren, weil sie mit Männern verheiratet sind, die eine traditionellere Beziehung bevorzugen. Bei einer freien Rollenwahl kann eine Frau sich auf die Karriere konzentrieren und ein Mann auf die Familie. Wenn diese Vereinbarung von den Partnern selbst und der Gesellschaft akzeptiert würde, wäre die daraus resultierende Beziehung nicht von Spannungen und Auseinandersetzungen geprägt, sondern von Eintracht. All diese Alternativen liegen im Bereich des Möglichen – wenn sowohl die Frauen als auch die Männer der Tatsache ins Auge sehen, daß heute beide eine zusätzliche Last tragen, wenn sie sich überlegen, welchen Teil der Verantwortung sie übernehmen möchten und welchen Teil sie in Form von Dienstleistungen kaufen können, und wenn sie mit ihrem Partner an einer gerechten Aufteilung der restlichen Aufgaben arbeiten.

Lassen Sie mich nun zum vierten und letzten Element kommen, das eine bessere Aufgabenteilung herbeiführt. Ich möchte gleich voranstellen, daß dieser Faktor für die Frauen am schwersten zu akzeptieren und umzusetzen sein wird, daß er aber dennoch von entscheidender Bedeutung ist: Die Frauen müssen lernen, ihre häusliche Macht aus den Händen zu geben.

Ich kann förmlich hören, wie die Leute jetzt sagen: »Aber natürlich. Die Frauen sind ganz begierig darauf – sobald die Männer dazu bereit sind!« Aber in Wirklichkeit ist das nicht so einfach.

In der Vergangenheit setzten die Frauen alles auf eine Karte: ihr Heim. Dann wuchs ihre Unzufriedenheit über die Grenzen dieses Raums. Aber sie wollten nicht zu viele neue Karten aufnehmen, bis sie nicht ein anderes Betätigungsfeld – ihre Position in der Arbeitswelt – fest im Griff hatten. Das ist verständlich. Jeder Mensch braucht das Gefühl, über einen Teil seines Leben die Herrschaft auszuüben. Es ist ganz natürlich, daß die Frauen in dieser Übergangsphase nur widerwillig zu Hause das Zepter aus der Hand legen, bevor sie ein fundiertes Gefühl für ihren Wert und ihr Selbstvertrauen am Arbeitsplatz entwikkeln. Die Männer klammern sich gleichermaßen an die Macht, die sie aus ihrem Gehaltsauszug ableiten, weil sie noch nicht in vollem Umfang die Vorzüge der Nähe und des Engagements im Familienleben kennengelernt haben.

Dabei entsteht jedoch ein Problem. Wenn die Frauen an ihrer traditionellen Machtsphäre festhalten, können die Männer dort keine Ansprüche geltend machen. Sie können nicht lernen, die wesentlichen häuslichen und familiären Aufgaben ohne die geduldige Anleitung zu verrichten, die ihnen die Frauen nur ungern geben, obwohl sie sich weigern, die Hauptverantwortung aus den Händen zu legen. Ebenso bedeutsam ist die Tatsache, daß die Frauen lernen müssen, den Männern Zutritt zu allen häuslichen Belangen zu gewähren und ihnen die Möglichkeit zur Beteiligung zu geben, damit sie das gewünschte Engagement bringen können.

Um diesen Prozeß in Gang zu setzen, müssen die Frauen den Männern den Freiraum, die Führung und das Verständnis entgegenbringen, die sie zum Entritt in die Familienarbeit und Welt der Reproduktion benötigen, wie ja auch die Männer den Frauen beibringen müssen, sich in der Arbeitswelt wohl zu fühlen und effiziente Leistungen zu erbringen. Eine Möglichkeit, den Stein ins Rollen zu bringen, ist der ganz simple Vorschlag der Frau, ihr Mann solle sich doch zunächst um ganz einfache Dinge kümmern: Spiele für eine Geburtstagsparty organisieren oder mit den Kindern einen Ausflug zu einem Ort machen, über den sie in der Schule gesprochen haben, oder es sich zur Gewohnheit machen, das Sonntagsfrühstück mit einer Radtour und einem Picknick im Grünen zu verbinden.

Die Fragen stellen

Meiner Ansicht nach gibt es eine Inititative, die alle anderen trägt. Jede Frau kann sie ergreifen, um eine gerechte Aufgabenverteilung in der Familie Realität werden zu lassen. Es überrascht nicht, daß man dazu ein hartnäckiges Element der von Frauen und Männern eingehaltenen Verschwörung des Schweigens in Frage stellen muß.

Im Jahr meiner Recherchen zu diesem Buch war ich in San Francisco bei Arlie und Adam Hochschild zum Abendessen eingeladen. Arlies Buch *The Second Shift* (Der 48-Stunden-Tag) hatte mich fasziniert. Darin berichtet sie über ihre Studie, in der sie feststellte, daß Frauen in einem doppelverdienenden Haushalt einen vollen Monat mit einem 24-Stunden-Tag länger arbeiten als Männer. Mir fiel sofort auf, daß Adam, ein hochbegabter Autor und Lektor, das Abendessen servierte und sich der Bedürfnisse und Fragen seines Sohnes annahm. Zunächst schienen seine Gesten auf einer Ebene verständlich – schließlich war ich Arlies Gast und es war angebracht, daß er »aushalf«. Doch allmählich erkannte ich, daß dies keine Ausnahmesituation war und daß Adam mit dem traditionell weiblichen häuslichen Reich vollkommen vertraut war – er wußte nicht nur genau, wo sich die Küchenutensilien befanden, sondern auch, wie man sie verwendete, und seine Beziehung zu seinem Kind war offensichtlich langsam gewachsen und von Vertrautheit geprägt.

Beim Aufbruch fragte ich: »Warum verhalten Sie sich so? Wie sind Sie dazu gekommen?«

Seine Antwort: »Das war Arlies Bedingung für eine Ehe; natürlich tut sie dasselbe auch für mich.«

Diese Antwort versetzte mich in Begeisterung. Sie deutet darauf hin, daß es tatsächlich möglich ist, in diesem ungeheuer wichtigen Bereich der beruflichen und familiären Rollen von Mann und Frau aktive Schritte zu wagen. Ich weiß, daß das nicht romantisch klingt. Wie kann man sich in jemanden verlieben und dann die Ehe von einer Bedingung abhängig machen? Ist Liebe denn nicht durch und durch bedingungslos?

Dennoch halte ich es für wesentlich, daß Frauen und Männer von Anfang an offen ihren Partnern gegenüber diese Fragen ansprechen und ihre eigenen Erwartungen äußern. Nichts kann sich nämlich zerstörerischer auf eine Beziehung auswirken als der Ärger, der durch das Gefühl des Ausgenutztwerdens entsteht und nicht ausgesprochen werden kann aus Angst vor dem Verlust, der bei einem Scheitern der Beziehung entstehen würde.

Finale
Zukunftsperspektiven

In diesem Buch habe ich durchwegs über die harte Realität von heute gesprochen. Jetzt möchte ich einen Blick in die Zukunft werfen und beschreiben, was infolge der jetzt von uns getroffenen Maßnahmen geschehen wird. Ich halte zwei sehr unterschiedliche Szenarios für möglich.

Meiner Vorstellung nach ist das Markenzeichen des Idealszenarios die Integration: Beruf und Familie stellen keine widersprüchlichen Anforderungen mehr, sondern sind Kräfte, die reibungslos zusammenwirken. In dieser Version der Zukunft werden die beiden Hälften zu einem energiegeladenen, dynamischen Ganzen vereint. Die Arbeit liefert die Energie für das Privatleben, und das Privatleben gibt der Berufswelt neue Impulse. Ein wesentliches Element in dieser vollkommenen Vision ist die Erfüllung, sowohl in persönlicher als auch in beruflicher Hinsicht – auch hier ist der Gegensatz aufgehoben. Männer und Frauen sind in der Lage, ihre Ziele frei zu bestimmen und zu verfolgen, ungeachtet ihrer Geschlechtszugehörigkeit.

Ist dieser Idealzustand erreichbar? Mit Sicherheit können wir uns auf den Weg dorthin machen. Das würde geschehen, wenn die Revolution, die vor 30 Jahren mit dem Eintritt der Frauen in die Berufswelt begonnen hat, jetzt beschleunigt würde. Ich bin außerdem der Ansicht, daß ein Fortschritt in Richtung auf dieses Ideal nicht nur logisch, sondern auch in höchstem Maße praktikabel ist.

Aber es handelt sich nicht um eine unausweichliche Entwicklung. Wenn wir weitermachen wie bisher, dann sehe ich einen Zustand voraus, der diesem Idealbild diametral entgegengesetzt ist. Wenn der Status quo nicht erkannt und in Frage gestellt wird, würde meiner Meinung nach sowohl bei den Frauen als auch bei den Arbeitgebern das Gefühl des Versagens allmählich zunehmen. Die Bitterkeit und Frustration der berufstätigen Frauen würde fortdauern oder in Resignation umschlagen.

Die Hindernisse würden schließlich zu unüberwindlich erscheinen, die Last der Arbeit zu schwer, der Aufstieg zu schwierig – und seine Früchte würden nicht mehr der Mühe wert erscheinen.

Weitaus mehr Frauen würden Unternehmen und Sozietäten den Rücken kehren und statt dessen eigene Firmen gründen. Dort könnten sich ihre Begabungen und Energien ungehindert entfalten. Das von ihnen selbst geschaffene Arbeitsumfeld würde ihren geistigen Fähigkeiten oder ihren Leistungen keine Fesseln anlegen.

Dennoch würden weiterhin die Frauen massenweise in die Wirtschaft strömen. Die meisten von ihnen, weil sie müssen – wegen des Einkommens, der Unabhängigkeit und der Selbstentfaltung, die ihnen ihre Karriere bietet. Gleichzeitig würden die Arbeitgeber sich immer mehr hinter dem Status quo verschanzen. Sicher, sie würden weiterhin wohlmeinende Ad-hoc-Programme einführen, aber da diese schrittweisen Bemühungen kaum wirklichen Wandel zur Folge haben, würde ihre Entmutigung zunehmen.

Angesichts des zunehmenden Konkurrenzdrucks in der Weltwirtschaft befürchte ich, daß die Arbeitgeber dann die Männer stärker antreiben würden, damit sie härter arbeiten, mehr Geschäftsreisen auf sich nehmen und mehr Überstunden ableisten. Irgendwann wäre infolge der Erschöpfung und Enttäuschung, die aus dem Wunsch der Männer nach einem weniger einseitigen Leben resultieren, der Punkt der abnehmenden Skalenerträge erreicht. Die Männer würden ihren Familien noch mehr entfremdet, was wiederum den Druck auf die Frauen verstärken würde, die Verantwortung für Haushalt und Kindererziehung zu übernehmen. Daher würde die Karriere von Müttern mit Kleinkindern verkümmern. Sie wären gezwungen, weniger anspruchsvolle Stellen anzunehmen und sich aus dem Kreis der Topmanagementaspirantinnen zu verabschieden – ein ungeheuerer Verlust für den Unternehmenserfolg und eine Aussicht, die die Frauen nicht nur verbittern und verärgern, sondern im Falle einer Scheidung auch verwundbarer machen würde.

Höchstwahrscheinlich würde das Tempo des Wandels genau so bemessen sein, daß sich die Verschwörung des Schweigens fortsetzen läßt. Die Frauen würden von weiterreichenden Forderungen absehen – am Arbeitsplatz und sich selbst gegenüber. In diesem Fall würden wir wahrscheinlich in der heutigen Situation verharren, die alles andere als ideal ist – was jeder weiß, aber niemand anspricht.

Wenn wir so weitermachen wie bisher, gilt das schon als Fortschritt. Man könnte sogar meinen, daß eine Art natürliche Selbstauslese unter

Frauen stattfindet, denen das Karrierestreben »angeboren« ist, und jenen, bei denen die Familie im Mittelpunkt steht. Diese Trennung wäre jedoch irreführend. Wir würden die Frauen vielleicht nach ihrem Aufstiegswillen beurteilen, aber bis zu einem gewissen Grad auch nach ihrer Fähigkeit, sich eine so harte Schale zuzulegen, daß sie in einem derart zersetzenden Umfeld überleben können. Diese Unterscheidung würde wirkliche Wünsche oder echte Begabungen nicht berücksichtigen. Wir würden im Grunde die große Anzahl von Frauen aus dem Rennen werfen, die mit Freude und Befriedigung ihrer Karriere nachgehen würden, wenn sie nur die gleichen Chancen wie die Männer hätten.

Dieses furchterregende Bild würde Wirklichkeit werden, wenn wir weiterhin dem täglichen Druck ausgesetzt wären und uns weigern würden, die dahinterstehenden Probleme in Angriff zu nehmen. Statt dessen können wir aber auch Impulse aus all den negativen Folgen ziehen. Wir können jetzt innehalten, den Problemen ins Auge sehen und Maßnahmen ergreifen, um einen Kurs einzuschlagen, der beiden Geschlechtern eine befriedigendere Zukunft bringt.

Wir könnten uns zunächst einige unangenehme Fragen stellen. Wie viele von uns können ehrlich sagen, daß sie tun, was sie tun wollen? Wie viele werden bei ihren Bestrebungen unterstützt, ermutigt und gefördert? Wie viele erleben Erfüllung im Beruf und führen ein glückliches Privatleben? Wer kann mit Sicherheit von sich behaupten, daß er seinen Kindern, seinem Partner, der Allgemeinheit – oder auch sich selbst – alles gibt, was er will?

Wie viele Topmanager haben den Eindruck, daß sie adäquat auf die Bedürfnisse und Wünsche ihrer Beschäftigten eingehen? Gibt es eine Führungskraft in der Welt der Unternehmen, die noch nicht bei ihren vielversprechendsten Mitarbeitern Unzufriedenheit beobachtet hat?

Wer all diese Fragen nicht zufriedenstellend beantworten kann, wird eine gewisse persönliche Motivation zur Wahl eines neuen Ansatzes verspüren. Aber es gibt andere Faktoren, die uns vielleicht den Gedanken, daß der lohnendste Weg heute in der Vollendung der bereits begonnenen Revolution besteht – einem Wandel, der uns allen dienen wird –, stärker ans Herz legen.

Meiner Ansicht nach müssen die Männer an den Spitzen der Unternehmen diesen Prozeß in Gang setzen, und danach wird sich diese Welle durch die Gesellschaft fortpflanzen. Der Hauptgrund, weshalb Unternehmensleitungen Frauen nicht auf allen Ebenen integrieren wollen, ist ihr Festhalten an dem Bild der Vergangenheit. Dieses Bild besagt, daß die Frauen sich eigentlich zu Hause um die Erziehung der Kinder kümmern sollten, daß sie ihre Karriere abbrechen oder auf einem bestimmten Niveau stagnieren lassen, weil ihre beruflichen Leistungen für sie nicht so wichtig sind wie für ihre männlichen Kollegen. Sie setzen die Frauen mit Problemen gleich, deren Lösung unmöglich oder zumindest zu kostspielig wäre. Außerdem glauben sie, daß immer genügend männliche Spitzenkandidaten greifbar sein werden, um die Führungsränge zu besetzen.

Ich bin der Meinung, daß sich diese Einstellungen wandeln werden, denn Unternehmer sind durch und durch realistische Menschen, und die Realitäten am Arbeitsplatz haben sich geändert. Leitende Führungskräfte werden erkennen, daß der Arbeitskräftepool viel langsamer expandiert als in den letzten Jahrzehnten, und daß er immer heterogener wird. Sie werden erkennen, daß die traditionelle Hauptquelle kompetenter und begabter Mitarbeiter nicht mehr zur Befriedigung ihres Personalbedarfs ausreicht. Die Unternehmen müssen neue Talentquellen anzapfen, um ihr Überleben zu sichern.

Das Topmanagement wird sich allmählich der Tatsache bewußt, daß die meisten Frauen einen Beruf ausüben wollen, der ihnen Erfüllung, Herausforderungen und zumeist auch ein wirkliches Engagement in der Familie ermöglicht. Die Männer haben bereits begonnen, sich nach einem Leben zu sehen, das mehr bietet als die ausschließliche Erwerbstätigkeit. Daher wurden die getrennten Welten von Beruf und Familie erstmals miteinander verschmolzen – zu einer Welt, in der wir sowohl Güter produzieren als auch Kinder großziehen müssen. Diese vereinigte Welt wird von einer nahezu gleichen Anzahl von Männern und Frauen bewohnt, von denen einige sich mehr für die Pflege der Kinder interessieren und eignen und andere mehr für ihren Beruf. Ihre Präferenzen haben immer weniger mit ihrer Geschlechtszugehörigkeit zu tun als mit ihren persönlichen Vorlieben, so daß es den Eigeninteressen der Arbeitgeber dient, wenn sie Männer und Frauen gestatten, ihre Prioritäten selbst zu setzen.

Wenn die Unternehmensleitungen diese Tatsachen erkennen, wird das bei ihnen ein völliges Umdenken bewirken. Sie werden den ersten zukunftsweisenden Schritt gehen und alle Stereotype und Vorurteile über die Frauen über Bord werfen. Sie werden die weitreichenden demographischen Veränderungen erkennen, die sich bereits anbahnen, und den enormen Wettbewerbsvorteil analysieren, den Frauen ihrem Unternehmen verschaffen können. Dann werden sie entschlossen und systematisch handeln, um auch die raffiniertesten Barrieren für Frauen zu beseitigen, damit sie produktiv sein, auf einer ihren Fähigkeiten entsprechenden Ebene arbeiten und die gleichen Aufstiegschancen wahrnehmen können wie Männer.

Diese ersten Schritte werden in einen gesamtgesellschaftlichen Prozeß in Gang setzen. Die Frauen werden als ersten Schritt nach vorne eingestehen, daß der Status quo unzumutbar ist und daß ein Verschweigen der Hindernisse am Arbeitsplatz und beim Ausgleich von Beruf und Familie es um so schwerer macht, diese Hürden aus dem Weg zu räumen. Die Frauen werden erkennen, daß sie ihre Erfahrungen mitteilen und offen über ihre Bedürfnisse sprechen müssen – sowohl untereinander als auch gegenüber ihren Kollegen, Angehörigen und Arbeitgebern.

Wenn diese Bewegung an Schwung gewinnt, werden meiner Ansicht nach immer mehr Frauen und Männer ihre traditionellen Geschlechterrollen durchbrechen. Es wird eine größere Anzahl von – wie ich sie nenne – selbstbestimmten Frauen geben. Diese Frauen werden mehr Verantwortung für ihren jeweiligen Anteil am Unterhalt der Familie übernehmen und werden auf ihr Recht bestehen, Beruf und Familie in Übereinstimmung mit ihren individuellen Wünschen in Einklang zu bringen.

Gleichzeitig werden mehr Männer ihre Identität nicht allein als Haupternährer der Familie definieren und sich immer wohler und kompetenter bei häuslichen Aufgaben fühlen. Sie werden eine größere Rolle im Leben ihrer Kinder spielen. Die Männer werden allmählich einige der selten genannten Vorteile der Bevollmächtigung der Frauen erkennen – die durch das Einkommen ihrer Frau entstandene Freiheit, am Arbeitsplatz Risiken einzugehen, endlose Versetzungen in Frage zu stellen oder sogar in mittlerem Alter den Beruf zu wechseln.

Wenn die Lebensentscheidungen der Männer und Frauen immer weniger von der Tradition, sondern mehr und mehr von persönlichen Vorlieben und Fähigkeiten bestimmt werden, wird dies meiner Ansicht nach zu einer neuen Ungezwungenheit in der Verständigung der Geschlechter über ihre Vorlieben und Lebensziele führen. Männer und Frauen werden mit mehr Selbstsicherheit in ihren Beziehungen und bei einer Entscheidung für eine Ehe das Thema ihrer beruflichen und familiären Erwartungen und Prioritäten zur Sprache bringen. Während beide Partner miteinander wachsen und sich weiterentwickeln, können sie eine Beziehung aufbauen, die das Gefühl des Ausgebeutetseins und den Ärger von vornherein ausschließt.

Andere Antriebsfaktoren werden diese Kettenreaktion des Wandels vorantreiben und uns dem Ideal des zukünftigen Lebens näher bringen. Auf globaler Ebene wird meiner Ansicht nach deutlich werden, daß

Amerika seine Wettbewerbsposition in der Weltwirtschaft nur dann zurückgewinnen kann, wenn wir in allen Bereichen und auf allen Ebenen unsere besten Humanressourcen mobilisieren. Dazu müssen wir unsere begabtesten Menschen fördern und gewinnen. Die Frauen sind dabei die größte unausgeschöpfte Ressource dieses Landes.

Eine weitere Motivation: Wir können nur dann überleben, wenn die nächste Generation – die Kinder von heute – sich für ein produktives Leben entscheidet. Irgendwann in naher Zukunft werden die Arbeitgeber erkennen, welchen Verlust sie durch die heutige Herabsetzung der Elternschaft erleiden, da sie die von so vielen jungen Müttern bevorzugte Rückkehr auf Teilzeitbasis nicht ermöglichen und den Erziehungsurlaub, den berufstätige Eltern nach der Geburt eines Kindes nehmen können, so stark beschneiden. Mir erscheint ein Vergleich der heutigen Situation mit der Zeit während des Zweiten Weltkriegs interessant, als niemand in Zweifel zog, daß der Ruf an die Front dringlicher (und wichtiger) war als der Ruf an den Arbeitsplatz. Die Männer zogen in den Krieg, und nach Kriegsende konnten sie ungestraft ihre Karriere fortsetzen. Heute sagen Arbeitgeber, wenn sie Eltern während der ersten Lebensjahre an der Erfüllung ihrer Pflichten gegenüber ihren Kindern hindern, indem sie diesen Wunsch mit einem Karriereknick bestrafen (sie also auf ein berufliches Abstellgleis schieben), daß die Bedürfnisse der Kinder weniger dringlich (und wichtig) seien als der Ruf an den Arbeitsplatz. Auch das wird sich ändern, wenn die Führungsspitzen der Unternehmen verstehen, daß die Erziehung der Kinder von heute die Stabilität und das Selbstvertrauen sowie die Kompetenz der Arbeitskräfte von morgen bestimmt. Der nächste logische Schritt wäre ein Engagement für eine konzertierte Aktion der Unternehmen, des Staates, der Gemeinden und der einzelnen Bürger zur Schaffung guter, erschwinglicher Kinderbetreuungsangebote.

Diese Kräfte werden uns inspirieren, voranzuschreiten, Risiken einzugehen, die Kosten der Integration der Frauen in die Arbeitswelt auf uns zu nehmen und die Männer zu einem größeren Beitrag in Haus- und Familienarbeit zu ermutigen. Die aufgeklärte Nutzung des persönlichen Vorteils wird diesen Prozeß bei allen Beteiligten in Gang setzen.

Daher ist die Vermittlerrolle zu diesem Zeitpunkt von höchster Wichtigkeit. Der Feminismus wird weiterhin eine zentrale Rolle spielen, da wir eine fundierte, funktionsfähige und kohärente Ideologie, eine deutliche Vision von unseren Zielen und den Möglichkeiten der Zielerreichung benötigen. Fürsprache wird ebenfalls weiterhin im Zentrum stehen; wir müssen für das eintreten, was wir für gerecht und richtig halten. Wir müssen dafür sorgen, daß den frauenrelevanten Problemen weiterhin Priorität eingeräumt wird – wir müssen den Männern helfen, ihre Vorurteile und vorgefaßten Meinungen zu erkennen und dem Rollenwandel beider Geschlechter positiv gegenüber zu stehen. Wir können es uns jedoch nicht leisten, unsere Glaubwürdigkeit aufs Spiel zu setzen, indem wir die Tatsachen übertrieben darstellen. Ebensowenig sollten wir uns die tyrannischen Taktiken bornierter Ideologen zu eigen machen. Die feministische Strategie der Konfrontation war meiner Ansicht nach in den 70er Jahren wichtig; heute hingegen ist sie in der Regel kontraproduktiv. Weshalb? Aus dem einfachen Grund, daß Männer und Frauen heute mehr als früher gemeinsame Ziele verfolgen und daß sich uns nun die Gelegenheit bietet, gemeinsam auf diese Ziele hinzuarbeiten.

Wenn Frauen und Männer sich gemeinsam mit ihren Arbeitgebern mit den neuen beruflichen und familiären Realitäten auseinandersetzen, werden die Unternehmen feststellen, daß die Zermürbungserscheinungen bei berufstätigen Müttern deutlich abnehmen und daß die Produktivität derzeit überlasteter und erschöpfter Mitarbeiterinnen in die Höhe schnellt. Dann werden wirtschaftliche Interessen die Arbeitgeber veranlassen, in ihrem Entgegenkommmen den Frauen gegenüber weit über die gesetzlich vorgeschriebene, nötige Infrastruktur hinauszugehen – zum Beispiel wird die starre Beschäftigungsstruktur durch Flexibilität abgelöst werden, wenn die Arbeitgeber die enormen Vorteile erkennen, die ihnen daraus entstehen. Ich glaube, es wird Topmanager und Befürworter des Erziehungsurlaubs gleichermaßen überraschen, daß die Kampagne für einen gesetzlich vorgeschriebenen, verlängerten Mutterschaftsurlaub abgewendet wird, wenn die Unternehmen berufstätigen Eltern genügend Bewegungsfreiheit einräumen, da die allermeisten Frauen auf Teilzeitbasis an den Arbeitsplatz zurückkehren werden, wenn man ihnen die Gelegenheit dazu gibt. Gesetzliche Regelungen werden dann überflüssig; solche Maßnahmen sind dann rein aus ökonomischer Sicht vernünftig. Die Arbeitgeber werden dann sogar einige Alternativen unterstützen, die heute noch unvorstellbar erscheinen – beispielsweise die Subventionierung der Teilzeitbeschäftigung nach dem Mutterschaftsurlaub für diejenigen Mütter, die sich andernfalls keine Arbeitszeitverkürzung leisten könnten. Und die Unternehmen werden lernen, wie man fähige Frauen (und Männer) wiedereingliedert, die es sich leisten können und wollen, über eine längere Zeitspanne hinweg Vollzeiterziehungsurlaub zu nehmen.

Ich habe einige Faktoren angeführt, die weitere Veränderungen hervorrufen werden. Aber wie können wir sicher sein, daß wir in die richtige Richtung gehen? Wer garantiert, daß der Funke von einem Unternehmen zum nächsten und von einem Menschen zum anderen überspringt? Die elementare Antwort lautet: Was einer Partei in diesem Prozeß des Wandels nützt, nützt auch den übrigen Beteiligten.

Meiner Erwartung zufolge werden Unternehmen, die den Frauen die Hindernisse aus dem Weg räumen und berufstätigen Eltern die für die Familie benötigte Zeit zugestehen, ungeheuren Nutzen aus dieser Haltung ziehen. Diese Firmen werden im Personalbereich einen deutlichen Wettbewerbsvorteil genießen. Sie werden attraktiv sein für die überwältigende Mehrheit der Männer und Frauen, die Beruf und Familie in Einklang bringen möchten, und für diejenigen, die sich – ob nun für gewisse Zeit oder lebenslang – ausschließlich auf den Beruf konzentrieren, aber dennoch die Vorteile sehen, die die Beschäftigung bei einem flexiblen Unternehmen bietet. Diese Firmen werden feststellen, daß sich ihr Angebot an leistungsstarken Mitarbeitern beträchtlich vergrößert.

Je mehr Unternehmen mit innovativen Flexibilisierungsprogrammen für berufstätige Eltern experimentieren, desto deutlicher wird es werden, daß Schwangerschaft, Geburten und Kindererziehung in der Arbeitswelt wirksam gehandhabt und die damit verbundenen Kosten minimiert werden können. Und die Arbeitgeber werden den Wert einer klaren Unterscheidung zwischen diesen begrenzten und relativ vorhersehbaren Prozessen und der langfristigen elterlichen Verantwortung (der Väter und Mütter) kennenlernen.

Die Flexibilisierung der Arbeit wird die Frauen nicht in ihrer traditionellen häuslichen Rolle gefangen halten. Mit der Ausweitung der Rolle der Männer in der Kindererziehung wird es sogar deutlicher werden, daß nur die Tradition behauptet, Männer seien weniger fürsorglich als Frauen. Dann werden die Unternehmen erkennen, daß ihnen die Ermutigung der Männer und Frauen zur Wahl ihrer eigenen Rolle keinen Verlust aufbürdet, sondern unter dem Strich ihren Gewinn vergrößert. Die Arbeitgeber werden ihre männlichen Beschäftigten zu einer weitreichenderen Vaterrolle animieren, und daher wird es Frauen wie Männern gleichermaßen frei stehen, sich energisch für ihre Karriere einzusetzen.

Selbst die neue Technologie der Computerära wird zur Verwirklichung dieser neuen Lebensweise beitragen. Das Industriezeitalter bescherte uns Großstädte, in denen die Uhr das Zusammenströmen der Männer an einer zentralen Arbeitsstätte bestimmte. Seit die Frauen in die Arbeitswelt vorgedrungen sind, dient die Uhr mehr denn je zur Tyrannisierung der Familie.

Heute ermöglichen Computer, Faxgeräte, Vielzwecktelefonsysteme und Kurierdienste immer mehr Familien den Rückzug auf den privaten Arbeitsplatz, wo Eltern und Kinder in einer Art und Weise Erfahrungen miteinander teilen können, die besser auf die natürlichen, biologischen Rhythmen abgestimmt ist. Die Arbeitgeber müssen lediglich ihre Einstellung ändern und lernen, die Produktivität und nicht die am Arbeitsplatz verbrachte Zeit zu messen. Mit der Expansion des Dienstleistungssektors wird zudem die Verbreitung der kundennahen Kleinunternehmen den Weg der Beschäftigten zur Arbeitsstätte verkürzen.

Das Ergebnis: Wer sich mehr Stunden der Nähe in der Familie und im Freundeskreis wünscht, kann das auch haben. Und ich glaube auch, daß einige von denen, die sich für ein langsameres Lebenstempo oder für vorübergehende Reduzierung der Berufstätigkeit entscheiden, eine andere, wichtige Perspektive in eine Welt einbringen werden, die sich immer schneller und schneller dreht.

All das ist Zukunftsmusik. Es ist die Realität des Möglichen, nicht der Gegenwart. Aber es wird nicht einfach so geschehen, und es wird nicht von anderen herbeigeführt werden. Jeder von uns muß zu dieser Erkenntnis gelangen, der Wahrheit ins Auge blicken, die wir heute so gerne leugnen, und Maßnahmen ergreifen, um die heutige Realität zu verändern. Nur dann wird das Ideal der Zukunft zur Realität der Gegenwart.

Anmerkungen

Einführung

1. Felice N. Schwartz, »Management Women and the New Facts of Life«, *Harvard Business Review* (Januar/Februar 1989); *dt.*: Felice N. Schwartz, »Wie Frauen doch Karriere machen«, *HARVARDmanager* 3/89, S. 12-19.

Kapitel Eins: Die Kosten der ungenutzten Fähigkeiten der Frauen

1. Alternativ könnte man sich das Management als Baumstruktur vorstellen. Ich habe die Pyramide gewählt, weil sie ein vertrautes, wirtschaftliches Modell darstellt. Würde man diese Informationen in Form eines Baums präsentieren, bliebe die Form insgesamt gleich, nur die Basis wäre breiter. Dieser Unterschied würde die Präsenz der Frauen auf den niedrigeren Ebenen nur noch stärker herausarbeiten.
2. Meine Argumentationskette lautet folgendermaßen:
   a. Männer und Frauen sind in gleichem Maße mit den Grundeigenschaften ausgestattet.
   b. Die Grundeigenschaften sind in der Bevölkerung und somit in der männlichen und weiblichen Population nach dem Zufallsprinzip verteilt.
   c. Meine Prämisse lautet, daß der Arbeitgeber die Grundeigenschaften genau einschätzen kann.
   d. Daher kann man den Frauen – und auch den Männern – Zahlen zur Kennzeichnung ihrer Plazierung zuordnen; Frau Nummer 1 besitzt also die gleichen Grundeigenschaften wie Mann Nummer 1; Frau Nummer 37 ist Mann Nummer 37 ebenbürtig.
3. Bureau of Labor Statistics, unveröffentlichtes Datenmaterial, aus *The Numbers News*, veröffentlicht von American Demographics (April 1989).

Kapitel Zwei: Das Spielfeld ebnen

1. Catalyst, *Report on a National Study of Parental Leaves*, 1986.
2. U.S. Bureau of the Census, Current Population Reports, Serie P-60, Nr. 165, *Earnings of Married Couple Families*, 1987.

Kapitel Drei: Das Spielfeld anheben

1. Fernando Bartolomé und Paul A. Lee Evans, »Must Success Cost So Much?« *Designing and Managing Your Career*, Hrg.: Harry Levinson (Boston, Mass.: Harvard Business School Press, 1989).
2. »Middle Managers Have High Hopes«, Umfrage von Dunhill Personnel System Inc. in Zusammenarbeit mit der Columbia Business School, 1989.
3. Sally Solo, »Stop Whining and Get Back to Work«, *Fortune* (12. März 1990).
4. Anne Harlan und Carol Weiss, *Moving Up: Women in Managerial Careers* (Wellesley, MA: Wellesley College Center for Research on Women, 1981).
5. Catalyst, *Flexible Work Arrangements: Establishing Options for Managers and Professionals*, 1989.

Kapitel Vier: Bruch mit der Vergangenheit

1. Roger Rosenblatt, »Season of Crowds«, »MacNeil-Lehrer News Hour«, 28. November 1989.
2. June O'Neill, »Women and Wages«, *The American Enterprise* (November/Dezember 1990).
3. *Occupational Projections and Training Data*, BLS Bulletin 2351, Tabelle 6, »Occupational Employment, 1988 and Projected 2000, and Selected Employment Characteristics«, April 1990.
4. »Earnings Gap Closes for Women«, *The Collegiate Career Woman* (Frühjahr 1988).
5. Elizabeth Janeway, *Cross Sections from a Decade of Change* (New York: William Morrow, 1982).
6. Suzanne M. Bianchi und Daphne Spain, *American Women in Transition* (New York: Russell Sage Foundation, 1986).
7. Arlie Hochschild/Anne Maching, *The Second Shift: Working Parents and the Revolution at Home* (New York: Viking, 1989); *dt.*: Arlie Hochschild/Anne Maching, *Der 48-Stunden-Tag. Wege aus dem Dilemma berufstätiger Eltern* (Wien: Zsolnay, 1990)
8. Anne L. Alscott, »›Comparable Worth‹ Is Unfair to Women«, *The New York Times* (24. Mai 1986).
9. »Comparable Worth has Its Price«, *HR Focus* (September 1990).

Kapitel Fünf: Notwendige Kompromisse, unerwarteter Lohn

1. Diskusssion des Beirats von Catalyst, 13. Oktober 1989.
2. Raymond E. Smith, Rede bei der Executive Women International Conference, Pittsburgh, PA., 14. September 1989.
3. Insgesamt haben die Lohnsteigerungen mit der Inflationsrate Schritt gehalten, doch sind die Zuwachsraten nicht gleichmäßig in der Erwerbsbevölkerung verteilt. Besserverdienende haben davon profitiert; die Mehrheit der Bevölkerung erlitt einen beträchtlichen Einkommensrückgang, und somit sank – bei nur einem Verdiener – der Lebensstandard. In beiden Fällen – bei Doppelverdienern, die andernfalls eine deutliche Verringerung ihres Lebensstandards hinnehmen müßten, und bei solchen Beschäftigten, deren Wohlstand stark zugenommen hat – leiden die Kinder in Form einer Überdosis an Tagesmutterbetreuung, unzureichender Versorgung in der Kindertagesstätte oder Vernachlässigung im Falle von Schlüsselkindern am meisten unter der vollen Berufstätigkeit ihrer Eltern (im ersten Fall, weil es wirklich erforderlich ist, daß beide Elternteile arbeiten, und weil der Arbeitgeber auf Vollzeittätigkeit besteht; im zweiten Fall aufgrund der verlockenden Angebote eines Lebens in materiellem Reichtum).
4. Charles N. Siegel, »The Brave New World of Child Care«, *New Perspectives Quarterly* (Winter 1990).
5. Joseph H. Pleck, *Working Wives/Working Husbands* (Beverly Hills, Calif.: Russell Sage Publications, 1985).
6. Cathy Trost, »Men, Too, Wrestle with Career-Family Stress«, *The Wall Street Journal* (1. November 1988).
7. Arlie Hochschild/Anne Maching, *The Second Shift: Working Parents and the Revolution at Home* (New York: Viking, 1989) *dt.*: Arlie Hochschild/Anne Maching, *Der 48-Stunden-Tag. Wege aus dem Dilemma berufstätiger Eltern* (Wien: Zsolnay, 1990)

Aus unserem Programm

Stephen R. Covey
Die effektive Führungspersönlichkeit

1993. Ca. 200 Seiten, 10 Abbildungen

»Stephen R. Covey bietet uns eine Lebensphilosophie an, die auch in der Wirtschaft zum Erfolg führt ... das Buch ist eine gelungene Mischung aus Weisheit, Verständnis und Lebenserfahrung.«

Prof. Rosabeth Moss Kanter, Autorin von »When Giants Learn to Dance«

»Wenn Stephen Covey spricht, hören Manager zu.«

Dun's Business Month

Sally Helgesen
Frauen führen anders
Vorteile eines neuen Führungsstils

1991. 225 Seiten

Sally Helgesens Standpunkt ist klar. Ein Plädoyer für weibliche Führungsmethoden. Das Buch, spannend und leicht zu lesen, ist jedoch keine Anklage an die herrschende Männerwelt. Die Autorin versucht vielmehr, andere Wege aufzuzeigen und die Vorteile weiblichen Führens zu erklären. Ein anregendes Buch für alle, die wissen wollen, wie's ist, wenn Frauen mehr zu sagen haben.

C. L.

»Diese andere Weise zu führen wird bald in allen leitenden Positionen unverzichtbar sein. Die Aufgaben der Zukunft erfordern zu ihrer Lösung diesen neuen Führungsstil.«

Personalführung

Campus Verlag · Frankfurt / New York